Nas raízes da fenomenologia

Angela Ales Bello

Nas raízes da fenomenologia

Introdução à fenomenologia de Edmund Husserl, Edith Stein e Hedwig Conrad-Martius

EDITORA
IDEIAS & LETRAS

Coordenação Editorial
Valério Alves de Castro

Preparação
Andresa Mariana

Revisão
Daniel de Vasconcelos Andrade

Diagramação e capa
Airton Felix Silva Souza

Tradução
Ademir Menin
Cleiton Santana
Márcio Luiz Fernandes

Título original: L'*universo nella coscienza: Introduzione alla fenomenologia di Edmund Husserl, Edith Stein, Hedwig Conrad-Martius.*

ISBN: 978-884670769-7

1ª impressão

EDITORA IDEIAS& LETRAS

Rua Oliveira Alves, 164
Ipiranga – São Paulo/SP
Cep: 04210-060
Televendas: 0800 777 6004
Editorial: (11) 3862-4831
vendas@ideiaseletras.com.br
www.ideiaseletras.com.br

Dados Internacionais de Catalogação na Publicação (CIP)
de acordo com o ISBD

B446n Nas raízes da fenomenologia: Introdução à fenomenologia de Edmund Husserl, Edith Stein e Hedwig Conrad-Martius / Angela Ales Bello ; traduzido por Ademir Menin, Cleiton Santana, Márcio Luiz Fernandes. - São Paulo : Ideias & Letras, 2025.

256 p. ; 16cm x 23cm.

Tradução de: L'universo nella coscienza: *Introduzione alla fenomenologia di Edmund Husserl, Edith Stein, Hedwig Conrad-Martius*

Inclui bibliografia.

ISBN: 978-65-87295-91-6

1. Filosofia. 2. Fenomenologia. 3. Husserl. 4. Edith Stein. 5. Hedwig Conrad-Martius. I. Menin, Ademir. II. Santana, Cleiton. III. Fernandes, Márcio Luiz. IV. Título.

2025-1761 CDD 100
CDU 1

Elaborado por Odilio Hilario Moreira Junior - CRB-8/9949

Índices para catálogo sistemático:

1. Filosofia 100
2. Filosofia 1

Sumário

Mas como estão as coisas com os outros "egos" que não são meras representações, ou objetos representados, unidades sintéticas que podem ser verificadas em mim, as quais, porém, pelo mesmo sentido que possuem, são propriamente "outras"? Fizemos injustiça ao realismo transcendental? Este poderia carecer de fundamentos fenomenológicos, mas em linha de princípio teria razão enquanto procura um caminho que vai da imanência do "ego" à transcendência dos "outros".

(E. Husserl, *Meditações cartesianas*, Quinta Meditação, §42).

Prefácio

Quero iniciar com uma pequena recordação sobre uma aventura intelectual e humana que impactou, em solo brasileiro, os estudos sobre o modo de se fazer fenomenologia. Exatamente em 11 de setembro de 2001 – quando o mundo inteiro voltava seu olhar para os ataques terroristas aos Estados Unidos –, a filósofa italiana Angela Ales Bello aterrissava em São Paulo para participar de um Congresso Internacional sobre pesquisas qualitativas na cidade de Bauru (SP), na Universidade do Sagrado Coração. Ela foi a convite da irmã Jacinta Turolo Garcia, na ocasião reitora dessa Universidade. Lá se vão muitos anos desde esse acontecimento que selou uma fecunda cooperação e amizade entre os pesquisadores brasileiros e a autora deste livro. Desde 2001 foram registradas visitas anuais ao Brasil em congressos, seminários, conferências, orientações de pesquisadores e uma vasta produção em artigos, ensaios, livros e materiais audiovisuais. A produção intelectual crescente, complexa e ainda muito intensa conta com mais de quatro centenas de títulos registrados. E agora o público brasileiro tem a oportunidade de ter em mãos mais um livro da estimada professora Angela, que não só mostra o espírito com o qual as pesquisas fenomenológicas se desenvolveram, mas também indica a forma como tal abordagem foi utilizada pelos diversos saberes no âmbito cultural.

Este livro tem como objetivo introduzir o leitor a refletir sobre os elementos essenciais e característicos da pesquisa fenomenológica por meio de uma incursão no pensamento de Edmund Husserl – o fundador da escola – e de suas eminentes discípulas, Edith Stein e Hedwig Conrad-Martius. Aliás, a autora coloca em destaque que o principal interesse da escola era buscar subsídios para uma fundação filosófica das ciências – não só das ciências humanas como também das ciências da natureza. No fundo, tanto Husserl quanto as fenomenólogas Stein e Conrad-Martius nos brindam com um método para descobrir um mundo de evidências originárias que nos acompanham, mas que precisam ser despertadas. Com a apresentação de três figuras significativas da escola fenomenológica, Ales Bello nos faz entrar no espírito desta atividade filosófica, a qual comporta o reconhecimento da necessidade de uma comunidade de pesquisa com o objetivo de descortinar o significado das ciências. O próprio Husserl não foi um pensador solitário, mas sim reuniu em torno de si uma escola muito fecunda, na qual destacaram-se algumas das figuras femininas mais representativas do século XX. Este grupo de pensadores/pensadoras mostra o desejo da escola de realizar uma pesquisa na qual o lema é o retorno às coisas mesmas para deixar a realidade falar.

No primeiro capítulo, a apresentação feita sobre Husserl aponta principalmente para o momento da chamada "redução transcendental", que caracteriza toda a análise fenomenológica. Ales Bello põe em evidência três palavras fundamentais do complexo léxico husserliano, a saber: o eu, a consciência e o mundo. A redução transcendental ocorre na medida em que o eu é despertado do seu estado de sono ou de vigília. Nesse caso, o eu – como uma mônada ou um centro noético de doação de sentido – passa a se interrogar sobre o mundo em torno a si e também sobre as relações com os outros. Para Husserl, a relação com o outro é sempre vista no horizonte da possibilidade de seu conhecimento. A redução intersubjetiva a partir do outro desenraíza o eu da sua coincidência consigo e da sua pretensão de ser o centro do mundo – trata-se de uma lei espiritual com consequências operativas onde cada indivíduo pode motivar outros e, por sua vez, ser tocado e motivado a realizar ações em benefício dos outros e da comunidade.

Já no segundo capítulo, somos introduzidos à complexa proposta teórica de Edith Stein no âmbito da antropologia filosófica, com particular atenção aos temas do corpo, da psique e do espírito. Ales Bello mostra a relação entre a fenomenologia de Husserl e a pesquisa fenomenológica de Stein, sustentando como um conhecimento aprofundado de Husserl é indispensável para se poder entender de modo válido aquilo que Stein expôs nas suas primeiras obras e naquelas sucessivas ao encontro com a filosofia cristã. Nesse sentido, é interessante observar que os primeiros cursos da autora no Brasil foram sobre Husserl, incentivando, portanto, os jovens pesquisadores e os estudantes a conhecerem o pensamento deste para assim melhor compreenderem aquele de Stein e de todos os outros membros da Escola. Isto de modo que a filósofa italiana chegou a afirmar que no Brasil, diferentemente do que acontece na Europa, é possível observar a realização do projeto original destes fenomenólogos, no sentido de que aqui se busca uma descrição filosófica do ser humano e de sua complexa estrutura como base teórica, por exemplo, para a psicologia e as demais ciências.

Por fim, no último capítulo deste livro, emerge uma discussão muito interessante a partir da apresentação de Hedwig Conrad-Martius, no campo da biologia e da física, harmonizando ciência e fé e mostrando como é possível o desenvolvimento autônomo da pesquisa científica ao nos fazer compreender a relação entre a pesquisa filosófica e as ciências da natureza.

Enfim, o leitor terá oportunidade de encontrar aqui um lúcido esclarecimento sobre o sentido do método fenomenológico para o conhecimento humano, assim como de conhecer o valor de posições intelectuais que possibilitam a construção de uma comunidade humana de pesquisa, na qual a comunhão, a solidariedade e a experiência de amizade são instrumentos para a construção cultural e de uma sociedade mais humana.

Márcio Luiz Fernandes

Introdução

Indagar as raízes da fenomenologia significa repercorrer, do ponto de vista histórico, alguns dos aspectos salientes da filosofia do século XX e propor, do ponto de vista teórico, uma abordagem que tenda a evidenciar o real estado das coisas.

A situação existencial humana é marcada pela busca. Ainda que em níveis de profundidade e de consciência variáveis, pode-se dizer que o ser humano está sempre à procura. Busca o seu bem-estar, o equilíbrio do próprio corpo e da psique, procura aquilo que com uma palavra podemos chamar de "felicidade", à qual soma-se, também nesse caso, em diferentes graus de profundidade, a busca intelectual da compreensão do mundo no qual o ser humano está inserido. Já Aristóteles, no início da obra que convencionou-se chamar de "Metafísica", colocava como ponto de chegada e como ideal de pesquisa a investigação acerca das causas últimas. Outros filósofos exprimiram essa busca como "escavação arqueológica", como é o caso de Husserl no século XX, ou ascese em direção ao Bem como ápice da vida ética e intelectual, como indicava Platão; ou ainda como busca da verdade que ilumina a mente e o espírito, como dizia Edith Stein, seguindo os passos dos pensadores medievais. Isso somente para falar da nossa cultura ocidental. Nos dias de hoje, no entanto, nosso olhar não pode se deter a essa cultura, mas deve percorrer novas vias de encontro com os outros, com todos os seres humanos que vivem em busca de algo.

Quem foi educado à busca intelectual tem uma responsabilidade a mais, é o que dizia Husserl quando falava da responsabilidade histórica do ocidente, porque o ser humano pode até ser visto como um objeto fragmentado, segundo uma abordagem que o secciona, mas na realidade este é sempre um ser unitário. E tudo aquilo que faz, inclusive do ponto de vista intelectual, remete a uma responsabilidade. Pode-se duvidar de que a cultura ocidental tenha desenvolvido mais que outras a capacidade crítica do ser humano, ou mesmo que tal cultura tenha feito frutificar no melhor modo essa capacidade; mas é preciso reconhecer que só o ocidente desenvolveu e teorizou mais fortemente um ponto de vista "universal", e é justamente isso que nos chama a uma maior responsabilidade.

Estas breves observações servem para justificar o "trabalho do filósofo", para usar uma expressão de Husserl. Para que serve a especulação filosófica? E qual é a especulação que serve? Serve, realmente, para alguma coisa? Aqui começa a se delinear o papel da filosofia e a relação entre filosofia e fenomenologia, justificando, pois, porque se fala de novo de Husserl e de sua escola filosófica.

Qual é a novidade da fenomenologia que justifica uma adesão teórica a essa corrente? Observando de longe a fenomenologia e examinando as indicações metodológicas de Husserl, é possível dizer que ela está, ao mesmo tempo, dentro e fora da cultura ocidental: dentro porque significa uma adesão ao papel ocupado pela investigação filosófica, cuja intenção profunda remonta às suas origens na Grécia, como Husserl bem indicava em suas aulas sobre a *Filosofia prima*; fora porque consegue, de algum modo, ir em profundidade e realizar em novas latitudes aquela universalidade que é o objetivo de toda busca humana, ainda que essa perspectiva seja por vezes contestada. A fenomenologia está, de certo modo, fora da cultura ocidental à medida que consegue colocar-se em posição crítica frente a essa cultura, assim como de outras. Por meio do método da "escavação arqueológica", a fenomenologia busca as raízes da estrutura antropológica, as quais consentem a compreensão de quem é o ser humano na sua singularidade e na comum humanidade, e, acima de tudo, permite colher o significado da sua pluralidade. Não é possível, porém, que uma semelhante tarefa seja realizada somente por um pensador.

No panorama filosófico do Ocidente, Husserl é um dos poucos, ou talvez o único, dos pesquisadores que compreenderam de fato, e não somente teoricamente, o ser humano como ser limitado. Pode-se supor que seu pensamento se resuma a uma exaltação da centralidade do sujeito humano. Ocorre, porém, que a constatação husserliana não diz respeito somente à capacidade do ser humano, mas também aos seus limites. Porque se é verdade que a coisa mais próxima que temos somos nós mesmos e que somos um ponto de referência ineludível do qual necessariamente partir, então nos encontramos diante de dois abismos: um que é representado por quem somos; outro que é constituído por aquilo que nos circunda e que culmina em uma potência mais ampla, que nos sobrepuja. Se isso é verdade, então também a pesquisa, qualquer que seja, não pode dar frutos se for conduzida na solidão.

A temática da solidão é muito sentida pelo nosso pensador, que se debate constantemente com a dúvida solipsista, superando-a toda vez com a reforçada convicção de encontrar em si mesmo uma espécie de presença dos outros (basta pensarmos na quinta meditação do livro *Meditações Cartesianas*), outros estes que são indispensáveis para a pesquisa. E esta é a razão que justifica o peculiar significado da escola fenomenológica. Não se trata da transmissão do saber segundo uma linha contínua que desdobra em sucessivas gerações, como acontece com outras correntes de pensamento, mas de um grupo de trabalho que, dada a impostação metodológica que é obra do "mestre", se divide posteriormente em uma pluralidade de abordagens, dada pelo fato de que a realidade mesma é algo articulado e complexo, que não pode ser dominada por uma única mente.

Ao escrever o seu ensaio programático "A Filosofia como ciência de rigor", Husserl apontou que a investigação filosófica não é um sistema que nasce já pronto, fruto da mente de um único indivíduo. Propôs, então, uma visão da filosofia como tarefa comunitária, realizada como movimento ao mesmo tempo diacrônico e sincrônico. Durante o período de ensino em Gotinga e os primeiros anos da sua presença em Friburgo, Husserl realizou esse projeto: cada discípulo se dedicava à pesquisa explorando um aspecto no vasto campo da realidade, tal como esta é lida pelas pesquisas filosófica e científica. As suas aulas sobre *natureza* e *espírito* constituíram o programa de uma série de análises realizadas por seus colaboradores.

Deriva de tudo isso um ensinamento que diz respeito mais ao método que ao conteúdo da pesquisa. Trata-se de um trabalho comunitário, em sintonia com a ideia de comunidade que foi estudada nos seus traços fundamentais por alguns dos membros da escola; mas refere-se, também, à investigação epistemológica da configuração do saber na cultura ocidental.

E é essa a razão pela qual não podemos fazer uma referência a Husserl somente, mas faz-se necessário ampliar o olhar para a sua escola. Assim sendo, me proponho a não me deter a elencar alguns aspectos das suas análises (o que seria de qualquer forma uma tarefa árdua, visto a imensidão dos campos por ele investigados); proponho-me, ao invés, a escrever sobre duas pensadoras que estiveram ao lado de Husserl e que obtiveram resultados de pesquisa particularmente convincentes. E escolhi duas mulheres, Edith Stein e Hedwig Conrad-Martius, para mostrar uma realidade presente dentro da escola fenomenológica, isto é, a eliminação dos preconceitos sobre a contribuição intelectual feminina, o que se tornou possível graças à grande abertura humana do "mestre". Sem alguém que as valorizasse, é possível que o talento dessas duas mulheres tivesse permanecido somente um potencial inexplorado.

A escola fenomenológica tornou-se, desse ponto de vista, uma demonstração factual de que é possível romper um preconceito secular em relação à presença feminina no âmbito da filosofia. Realizou-se, assim, uma verdadeira comunidade, formada por seres humanos na dupla articulação feminina e masculina. Tudo isso nos anos iniciais do século XX, o qual veio a se caracterizar como o século da efetiva entrada das mulheres nos vários campos da cultura.

Nas páginas que se seguem, a pretensão não é aquela de fornecer um quadro completo da posição das duas pensadoras e de Husserl. Pretende-se, sim, indicar algumas características da pesquisa de cada um, de tal modo que estas possam estimular uma pesquisa autônoma por parte de quem deles se aproxima. Este é um texto de apresentação histórica e que tem um caráter informativo. Quem pretende se adentrar na pesquisa sobre os autores certamente deverá conhecer o material produzido por cada um. Mas além disso, queremos sugerir um método de pesquisa e indicar possíveis campos de aplicação para novas investigações. Se o trabalho de pesquisa é um trabalho comunitário, isso acontece porque é impossível exaurir a complexidade do real. E também porque cada pesquisador sente a exigência de começar sempre tudo de novo, oferecendo à comunidade científica novos elementos que sejam úteis a essa. E deveria fazer assim não porque presume que tais elementos existem, mas porque estão ali, ao alcance da mão, porém ainda não evidenciados: esta é a grande lição da escola fenomenológica e a sua ideia de inexauribilidade do conhecimento.

O ideal comunitário da pesquisa filosófica de Husserl, que aqui apresentamos em uma parcial realização, inspira-se no estilo de investigação das ciências, em especial das ciências físicas, mas pretende ir além destas, porque é a realidade mesma (que nos constitui e nos circunda) a nos solicitar uma escavação sempre mais profunda. Não basta a pesquisa científica, no sentido corrente da palavra, mas é necessária uma busca das causas últimas, uma pesquisa filosófica. É esta que realiza o paradoxo representado pelo ser humano: mônada junto a outras mônadas, que tem, porém, a capacidade de conter em si o universo no mundo do conhecimento, ou melhor, da consciência das suas possibilidades, das suas conquistas e dos seus limites.

EDMUND HUSSERL

Consciência Eu-Mundo

O caso de Edmund Husserl (1859-1938) é muito raro na história da filosofia ocidental; trata-se, de fato, de um pensador para o qual a filosofia é uma verdadeira "vocação" – não por acaso ele se refere seguidamente à "profissão do filósofo"[1] – que nasce espontaneamente seguindo em Viena as lições de Franz Brentano. Esse último desempenha, de fato, uma função maiêutica de tipo socrático em relação a ele, fazendo emergir o interesse mais profundo do seu discípulo, hebreu de Prossnitz, na Morávia, que tinha alcançado brilhantemente a graduação em matemática sob a orientação de Weierstrass.[2] O fato

---

1 Essa expressão se encontra na primeira parte do Ms. trans. B I 6 I (*Tradition. Die Epoché von aller Tradition im Problem des Anfangs der Philosophie Tradição. A epoché de toda a tradição no problema do início da filosofia*), no qual se aborda a origem e o escopo da filosofia em relação à visão de mundo que a precede e, portanto, se identifica a profissão do filosofo como aquela de quem procura um conhecimento estável e universal. Cf. HUSSERL, E. "Il mestiere del filosofo, Paradossi e antinomie del relativismo antropológico", a cura di Angela Ales Bello. *Idee*, *Rivista di Filosofia*, n. 11, 1989.

2 Nascido de uma família hebraica de comerciantes de tecidos, consciente do próprio patrimônio espiritual, mas religiosamente tolerante, era o segundo de quatro filhos. Depois do ensino fundamental que frequentou em Prossnitz, cidade da Morávia pertencente ao Império Austro-húngaro, frequentou o ensino médio (clássico) antes em Viena e depois em Olomuc com escasso interesse. A preferência pelas ciências exatas o levou a seguir as lições de C. Weierstrass em Berlim, de 1878 até 1881; voltando para Viena, defendeu a sua dissertação de láurea sobre a *Teoria do cálculo das variações*. O filósofo Tomáš Masaryk, futuro presidente da Tchecoslováquia, teve notável influência na sua formação juvenil. Para as notícias biográficas completas, inclusive as suas pesquisas e a sua produção, é indispensável consultar o livro de Karl Schumann, Husserl-Chronik. *Denk und Lebensweg Edmund Husserl* (*Crônica do pensamento e da carreira de Husserl*), Husserliana-Dokumente 1. Haia: M. Nijhoff, 1977.

de que não provinha de estudos filosóficos constitui o sucesso de Husserl, teórico por disposição pessoal, pois isso é o que lhe consente de "começar do zero" sem seguir as indicações de uma escola de pensamento da qual tomar distância ou aderir. Com certeza, o encontro com Brentano não foi privado de consequências que são reconhecíveis em algumas de suas tomadas de posição no nível gnosiológico, como a evidenciação da intencionalidade e a visão da essência, heranças dos estudos do próprio Brentano, formado junto à escola dos pensadores medievais, pois era ex-sacerdote da Igreja Católica.[3]

A ingenuidade com a qual Husserl se prepara para formular e afrontar os temas tradicionais da especulação filosófica não deve por um lado ser absolutizada, nem por outro ser demonizada, pois é, todavia, uma condição ideal para iniciar um novo caminho de investigação voltado essencialmente a ressaltar o significado das "coisas mesmas" (o modo que ele seguia era exatamente *Zu den Sachen selbst*), confrontando-se com os dados, os científicos, os naturais, os humanos, numa atitude de evidenciação do sentido e também da investigação da própria partição deles: por que procedeu-se e procede-se desse modo? Se trata da questão crucial do pensador que, exatamente porque é matemático, tem necessidade de colocar em ordem o seu caminho de investigação elaborando um "método". Mas esse pensador que parecia, e de certa forma é, um solitário, na realidade é prontamente rodeado por um consistente grupo de discípulos aos quais transmite a paixão pela investigação e o caminho metodológico para alcançá-la, desejando, aliás, codividir, no sentido de repartir entre eles, o vasto campo do saber para poder reconstituir a unidade através dos resultados alcançados.

A originalidade do procedimento de Husserl representa, todavia, um obstáculo para a esquematização do seu pensamento, que se desenvolve através de análises sutis, segue teses interrompidas e depois retomadas em um andamento que pode ser definido "radial", movendo-se a partir de um

---

3 Uma comovente recordação de Brentano se encontra no ensaio de Husserl *Erinnerungen an Franz Brentano (Recordações de Franz Brentano)* em *Aufsätze und Vorträge (1911-1921)*, (Ensaios e conferências). Editado por NENON, T.; SEPP, H. R. M. (eds.). Dordrecht: Nijhoff, 1987, Husserliana, v. XXV, ao qual me referi em *Brentano e Fichte nos escritos 'menores' de E. Husserl* (*Aquinas*, XXXIII, 2 [1990]).

ponto escolhido pela sua relevância, que remete a outros através de uma série, definível *a priori*, de passagens. Não é possível, portanto, extrair um "sistema", apesar de que as análises são "sistemáticas" no sentido que não avançam em modo arbitrário, mas seguem um caminho que conduz ao esclarecimento e à compreensão da *Sache* a ser entendida, de fato, como o argumento, o objeto que está sendo examinado.

Por essa razão, a reconstrução da leitura husserliana da realidade pode ser feita individuando grandes núcleos problemáticos entre os quais se estabelece uma conexão que deve, todavia, ser explicitada e que seguidamente não é imediatamente reconhecida, com a consciência de não poder indicar todas as temáticas presentes na sua investigação.

Proponho-me a fixar a atenção sobre quatro pontos que considero significativos. Em primeiro lugar, a "redução", momento que caracteriza toda a análise e núcleo da própria investigação fenomenológica; em segundo lugar, a questão da avaliação das ciências que envolve pessoalmente o matemático Husserl em polêmica com o ambiente positivista que o circunda e a sua regressão à dimensão pré-categorial do mundo-da-vida; em terceiro lugar, o desenvolvimento da "filosofia" fenomenológica, particularmente no âmbito antropológico, seguindo o esquema contido no segundo volume das *Ideias para uma fenomenologia pura e para uma filosofia fenomenológica*; e, enfim, a religião e a teologia, entendida como discurso racional acerca de Deus.

1. A "redução" fenomenológica

A discussão sobre o significado do método fenomenológico, que se acendeu entre os discípulos de Husserl no período da sua docência em Gotinga, particularmente de 1913 a 1916, foi um dos momentos cruciais da vida intelectual do fenomenólogo e não só pelas implicações humanas que o afastamento de alguns desses comportava, mas pelo impulso em direção a um reexame crítico que levou Husserl, na verdade, para um sempre maior aprofundamento da sua postura.

Para compreender a importância histórica e teorética de tal evento, é necessário remontar brevemente a gênese do método proposto por Husserl, ao delineamento da sua análise fenomenológica.

A publicação dos inéditos relativos aos anos 1906/7 (*Introdução à lógica e à teoria do conhecimento*) e de 1908 (*Lições sobre a teoria do significado*) permite reconstruir em modo mais preciso a gênese do método husserliano entre a composição das *Investigações lógicas* (1900/1) e as *Ideias para uma fenomenologia pura e para uma filosofia fenomenológica I* (1913).[4]

As últimas obras, editadas durante a vida do fenomenólogo, mantêm toda a sua importância como etapas significativas de um percurso caracterizado antes de tudo pelo distanciamento em relação a posições psicologistas em direção a uma análise do tema da lógica e, enfim, da conquista do terreno fenomenológico. Entre 1900 e 1913 se consolida, portanto, o método husserliano e se abre a discussão com os discípulos mais atentos, Adolf Reinach – que morreu alguns anos depois durante a guerra mundial, mas não sem ter fornecido provas da fertilidade da sua investigação – e algumas jovens estudiosas como Hedwig Conrad-Martius e, depois de 1916, data da defesa da sua tese doutoral elaborada sob a orientação de Husserl, também Edith Stein.

É sabido que Husserl expôs as linhas de fundo do seu caminho de investigação e o ponto ao qual tinha chegado, em muitos aspectos de maneira definitiva, justamente nas *Ideias*. Relendo as páginas introdutórias do Livro I dessa obra, nota-se de um lado a continuidade com as *Investigações Lógicas*, e de outro lado a peculiaridade do método proposto. Husserl

4 Os dois primeiros, *Einleitung in die Logik und Erkenntenistheorie* (*Introdução à lógica e à teoria do conhecimento*) e *Vorlesungen über Bedeutungslehre* (*Lições sobre a teoria do significado*), constituem respectivamente o v. XXIV, editado por U. Melle, e o v. XVIII, por U. Panzer, da coleção Husserliana. Serão citados em seguida como *Introdução e Doutrina do significado*. Aos outros dois, *Logische Untersuchungen I,* v. XVIII, por E. Holenstein, *Logischen Untersuchungen II,* v. XIX, por U. Panzer (Trad. Italiana de G. Piana, *Ricerche Logiche*, A. Milão: Mondadori, 1962) e *Ideen zu einer reinen Phänomenologie und phänomenologischen Philosophie*, v. III-V, por W. Biemel, 1950-1952 (Trad. Italiana de E. Filippini, *Idee per uma fenomenologia pura e una filosofia fenomenológica*. Torino: Einaudi, 1965), será feito referência nas citações indicando os textos respectivamente com as abreviações *IL* (Investigações Lógicas) e *Idee* (Ideias para uma fenomenologia pura e para uma filosofia fenomenológica).

insiste em afirmar que na época daquelas investigações (1900/1) a fenomenologia se encontrava em estado de esboço,[5] alcançando maior clareza do seu sentido profundo no último decênio. Em todo caso, não julga que se trata de uma mudança de perspectiva – como afirmarão os seus discípulos dissidentes – mas, de fato, de um aprofundamento.

É oportuno então colocar-se, em primeiro lugar, do ponto de vista de Husserl, para captar a continuidade e a diferença entre as duas obras citadas por último e examinar o caminho percorrido nos anos que intercorrem entre elas, compreendendo melhor as razões do distanciamento de alguns discípulos.

1.1. A redução fenomenológica nas *Ideias para uma fenomenologia pura*

O tema da redução é central na escola fenomenológica. Se trata da mudança de atitude e de interesse com a qual se abre um caminho filosófico. Desse ponto de vista, Husserl se sente próximo aos pensadores que o precedem desde a idade antiga, mas julga poder também dar uma contribuição original sob o perfil metodológico a esse preliminar e necessário momento da investigação. As "vias", que é possível percorrer, são múltiplas e no decorrer da sua investigação o fenomenólogo se propõe vez por vez,[6] mas me parece que seja oportuno iniciar da primeira teorização completa e explícita de tal percurso, aquela contida no primeiro volume das *Ideias*.

Partindo dos resultados alcançados em 1913, é possível descobrir, refazendo a sua gênese no sentido inverso, o itinerário especulativo de Husserl. Na já citada *Introdução* às *Ideias* ele define a fenomenologia como sendo uma ciência "*a priori*", "eidética", que possibilita um estudo em torno das essências como também da ciência das essências e assegura

5 HUSSERL, E. *Idee I*, introdução, p. 8; BELLO, A. Ales. "Sobre o método fenomenológico". In: *Introdução à Fenomenologia*. Bauru, SP: EDUSC, 2006; Belo Horizonte: Editora Spes, 2018.

6 Fiz referência às possíveis vias da redução no meu livro *Husserl – Sul problema di Dio*. Roma: Studium, 1985.

a legitimidade de um conhecimento essencial contra o naturalismo e o psicologismo[7] e, como demonstração de continuidade com as *Investigações Lógicas*, afirma que também nessa obra estava presente a intenção de conduzir uma investigação essencial. Todavia, o uso que se fazia nela do termo "ideia" podia ser um equívoco e gerar confusões com o conceito kantiano de ideia; portanto, prefere substituí-lo com a palavra em alemão *wesen* (essência) ou aquela "estrangeira" para ele, *eidos*. Ele se dá conta de não possuir um vocábulo adequado para exprimir a novidade que quer comunicar; por outro lado, não quer inventar expressões estranhas à linguagem filosófica, cuja tradição pretende respeitar.[8]

O segundo capítulo da primeira seção do livro I das *Ideias* é dedicado à análise da essência, como reivindicação de um ponto de vista não arbitrário, mas absolutamente legítimo, cuja negação pode ser comparada a uma cegueira. Visto que cada dado de fato poderia ser diferente daquilo que é, isso implica que o mesmo possui como característica própria, além de outras determinações secundárias, predicados essenciais que lhe competem necessariamente.[9]

Cada visão individual que pode ser "colocada em ideia" pode, portanto, ser transformada em ideação, ou melhor, usando um termo acima indicado, em essência ou *eidos*. Desse modo, obtém-se um objeto de nova espécie em relação ao objeto empírico. O novo objeto é sempre dado a partir de uma visão, mas que não é mais de tipo experiencial, e sim consiste na "consciência de algo". Isso tudo acontece antes de qualquer pensamento predicativo e, por isso mesmo, a visão pode ser definida originariamente oferente. A essência não é individual, apesar de poder-se fundar sobre uma visão individual, e pode referir-se seja a dados empíricos ou a dados não empíricos, fantásticos ou imaginários. Isso consente afirmar que a posição de uma essência não implica uma realidade individual existente, nem dados de fato,

7 HUSSERL, E. *Idee I*, introdução, p. 9.

8 *Ibidem*, p. 11.

9 *Ibidem*, § 2.

mas que, inversamente, para o conhecimento de dados de fato é necessária uma visão eidética.[10]

A evidenciação da essência permite, segundo Husserl, responder tanto ao empirismo quanto ao idealismo; no primeiro caso, ele se opõe dizendo que a experiência direta fornece só singularidades e nenhuma generalidade, o que não é o bastante para um conhecimento válido; no segundo, ele observa que o idealismo – e aqui o termo é usado na sua acepção mais ampla – afirma um pensamento puro, *a priori*, mas não reconhece o quanto é fundamental o puro ver, a visão da essência, e até mesmo, em alguns casos, considera a evidência como um "sentimento". Isso acontece porque não assumimos preliminarmente uma atitude válida, ou seja, não temos disposição a "ver" e nos movemos, no mais das vezes, partindo de pressupostos aceitos acriticamente, chegando desse modo a construir teorias de cima para baixo (*von oben*), ao invés de privilegiar uma busca que inicie de baixo para cima (*von unten*).

O princípio absoluto, a ser entendido neste caso como início de um conhecimento essencial e, portanto, como fundamentação, mesmo que só no sentido de um começo válido, pode ser expresso através da fórmula, já famosa, do "princípio de todos os princípios", segundo a qual "cada visão originariamente oferente é um manancial legítimo de conhecimento, tudo o que se dá originariamente na intuição (por assim dizer, em carne e osso) deve ser assumido como se dá, mas também só nos limites nos quais se dá".[11] Então, observa Husserl, como o naturalista tem o direito de ser fiel ao princípio segundo o qual cada afirmação sobre os dados de fato deve fundar-se sobre a experiência, assim o "pesquisador de essências" deve seguir o princípio acima exposto e deve fazer observar ao naturalista que o mesmo princípio que ele considera válido não é empírico, justamente porque nenhum princípio pode ser tal.

---

10 *Ibidem*, §§ 3-4.

11 *Ibidem*, § 24, p. 50-51. (Introduzi uma variação na tradução usando "originariamente" ao invés de "originalmente", pois o advérbio em alemão é *originär*. Texto em italiano: "ogni visione originariamente offerente é una sorgente legittima di conoscenza, tutto ciò che si dà originariamente nell'intuizione [per così dire, in carne ed ossa] è da assumere come esso si dà, ma anche soltanto nei limiti in cui si dà").

Legitimada, assim, a validade de um conhecimento essencial, Husserl procede no caminho de uma investigação essencial e, nessa direção, compartilha a necessidade, no fundo sempre destacada na história da filosofia ocidental, de uma mudança de perspectiva que permita passar de uma atitude acrítica de aceitação passiva a uma atitude de atenção consciente. A primeira constatação, a partir da qual é necessário iniciar, consiste no fato de que somos imersos em um mundo que nos envolve (*Umwelt*); com o termo "mundo" se entendem as coisas, os outros sujeitos humanos, a natureza, mas também os valores, os bens, a cultura.

Na atitude natural, vivemos imersos neste mundo com todos os nossos estados de ânimo, sentimentos, atos de vontade, avaliações, tomadas de posição, juízos, elaborações teóricas. Mas, perguntamos: é possível interromper tal postura, bloqueá-la e mudá-la radicalmente? Husserl reconhece que essa questão foi seguidamente levantada na história da filosofia e em modo eminente na idade moderna por Descartes. Inicia, portanto, nesse ponto um sutil exame da dúvida cartesiana do seu questionamento do "mundo".

A radicalidade da atitude crítica não pode chegar, segundo Husserl, à negação da "tese" do mundo, do fato, ou seja, que "colocamos", reconhecemos o mundo como existente; está em nosso poder só suspender essa tese, colocá-la entre parênteses, bem conscientes de que o que foi posto entre parênteses continua existindo entre parênteses. Trata-se apenas de uma suspensão, de uma *epoché*, de um não fixar a atenção em um aspecto, portanto, trata-se apenas de "apagar a luz sobre..." (*ausschalten*) e, ainda, um subtrair a atenção e, por isso mesmo, um "reduzir".[12]

Explicam-se, desse modo, os termos que Husserl usa para indicar essa operação: *epoché, ausschaltung, reduktion*; tal operação, por um lado, consiste em um ato voluntário, por outro, não se trata de construir alguma coisa, mas deixar-se guiar por alguma coisa, isto é, pela urgência da originalidade, não de tipo fatual, mas essencial.

Se estiver implicada uma atividade do sujeito, tal atitude é a resposta a uma pergunta, a um apelo. O momento subjetivo e o objetivo se tornam,

---

12 *Ibidem*, § 31.

desse modo, incindíveis: o dado requer ser compreendido, coloca uma pergunta, se revela problemático, mas pretende também uma atenção voltada à sua problematicidade.

Isso pode ser, na verdade, uma "cegueira" em relação à visão essencial, que é a cegueira de quem se contenta do fato no seu peso fatual e, portanto, uma não escuta do apelo, mas sem a diferença entre a fatualidade e a essencialidade - em outras palavras, a insuficiência do fato de autoexplicar-se - não existiria a tomada de posição do sujeito. É a *Sache*, a coisa, a questão que deve ser indagada assim como se apresenta, não na sua fatualidade, mas ao contrário, na sua essencialidade.

Pode-se notar que não existe uma fatualidade e anexo a ela uma problematicidade, mas uma fatualidade que requer ser compreendida na sua essencialidade; a *epoché* é, portanto, um ato voluntário que tem a sua origem no sujeito só porque o sujeito "se decide por...", quer deslocar a sua atenção da pura fatualidade à essencialidade; todavia, não se trata de um ato arbitrário, ao contrário, é solicitado pela opacidade do fato, pela sua insuficiência. Esse ato é descrito com fineza por Edith Stein, a qual considera-o válido e razoável quando tem fundamentos de não credibilidade que motivam a *epoché* e não só motivações psicológicas e puramente subjetivas.[13]

Constata-se, portanto, que para Husserl se trata da colocação entre parênteses da aceitação da existência entendida como puro fato de existir, do dar-se, considerado importante e fundamental exatamente pela mentalidade positivista, que, a partir disso e pelo fato de estar em busca de uma concretude, na verdade se fecha em uma acrítica afirmação e não atinge o "sentido" do que existe. Portanto, afirma Husserl contra Descartes, não é possível duvidar da existência das coisas. Com relação às mesmas, eventualmente e, proficuamente em suma, se pode colocar entre parênteses o tema da

---

13 STEIN, E. *Beiträge zur philosophischen Begründung der Psychologie und der Geisteswissenschaften im Jahrbuch für Philosophie und phänomenologische Forschung*, v. V. Halle: 1922, reeditado por Max Niemeyer, 1970 [*Psicologia e Scienze dello spirito. Contributi per una fondazione filosófica*. Trad. PEZZELLA, A. M. Apresentação de A. Ales Bello. Roma: Città Nuova, 1999^2, p. 45.

existência, que continua subsistindo entre parênteses com toda a sua necessidade, para dar enfoque à questão da essência.

Observa-se, então, que se todo o início filosófico requer uma radicalidade, essa não pode ser nem de tipo cético – negação absoluta que resulta arbitrária porque as coisas negadas existem apesar da minha vontade de negação – nem de tipo sofístico – constituição de uma ciência livre da metafísica que se considera fundada na experiência objetiva, nos fatos, que deveriam estar à base das ciências — e nem de tipo cartesiano – passagem da "posição" do mundo à negação dessa posição.[14]

A confrontação com a Sofística, com o Ceticismo, com o Positivismo, com a dúvida de Descartes, que se atua através de um complicado entrelace de objeções e referências, permite, então, delinear uma nova atitude de neutralização que não nega coisa alguma, que não força a possibilidade humana de negação aos seus extremos, pois isso só pode ser feito aparentemente; em outras palavras, ilude-se de ter o poder de negar, mas a realidade está sempre ali, pronta para reivindicar a sua presença.

Como não se trata de uma negação total, que investe tudo, mas só de uma mudança de perspectiva, de um colocar entre parênteses, é possível também sublinhar a presença de um resíduo; em outras palavras, interroga-se a respeito de quem responde ao apelo, quem realiza a redução, quem descobre a essência. A filosofia ocidental sempre indicou fortemente a presença do eu filosofante, como fonte de mudança de perspectiva que acompanha qualquer início filosófico, porque, se esse início é uma operação do sujeito, tal início isenta o sujeito de ser colocado em questão. É o paradoxo que Husserl indicará seguidamente na sua investigação, de um eu que está dentro do mundo e nesse sentido deveria ser *epoquizado* com o mundo, mas no mesmo tempo é aquele que realiza a operação de *epoquização.*[15] Então, em relação ao eu, pode ser colocado entre parênteses só o que concerne à sua atitude psicológica, o ser humano real como objeto

14 HUSSERL, E. *Op. Cit.*, § 32.

15 *Idem*, *Die Krisis der europäischen Wissenschaften und die transzendentale Phänomenologie.* Husserliana, v. VI [*La crisi dele scienze europee e la fenomenologia trascendentale.* Trad. FILIPPINI, E. Milão: Il Saggiatore, 1987², § 53].

real, mas o que permanece essencialmente, em nome da possibilidade de captar a essência, é a "consciência" pura, o eu puro, com as suas vivências puras (*Erlebnisse*).[16] Trata-se, portanto, de aplicar a redução eidética ao eu para compreender as estruturas da subjetividade.

Esse é o novo território, a razão transcendental que carrega consigo intencionalmente o universo real e possível. A conexão intencional é descoberta como o suporte fundamental para sair da consciência em sentido solipsístico; a possível acusação de solipsismo que Husserl hipoteticamente dirige contra si próprio[17] é superada graças à constatação de que, na verdade, se trata de dois níveis diferentes: o psicológico do solipsismo e o fenomenológico da correlação. Na verdade, mesmo o exame de uma nossa simples experiência, conduzido através de uma superação da atitude natural e, portanto, de modo essencial, permite apreender a distinção entre o ato de perceber e o que é percebido, isto é, entre a *noesis* e o *noema*, ou então, usando um termo cartesiano, mas em sentido muito amplo, entre um *cogitatio* e um *cogitatum*.[18]

Pode-se notar que descrevemos o modo como conhecemos a realidade sem discutir sobre a existência dela, que, aliás, dá-se por certa; o percebido remete certamente ao objeto físico percebido, à folha de papel concreta, e esse último é transcendente no que diz respeito à relação percepção-percebido: aí está o delinear-se da esfera da imanência e da transcendência como esferas não opostas, mas correlatas; o mundo está fora do sujeito, por isso podemos falar de mundo.[19]

1.2. Gênese do método fenomenológico husserliano

Foi sublinhado que o problema posto por Husserl se refere ao modo do conhecimento, mais do que à questão da existência; para compreender tal exigência e a escolha do ponto de vista, é necessário indicar brevemente,

---

16 *Idem*, *Idee I*, p. 69.

17 *Idem*, *Cartesianische Meditationen und Pariser Vorträge*, por S. Strasser, Husserliana, v. I [*Meditazioni Cartesiane e Discorsi parigini*. Trad. COSTA, F. Milão: Bompiani, 1997²].

18 *Ibidem*, p. 45.

19 *Idem*, *Idee I*, § 38.

como foi antecipado acima, o percurso realizado das *Investigações Lógicas* às *Ideias*. Certamente não é possível analisar de maneira detalhada esse itinerário, mas somente notar que desde a *Filosofia da aritmética* (1891), em que se indagava sobre a formação da noção de número, e os escritos sobre a lógica, que precedem as *Investigações Lógicas*,[20] o interesse de Husserl se voltou a compreender se o nosso conhecimento tem valor psicológico ou lógico e, em particular, se as teorias científicas e matemáticas podem ser indagadas permanecendo em um plano ao invés de outro.[21]

Uma vez individuado o plano lógico como plano fundamental, se tratava de ir ainda mais a fundo pela estrada da justificação da lógica mesma. Husserl, comentando o trabalho realizado nas *Investigações Lógicas*, escreveu que um adequado esclarecimento da lógica requer uma pesquisa fenomenológica e epistemológica e coincide com a crítica do pensar e do conhecer em geral.[22]

Pode-se notar que começa a delinear-se a exigência de uma indagação que ainda busca exaustivamente sua colocação e não consegue distinguir-se claramente da psicologia. Desde as lições de 1902/03 e sobretudo naquelas de 1906/07 ele se dispõe a aprofundar uma crítica da razão teórica que tem como fundo problemático a *Crítica da razão pura* de Kant. É aqui que a necessidade de uma teoria do conhecimento se manifesta prepotentemente. Como acontecerá nas *Ideias* em relação a Descartes, a leitura de Kant representa o fundo teorético da sua indagação.[23]

Em primeiro lugar, trata-se de definir o conceito de lógica formal, que não é a simples apofântica no sentido tradicional da lógica escolástica, como ainda Kant entendia, mas é a busca da ideia de ciência em geral, que vai além

---

20 Entre os mais significativos: HUSSERL, E. "Psychologischen Studien zur elementaren Logik". In: *Philosophischen Monatshefte*, XXX, 1894; "Bericht über Deutsche Schriften zur Logik i. d. Jahr 1895-1899". In: *Archiv für systematische philosophie*, IX, 1903.

21 BELLO, A. Ales. *Husserl e le scienze*. Roma: La Goliardica Editrice, 1986, cap. I, "Matematica".

22 HUSSERL, E. *Introduction to the Logical Investigations*. Trad. BOSSERT, P. J.; PETERS, C. H. Haia: Martinus Nijhoff, 1975, p. 512, do original alemão publicado em *Vierteljahrsschrift für wissenschaftliche Philosophie*, v. 24, 1900.

23 *Idem, Erste Philosophie (1923-24)*, Husserliana, v. VII. BOEHM, R. (ed.). Para a relação entre Husserl e Kant pode-se consultar proficuamente: DI PINTO, L. *Impronte kantiana in Edmund Husserl*. Bari: Cacucci Editore, 1988.

de todas as ciências como teoria das teorias em geral. Deve-se proceder, portanto, ao exame do conceito de objeto em geral que é usado por todas as ciências como uma obviedade apriorística – portanto, os conceitos da existência, dos estados de coisas, do condicionamento de um estado de coisas por parte de outro, da distinção entre formal e material – e de individuar uma ontologia formal, como ciência *a priori* dos objetos possíveis, e uma ontologia material, como domínio teórico do fluxo da realidade empírica.

Desse modo, não só se entende a lógica formal diferentemente de como tinha sido entendida por Kant, mas se procede a uma reformulação do transcendental através da eliminação da distinção entre estética transcendental e analítica transcendental e da revisão dos juízos sintéticos *a priori*.[24] A tarefa da fenomenologia é aquela de indagar a origem depois que passaram pelo processo da redução.

Aparecerá, porém, sempre mais claro para Husserl que o objetivo da fenomenologia não é o de interessar-se daquilo que é objetivo, mas de analisar como o objetivo aparece na consciência e como a objetividade pura pode ser indagada no seu manifestar-se, depois da neutralização de qualquer posição empírica. Por isso, apesar da aparente coincidência, o transcendental husserliano se distingue do kantiano porque não diz respeito às condições *a priori* do conhecimento empírico, mas visto a dimensão empírica, se trata de analisar o modo como um certo conteúdo se manifesta na experiência.

Essa é a noética da qual Husserl fala nas lições de 1906/07, *Introdução à lógica e à teoria do conhecimento*, às quais se fez referência acima, que consiste no estudo do correlato do sentido imanente de qualquer experiência da consciência intencional, ou seja, da *noese*: por exemplo, qual é o sentido imanente das vivências como o perceber, o recordar e assim por diante; para fazer isso é necessário, porém, a redução, entendida como o deslocamento da atenção sobre os atos – do perceber, do recordar e assim por diante – próprios do sujeito. Desse modo, Husserl julga ter realizado um aprofundamento da crítica proposta por Kant e um ulterior esclarecimento do transcendental.

---

24 *Idem.*

Pode-se notar que já nessas preleções, e mais precisamente em abril--maio de 1907, Husserl individuou a sua via de investigação de uma maneira que se poderia dizer quase definitiva; na sequência procurar-se-á aprofundar e proceder a análises sempre mais sutis, por um lado, e mais amplas, por outro, indicando a estrutura das vivências e a relação com a consciência, reconhecendo as conexões e as diferenças entre o eu empírico, a subjetividade transcendental e a intersubjetividade.

Todas as análises que ele realiza são consideradas essenciais, no sentido de que definem imediatamente, intuitivamente, as estruturas fundamentais do conhecer assim como elas se dão, respeitando por um lado o "princípio de todos os princípios" indicado programaticamente nas *Ideias* e propondo, por outro, uma investigação ostensiva, portanto, legitimamente fundada, que pode ser definida como "científica".

Compreende-se, nesse sentido, o "manifesto" da fenomenologia, representado pelo artigo *A fenomenologia como ciência rigorosa*,[25] publicado na revista *Logos* em 1910/11, dois anos antes das *Ideias*. A fenomenologia se apresenta, assim, como uma *Erkenntnistheorie*, uma doutrina do conhecimento, que deixa para traz tanto a psicologia – apesar de investigar o mesmo terreno, mas em uma perspectiva diferente – quanto a lógica, da qual aprofunda a configuração e o escopo, sem permanecer enredada nela.

Enquanto se delineiam os fundamentos do método fenomenológico, Husserl procede à sua aplicação concreta; não se deve acreditar, de fato, que se trata somente de uma proposta teórica, aliás, o método nasce através da investigação concreta, tendo como seu único pressuposto a aderência àquilo que se dá essencialmente, ou seja, originariamente.

Em maio de 1907, Husserl reelabora as lições introdutórias, às quais fez-se referência, e dá cinco lições de recapitulação e explicativas sobre *A ideia da fenomenologia*,[26] por sua vez preliminares às lições sobre a coisa,

25 *Idem*, *Philosophie als strenge Wissenschaft*. In: *Aufsätze und Vorträge (1911-1921)*, Husserliana, v. XXV.

26 *Idem*, *Die Ideen der Phänomenologie*, Husserliana, v. II. BIEMEL, W. (ed.).

Coisa e espaço,[27] as quais permaneceram inéditas durante a sua vida. Ao ano de 1908 remonta o importante manuscrito dedicado à *Doutrina do significado*, ao qual já se fez referência. A análise procede em outubro de 1910 com as significativas preleções sobre *Os problemas fundamentais da fenomenologia*, agora contidas em *A fenomenologia da intersubjetividade I*;[28] em 1911 vem a público o ensaio já citado sobre a filosofia como ciência rigorosa, polemizando com o naturalismo e o historicismo de Dilthey.

Foram indicadas as etapas fundamentais das análises husserlianas daqueles anos para compreender como se delineia a sua fenomenologia no período de Gotinga e no que consiste a sua mudança de perspectiva em relação às *Investigações Lógicas*, a qual foi interpretada pelos seus discípulos dissidentes como virada idealística.

1.3. O grupo de Gotinga

Em primeiro lugar, é oportuno analisar brevemente quem são os componentes desse grupo e como eles entraram em contato com Husserl. Edith Stein cita aqueles que julga mais importantes: Max Scheler, Alexander Pfänder, Adolf Reinach, Hedwig Conrad-Martius, Jean Hering.[29]

Folheando o livro *Husserl-Chronik*[30] se encontram, já em 1905, os nomes de Adolf Reinach e Alexander Pfänder; o primeiro, discípulo de Theodor Lipps em Munique, fazia parte de um grupo vindo para Gotinga para seguir as lições de Husserl, e isso comprova os contatos com Theodor Lipps e o seu pensamento; à escola de Munique também pertenciam Alexander Pfänder e Theodore Conrad, mais tarde marido de Hedwig Martius e

27 *Idem, Ding und Raum*, Husserliana, v. XVI. CLAEGES, U. (ed.).

28 *Idem, Zur Phänomenologie der Intersubjektivität*, Husserliana, v. XIII. KERN, I. (ed.).

29 STEIN, E. *Endliches und ewiges sein – Versuch eines Aufstiges zum Sinn des Seins*, Werke, v. II. Friburgo: Herder, 1986 [*Essere finito ed Essere eterno. Per una elevazione al senso dell'essere*. Trad. VIGONE, L., revisão e apresentação de BELLO, A. Ales. Roma: Città Nuova, 1999[4], cap. III, § 6, nota 43].

30 SCHUMANN, K. *Husserl-Chronik: Denk-und Lebensweg Edmund Husserl*, Husserliana-Dokumente I. Haia: Nijhoff, 1977.

fundador, em 1907, da Sociedade Filosófica de Gotinga. Em 1909 Hedwig Martius uniu-se a eles, também ela proveniente de Munique, e em 1910-11 presidiará a Sociedade Filosófica, distinguindo-se pela validade da sua investigação a tal ponto que obteve o prêmio da Faculdade de Filosofia de Gotinga com o seu ensaio *Os fundamentos gnosiológicos do positivismo* (*Die Erkenntnistheoretischen Grundlagen des Positivismus*) em 1912.

Do grupo filosófico de Gotinga fazia parte também Max Scheler, que estudara em Jena e que também tinha passado por Munique e, além do mais, Jean Hering, que presidiu a Sociedade Filosófica em 1912-13, ano em que também Roman Ingarden se uniu ao seminário de Husserl. Em 1913 vem a público o primeiro livro das *Ideias* de Husserl, e Edith Stein começa a frequentar as suas lições e a tomar parte ativamente da Sociedade Filosófica de Gotinga, junto à qual é apresentado, sempre naquele ano, o livro de Max Scheler, *O formalismo na ética e a ética material dos valores*.[31] Segundo a declaração de Jean Hering, em ocasião da publicação das *Ideias* inicia, durante as exercitações feitas por Husserl, uma discussão com Reinach em torno do suposto desvio idealista da fenomenologia.[32]

Pode-se notar que o distanciamento dos discípulos ou daqueles que se reuniam ao redor de Husserl acontece gradualmente e conforme ritmos e percursos pessoais. Se a polêmica se acende quase imediatamente, as tomadas de posições claras não são tão explícitas e isso ocorre por diversas razões: algumas conexas mais do que por motivos de oportunidades em sentido formal, como se poderia supor, pela forte ligação no âmbito da investigação intelectual e pela amizade pessoal que tinham sido estabelecidas com o mestre, e outras se ligavam à dificuldade de encontrar um caminho teorético autônomo.

---

31 SCHELER, M. *Der Formalismus in der Ethik und der materiale Wertethik. Neuer Versuch der Grundlegung eines ethischen Personalismus*, Gesammelte Werke. Berna: Franke, 1954-1985 [*Il formalismo nell'etica e l'etica materiale dei valori*. Trad. CARONELLO, G. Cinisello Balsamo: San Paolo, 1996].

32 HERING, J. "Bemerkungen über das Wesen, die Wesenheit und die Idee" (Osservazioni sull'essenza, l'essenzialità e l'idea). *Jahrbuch für Philosophie und phänomenologische Forschung*, IV, 1916.

Não se pretende, nesta ocasião, examinar come aconteceu o distanciamento dos pensadores acima citados conforme os seus itinerários individuais; outros jovens pensadores uniram-se a Husserl para permanecer com ele por longo tempo, como Stephen Strasser, Eugen Fink, ou então por breve tempo, como Martin Heidegger. Em todo caso, Husserl está sempre circundado por discípulos e pode-se delinear duas escolas: a de Gotinga e aquela que se constitui em Friburgo a partir de 1917 até a sua aposentadoria em 1929, cujos expoentes continuaram a segui-lo de maneiras diferentes até a morte, ocorrida em 1938. É verdade que os últimos anos são inevitavelmente os mais tristes por serem mais marcados pela solidão, mas são também os mais fecundos se for examinado o volume dos escritos e as aberturas em várias direções de investigação, em alguns casos imprevisíveis. Para compreender o andamento das investigações de Husserl, é, talvez, possível considerar dois movimentos, descritíveis através da imagem de duas trajetórias: uma que se percorre de baixo para cima e vice-versa, e outra que se move a partir de um ponto central e se abre em modo radial. A primeira vai do saber constituído aos fundamentos de tal constituição na subjetividade e na intersubjetividade, em um percurso que pode ser realizado nos dois sentidos; a segunda consiste em uma análise que começa em um ponto central sempre subjetivo-intersubjetivo, abrindo-se em variegadas dimensões: as ciências, a história, a cultura, a antropologia, o direito, a psiquiatria, a antropologia cultural, a religião, evidenciando as temáticas internas a tais percursos, como o espaço, o tempo, a comunidade e a sociedade, a corporeidade, a psique e o espírito, a norma, a normalidade e a anormalidade, as expressões humanas que se tornam concretas nos usos, nos costumes, nas práticas religiosas. Procuraremos focalizar tal caminho, cuja amplidão causa admiração pela quantidade e qualidade das análises.

2. O transcendental

A virada transcendental operada por Husserl, que determinou as discussões e as cisões recordadas acima entre ele e os seus discípulos, merece um aprofundamento. Em primeiro lugar, podemos nos perguntar como se insere a posição de Husserl na história do transcendental, que aparece intimamente ligada com a virada característica da idade moderna, a respeito da evidenciação do sujeito humano, fonte de todas as orientações cognoscitivas e práticas.

Percorrendo regressivamente o pensamento moderno, pode-se iniciar por Descartes. De fato, é o próprio Husserl que, no § 10 das *Meditações cartesianas*, define a atitude de Descartes "transcendental". Procuremos entender as razões do seu distanciamento em relação a Descartes. São múltiplas e vão do considerar o *ego cogito* como axioma apodítico, de tal modo a constituir o "fundamento" para uma ciência explicativa, nomológica que procede dedutivamente *more geometrico*, até o fato de considerar o eu como uma partícula do mundo a ser salva e não colocada em questão e do qual deduzir o mundo com operações silogísticas. Desse modo, apesar de Descartes ter feito a maior descoberta, não é capaz de colher, na opinião de Husserl, o sentido profundo, ou seja, o sentido da subjetividade transcendental.

A mesma crítica é feita a Kant. Pode-se tomar em consideração, como emblemática, a conferência de 1924 *Kant e a ideia de filosofia transcendental*,[33] dada em ocasião das celebrações kantianas na Universidade de Friburgo, e notar que, além dos louvores compreensíveis em um tal contexto, Husserl reconhece Kant como um precursor; todavia, a coisa interessante é que a sua posição transcendental nasce autonomamente tanto em relação a Descartes quanto a Kant, pensadores a partir dos quais não inicia, mas que encontra ao longo de um caminho de investigação de mais de duas décadas. Pense-se que a referência a Descartes nas *Ideias I* é de 1913 e a de Kant, conhecido através do neokantismo, pode-se fazer remontar aos primeiros anos do século XX. A referência ao último, em particular, se delineia também sob o estímulo e solicitação do psicologismo, ao qual Husserl tinha aderido em uma primeira fase da sua investigação; mas é exatamente a insatisfação em relação a essa tomada de posição que o estimula em direção à distinção, sempre mais clara para Husserl, entre o eu psicológico e o eu

33 HUSSERL, E. *Kant und die Idee der transzendentalen Philosophie*. In: *Erste Philosophie (1923-1924)* [*Kant e l'idea della filosofia trascendentale*. Trad. LA ROCCA, C. Introdução de G. Funke, Posfácio de M. Barale. Milão: Il Saggiatore, 1990].

transcendental, distinção que o conduz a reconhecer em Kant o seu precursor mais direto.

Em todo caso, também a crítica em relação a Kant é explícita. Justamente na conferência citada se encontram alguns pontos particularmente significativos de contraste, pois, se o interesse de Kant era dirigido aos momentos de sentido necessários para uma validação objetiva, se o seu olhar tentou aferrar o *a priori* da vida da consciência com as suas doações de sentido, ele não desenvolveu, porém, um estudo concretamente intuitivo das funções da consciência, das suas sínteses ativas e passivas. Julgo que o ponto de distanciamento mais significativo é constituído daquilo que é expresso no seguinte trecho: "Uma lógica transcendental é possível somente ao interno de uma noética transcendental; as teorias transcendentais das figuras objetivas de sentido são, deve-se ser alcançado um conhecimento plenamente suficiente e por isso absoluto, inseparáveis da investigação transcendental das essências da vida que dá forma ao sentido objetivo",[34] onde coloca-se em evidência, de um lado, a precedência da noética sobre a lógica, de outro a necessidade de uma investigação transcendental das essências da vida. Esse último ponto marca a virada fundamental da delineação do transcendental por parte de Husserl em relação a Kant, virada que será aprofundada na sequência.

Para compreender de maneira sintética o significado do transcendental husserliano, é oportuno, porém, passar também por outros pensadores da filosofia moderna que o próprio Husserl cita várias vezes, particularmente na *Crise*, ou seja, Leibniz e Hume. Esses parecem estranhos a tal temática, mas, na realidade, solicitam-na de maneira profunda.

Em relação ao primeiro, foi demonstrada a presença de uma espécie de pré-transcendentalismo.[35] Husserl não aferra propriamente esse aspecto da posição leibniziana na sua globalidade, mas se volta a Leibniz para uma confirmação da sua descoberta da entropatia, sobre a qual nos delongaremos

34 *Ibidem*, p. 179.

35 IVALDO, M. *Fichte e Leibniz – La comprensione trascendentale della Monadologia*. Milão: Guerini e Associati, 2000. (Mesmo aceitando que a posição de Leibniz seja ontológica no final das contas, Ivaldo afirma que para esse último não é possível acessar ao ser se não através do médium do ser consciente.)

adiante. Por enquanto remarca-se que a vivência da entropatia comporta dois sujeitos, dois egos ou duas mônadas, pois se trata de constatar a presença em si mesmos de uma alteridade, de um *alter ego*. Leibniz serve para compreender a relação entre as mônadas, pois a entropatia é uma espécie de "espelhamento": "Numa mônada se espelham as outras singulares mônadas 'diretamente' através da entropatia".[36] Se é assim, há acesso ao ser do outro através do médium da vivência e, nesse sentido, estamos na dimensão transcendental.

Hume, que pareceria realmente estranho à perspectiva transcendental, serve a Husserl, na realidade, mais na direção da desconstrução que na da construção, mas a desconstrução é necessária e preliminar. Hume realiza uma espécie de *epoché*, que consiste na refutação do objetivismo.[37] Não se deve esquecer que já Hume tinha exercido a mesma função de colocar em crise as construções conceituais e de superação delas também segundo o juízo expresso por Kant, e exercita ainda a sua influência nessa direção, preparando o terreno para o transcendentalismo de Husserl. Hume contribui para esclarecer que o primado das ciências físico-matemáticas e, portanto, da leitura matemática da realidade condicionou a filosofia racional. De fato, segundo Husserl, o próprio Descartes, mesmo querendo evitar os preconceitos, tinha caído, por sua vez, na admiração pelas ciências matemáticas da natureza.[38] Embora Descartes tivesse descoberto que "o mundo sensível, o mundo cotidiano é um *cogitatum* das *cogitationes* sensíveis, e que o mundo científico é um *cogitatum* das *cogitationes* científicas",[39] não tinha aprofundado essa descoberta. Hume coloca em relevo que a "vida da consciência é uma vida operante (*leistend*), uma vida que, bem ou mal, produz um sentido de ser"[40] e isso vale tanto para a vida sensivelmente intuitiva quanto para a vida científica, e Husserl acrescenta "com maior razão".

---

36 HUSSERL, E. "Zur Phänomenologie der Intersubjektivität II". *Beilage XL*, Husserliana, v. XIV, p. 300.

37 *Idem*, *Crisi*, § 24.

38 *Idem*, *Meditações cartesianas*, p. 68.

39 *Idem*, *Crisi*, p. 118.

40 *Idem*.

2.1. O transcendental como retorno às fontes últimas

"Eu pessoalmente uso o termo transcendental em um sentido mais amplo, para indicar aquele motivo original (...) o qual, depois de Descartes, confere sentido às filosofias modernas (...). É o motivo de retorno às fontes últimas de todas as formações cognoscitivas, da reflexão por parte do sujeito cognoscente sobre si mesmo e sobre a vida cognoscitiva, em que se definem em conformidade com um objetivo todas as formações científicas que valem para ele, em que se atuam como resultados, em que são disponíveis e constantemente nele se transformam."[41]

O projeto, exposto por Husserl nos termos acima indicados no final do seu percurso de pesquisa em *Crise*, na realidade, se encontra já no início de tal percurso. De fato, a nascente, como a define Husserl, de uma filosofia universal é sempre constante, apesar das diversas abordagens e das diversas vias de redução,[42] o *eu-mesmo*, por isso, qualquer "*epoché* deve ser transformada em uma redução ao ego absoluto, ao ego enquanto centro funcional último de qualquer constituição".[43]

A expressão "centro funcional" representa um fio condutor para compreender o significado da dimensão transcendental. Essa expressão se encontra também no § 24 do segundo volume de *Ideias*:

> O eu está em uma absoluta ipseidade e se dá na sua unidade privada de sombreamentos, pode ser compreendido adequadamente através de um voltar reflexivo do olhar que remonte até ele como a um *centro de funções*.[44]

Antes de compreender o significado de tal expressão, é oportuno repercorrer brevemente dois momentos fundamentais da posição husserlia-

41 *Idem*, § 24.

42 Como indiquei acima, afrontei a questão das vias da redução nas análises de Husserl no meu: *Husserl – Sul problema di Dio*, cit.

43 *Idem*, *Crisi*, p. 213.

44 *Idem*, *Idee*, p. 501.

na relativos à redução e ao seu resultado; eles se encontram no primeiro volume das *Ideias* e na *Crise*. Seguindo as próprias indicações de Husserl contidas no § 43 dessa última obra, a via cartesiana percorrida pelas *Ideias I*

> apresenta uma grande desvantagem constituída do fato de que ela, com um salto, leva ao ego transcendental, mas junto, enquanto não é objeto de uma explicitação progressiva, revela o ego transcendental em uma aparente falta de conteúdo, de modo que, em primeira mão, não se consegue absolutamente entender o que se ganhou e como possa ter sido alcançada uma ciência do fundamento, uma ciência completamente nova e decisiva para qualquer nova filosofia.[45]

Para entender a diferença entre as duas posturas – uma diferença que diz respeito ao andamento analítico, o qual se apresenta tanto mais convincente quanto "ostensivo" de todas as passagens necessárias para alcançar um resultado –, é necessário comparar os parágrafos de 31 a 36 do primeiro volume das *Ideias* com os parágrafos de 44 a 85 da *Crise*. Nos primeiros, como é sabido, o ponto de referência problemático é constituído, por um lado, pelo positivismo e, por outro, como foi dito acima, por Descartes. Em relação à postura positivista, coloca-se em crise o primado da fatualidade e da existência, compreendida como constatação fatual, para captar a essência. E a essência é, então, também a essência de si mesmo. "Fazendo uma antecipação, observamos que o ser por nós indagado não é nada mais senão isso que por motivos essenciais pode ser indicado como 'puras *Erlebnisse*', 'pura consciência' com os seus 'puros correlatos' e, por outro lado, o seu 'eu puro', portanto, começamos por considerar o eu, a consciência, a *Erlebnis* como nos são dados na atitude natural e tal como essas realidades são alcançadas pela consciência na sua pureza."[46]

Isso leva a afirmar que o eu psicológico, o ser humano real, se torna objeto da nova postura analítica e este é um ponto que requer uma particular atenção, enquanto fez entender a posição husserliana que pareceria excludente do aspecto da concretude humana, existencial e individual, e também

---

45 *Idem, Crisi*, p. 182.

46 *Idem, Idee*, p. 69.

o aspecto da natureza na sua estrutura real. A insistência de Husserl nesses parágrafos, na realidade, é voltada à evidenciação de um só e único instrumento: o instrumento é a colocação entre parênteses da obviedade, da fatualidade que arrasta consigo o tema da existência entendida como constatação fatual; o solo é aquele da subjetividade a ser indagada nas suas estruturas e emerge, então, exatamente aquele espelho no qual tudo se reflete para o ser humano, espelho que é formado pelo eu, pela consciência e pelas *Erlebnisse*. Mas o "manter firmemente o olhar voltado à consciência e ao eu", como se exprime Husserl no § 33 de *Ideias*, não significa esquecer que eles são a via da verdade para julgar como a realidade se apresenta e se constitui.

O objetivo é compreender como é feita a natureza e como são feitos os seres humanos, quais relações se estabelecem entre eles e com a natureza mesma. A resposta a tal pergunta se encontra no segundo volume das *Ideias*, texto pouco citado, quase desconhecido, mantido "suspenso" pelo próprio Husserl, que não quis publicá-lo. A suspensão, no meu entender, tem um significado preciso: é necessário aperfeiçoar o instrumento e sondar o terreno antes de construir um edifício que corre o risco de ser apenas uma construção conceitual de tipo especulativo. O escrúpulo de uma fundamentação a ser entendida como justificação do terreno, que é essencialmente constituído pelo eu e pelas suas vivências, impele Husserl a indagar quase obsessivamente este terreno de novo e sempre de novo. Isso não significa que não haja um momento construtivo, mas esse é menos orgânico e mais dispersivo em relação ao momento metodológico. Um equilíbrio maior entre os dois momentos pode ser encontrado, como veremos, nas análises conduzidas por Edith Stein na sua fase fenomenológica, o que dá seguidamente a impressão de que ela tenha se distanciado de Husserl. Na realidade, ela aplicou com maior decisão e talvez com maior audácia o método, tendo, por outro lado, como guia alguns resultados importantes obtidos pelo mestre seja nas *Ideias II* ou nas *Lições sobre o tempo*, transcritas por ela.

Todavia, em Husserl se encontra também uma parte propositiva que julgo ser aquela contida nas *Ideias II* e que representa um fundo teórico sempre presente nas análises sucessivas. De tal modo, a dimensão transcendental se torna propriamente o lugar de justificação e não de criação, de evidenciação e não de construção em relação à realidade que se dá com suas características que podem ser rastreadas pelo ser humano, o qual na reflexão filosófica não faz nada mais do que colocar em evidência o modo como tudo isso acontece. Vive-se, mas o que significa viver? Conhece-se, mas o que significa conhecer e o que se conhece? O primado do sujeito deve ser entendido *quoad nos*; de fato, somos um ponto de referência e de partida central para nós mesmos; é verdade que as questões são postas sobre a realidade e/ou as realidades, mas são postas pelo sujeito, o qual, em primeiro lugar, deve compreender a si mesmo como aquele que questiona. E o primado da questão gnosiológica deve ser entendido somente no sentido do início, não no sentido da fundamentação última da realidade.

Isso é confirmado pelos textos nos quais Husserl começa a sua reflexão a partir do significado do mundo-da-vida. A via mais longa que ele teoriza na *Crise* – a define como "a nossa nova via"[47] – é a via que parte da constatação existencial e cultural, segundo a qual o ser humano vive e vive inserido em um contexto e o mundo-da-vida é o terreno da vida humana no mundo com o seu dinamismo que o torna um "rio de Heráclito".[48] O objetivo é o de compreender profundamente esse mundo da praxe para ir às operações humanas – e divinas? – que o tornam possível. Esse é o motivo pelo qual é necessário de novo proceder à *epoché*, e considerar "o ente, em todos os sentidos e em todas as suas regiões, como o indicador de um sistema subjetivo de correlações".[49] Então, a constituição transcendental corresponde à "formação de sentido originário", aquela que conduz à ontologia do mundo-da-vida, mas, enquanto esse último é o mundo da experiência, tal ontologia envolve fundamentalmente a subjetividade humana, que se revela como um paradoxo: "é sujeito para o mundo e ao mesmo tempo objeto no mundo".[50]

47 *Ibidem*, p. 182.

48 *Ibidem*, p. 183.

49 *Ibidem*, § 48.

50 *Ibidem*, § 53.

2.2. A correlação transcendental eu-mundo

"A epoché, que nos possibilitou olhar a *correlação transcendental sujeito-objeto*, nos leva a reconhecer, através da autorreflexão, que o mundo que existe para nós, que no seu sentido e no seu ser-assim é o nosso mundo, alcança o seu sentido de ser exclusivamente através da nossa via intencional, passando por uma complexidade de operações típicas que podem ser relevadas *a priori* – relevadas e não construídas através de duvidosas argumentações e excogitadas através de processos míticos de pensamento."[51] Esse texto é particularmente significativo porque sintetiza alguns aspectos fundamentais da posição husserliana: em primeiro lugar, o tema da correlação transcendental entre sujeito e objeto; em segundo lugar, a questão do sentido do mundo em relação à vida intencional. O nexo que intercorre entre sentido do mundo-vida intencional remete a uma série de operações da subjetividade, que devem ser colocadas em evidência através de uma análise pontual. Uma vez colocadas em evidência, elas mostram qual é o instrumento que serve para acolher o sentido da realidade. E a realidade se articula, segundo a tradição filosófica, em uma realidade natural e espiritual, não dada preliminarmente na sua dualidade, mas reconquistada por meio da regressão às vivências, as quais conduzem a dimensões diversificadas e qualitativamente identificáveis.

Ideias II trata exatamente, em primeiro lugar, da constituição da natureza material e dos extratos ônticos de sentido da coisa e, depois, volta-se ao vivente, iniciando pela estrutura dos animais – Hedwig Conrad-Martius e Edith Stein falam também da estrutura das plantas[52] – e do corpo vivente humano. Nesse ponto, Husserl introduz a análise do eu puro, ou

---

51 *Ibidem*, p. 207.

52 CONRAD-MARTIUS, H. *Die Seele der Pflanzen*. Breslau: Frankes, Otto Borgmeyer, 1934; STEIN, E. *Der Aufbau der menschlichen Person*, v. XVI [*La strutura della persona umana*. Trad. D'AMBRA, M. Apresentação de A. Ales Bello. Roma: Città Nuova, 2000; *Potenz und Akt*, Edith Stein Werke, v. XVIII; *Potenza e Atto*. Trad. CAPUTO, A. Roma: Città Nuova, 2003]

seja, insere a questão do transcendental como lugar de espelhamento e de verificação por parte do ser humano da própria natureza material, até então examinada justamente em virtude dessa estrutura, e como instrumento de reflexão sobre a realidade humana mesma com os seus momentos constitutivos: a realidade psicofísica e a espiritual. A análise do eu puro inicia com uma importante elucidação:

> Pensemos na atuação de uma autopercepção que abstraia do próprio corpo. Nesse caso nós encontramos a nós mesmos como um eu espiritual em relação com o fluxo das *Erlebnisse* – onde o termo espiritual significa simplesmente e em geral que o eu não tem a sua sede na parte somática. Por exemplo: eu 'penso' (*cogito*), ou seja, percebo, imagino em um certo modo, julgo, sinto, quero e, fazendo tudo isso, me encontro como o 'sujeito' dos atos e dos estados. (Esse sujeito tem uma absoluta individuação enquanto o eu de cada *cogitatio*, a qual é por sua vez algo de absolutamente individual).[53]

Isso significa que o ser humano é captado na sua concretude existencial, mas para que seja compreendido, é necessária uma virada tal que consinta-nos encontrar "a nós mesmos como um eu espiritual". Espírito, em um primeiro momento, significa que o eu não tem sede na parte somática, mas que descobre estar conexo com a série das suas vivências:

> Eu apreendo a mim mesmo como eu puro, apreendo-me, ou seja, apreendo a mim mesmo puramente como aquilo que na percepção está voltado para o percebido, no conhecer para o conhecido, no fantasiar para o fantasiado, no pensar lógico para o pensado, no avaliar para o avaliado, no querer para o querido; em cada realização de um ato está implícito um raio do ato de dirigir-se, e eu não posso descrever esse raio senão como um raio que tem o seu ponto de partida no eu.[54]

---

53 HUSSERL, E. *Op. Cit. Idee*, p. 494.

54 *Idem*.

E são essas as vivências que abrem o sujeito às realidades correspondentes. Dito de maneira absolutamente esquemática: se percebo, tenho um corpo e estou em correlação com objetos físicos e tudo isso é diferente da fantasia. A dimensão na qual eu tomo conhecimento disso é a dimensão reflexiva do pensamento; além disso, avalio, quero, faço atuar uma ação que me consente de estar "praticamente junto à coisa".[55]

O eu puro vive em cada ato e isso leva Edith Stein a dizer que em modo eminente o eu puro é um eu que quer e age livremente, dando, de tal maneira, à realidade espiritual um lugar de preeminência que, por outro lado, o próprio Husserl tinha evidenciado: o que se quer sublinhar aqui é que ele é uma espécie de "centro de funções". O tema da realidade e da estratificação do eu é aquele que interessa ao fenomenólogo de modo eminente. Pode-se afirmar que, nessa direção, ele avança delineando uma antropologia filosófica que parte da análise das vivências e das suas operações para encontrar a estrutura da pessoa humana, como foi colocado em evidência acima, e esta é adquirida através da mediação da morfologia das vivências, objetivo último da análise transcendental.

Desse modo, o círculo se fecha em um contínuo reenvio: da realidade como se apresenta cotidianamente na sua obviedade, em relação à qual se assume, por assim dizer, uma atitude "natural", que quer dizer ingênua e não meditada, chegando à suspensão de tal atitude para alcançar uma perspectiva mais radical; essa última coincide com a análise daquele território complexo e atormentado que é a subjetividade com as suas vivências, da qual remonta-se, finalmente, ao sentido autêntico da realidade na pluralidade das suas aparições.

Realidade do ser humano e realidade da natureza aparecem ligadas indissoluvelmente numa relação em que a vida se manifesta nas suas graduações e através de estratificações: desde o nível biológico-animal até o mais decididamente cultural. O mundo-da-vida, o mundo dessas estratificações requer, por sua vez, ser investigado por meio da dimensão transcendental.

---

55 *Ibidem*, p. 495.

3. Das ciências ao mundo-da-vida

3.1. A fundamentação das ciências

Uma das vias privilegiadas, que conduz à descoberta da dimensão do mundo-da-vida (*Lebenswelt*), é representada pela investigação sobre as modalidades de elaboração do pensamento científico, assim como foi configurado pela idade moderna.

A reflexão sobre a formação e sobre a validade das ciências ocupa grande parte das análises husserlianas e envolve o próprio método fenomenológico, colocando-o diante de um desafio epistemológico de notável espessura. Este tema em Husserl está sob o título: "fundamentação das ciências".

Essa questão é tratada por Husserl em muitos textos editados e inéditos e, dado que grande parte da produção do fenomenólogo está contida nas suas cartas privadas, agora em vias de publicação, é oportuno fazer referência a alguns manuscritos de maneira a dar-se conta diretamente do procedimento analítico seguido. Serão analisados, portanto, alguns manuscritos cujas argumentações demonstram exemplarmente a aplicação do método elaborado por ele.

No manuscrito A VII 20, intitulado *Possibilidade da ontologia* (1930), Husserl escreve:

> A minha pergunta originária foi estimulada pela *Doutrina da consciência naturalística do mundo* de configuração positivista de Avenarius; ela consiste na descrição científica do mundo como *puro modo de experiência* – aquela experiência que passa através da minha vida (desperta) – que não é pensada como acidentalmente empírica, mas como *descrição essencial* ao interno da redução fenomenológica. Se trata, portanto, da estrutura essencial do fenômeno do mundo, *reduzido* ao puro fenômeno experiencial, *ao puro fenômeno do mundo experienciado enquanto tal.*[56]

56 *Idem,* Ms. trans. A VII 20, *Möglichkeit der Ontologie* (1930), transcrito por M. Biemel, p. 66.

No trecho anterior as palavras-chave que evidenciei em itálico são indicativas da direção proposta pela investigação fenomenológica. O problema da fundamentação da ciência nascia historicamente como contragolpe da sua absolutização operada pelo positivismo, mas jorrava também da análise que, ao interno dessa corrente de pensamento, era realizada sobre a experiência, considerada como estando à base das ciências mesmas. Esse é o estímulo à descrição do mundo como *puro mundo da experiência*, mas, ao mesmo tempo, a descrevê-lo não em modo puramente empírico, e sim essencial; também nesse caso, porém, a estrutura essencial do fenômeno deve ser obtida através do isolamento do que é o mundo da experiência enquanto tal.

Nos encontramos, então, diante de duas questões que gravitam ao redor do mundo como mundo da experiência: por um lado, a fundamentação das ciências positivas e, por outro, a análise desse mundo enquanto *pura* experiência. Em relação ao primeiro ponto, o termo "fundamentação" indica que se pressupõe um terreno ao qual reconduzir de maneira positiva as ciências, que possuem uma validade gnosiológica, determinada justamente pelo seu emanar daquela matriz, no tocante à qual representam uma prossecução e um esclarecimento. "Fundamentação" pode ter, todavia, também um outro significado: aquele de explicação do modo em que a ciência se constitui com referência àquela fonte originária, considerando que tal constituição representa o objeto da investigação a ser realizada; nesse sentido, nos encontramos impelidos à análise da validade da ciência.

Para Husserl, como é explicitado no Ms. B I 27, 1) *Tarefa de esclarecimento*, 2) *Inadequação das ciências positivas*; *Ideia da ciência* (1924-1926),[57] nas ciências positivas cada pesquisador utiliza alguns conceitos fundamentais que herda da tradição e que pertencem à sua formação, como "resíduos vazios simbólicos"; ele, porém, pode esclarecê-los retornando ao seu sentido originário e próprio, pode reativar o processo que conduziu à formação deles e, portanto, à "formação originária" (*Urstiftung*) do seu significado conceitual.

57 *Idem*, Ms. transc. B I 27, 1) *Aufgabe der Klärung*, 2) *Unzugänglichkeit der positiven Wissenschaften; Idee der Wissenschaft* (1924-1926).

Por outro lado, cada ciência, como está dito no Ms. B I 33, *Crítica das ciências positivas: Terceira via* (1922-1923),[58] nunca é completa em si mesma e aspira a uma plena fundamentação; também para as ciências que se configuraram de tal modo a "presumir" terem alcançado uma justificação absoluta, como a geometria e a física contemporânea, é necessário reconhecer que o sistema de princípio e de teorias não é nada mais do que uma "enorme superestrutura", à qual falta uma "fundamentação cognitiva válida". De fato, se for indicado o escopo dessas ciências e encontrado respectivamente na "pura" ciência do espaço ou na "verdadeira" natureza física, em relação a elas, seguindo um procedimento regressivo, a fundamentação consiste na ideia de espaço puro ou no conceito ideal de natureza, os quais têm o seu elemento constitutivo (*thematische Gehalt*) em uma ulterior e mais profunda esfera, completamente diferente em relação à superestrutura. A esse terceiro nível pertencem os conceitos subjetivos, relativos, ligados à sensibilidade, que o físico descarta visto que não entram na validade objetiva do mundo.

A referência negativa, a utilização negativa da experiência por parte da ciência ocorre, então, em um duplo sentido: enquanto é descuidada a experiência pré-científica, própria da vida, e enquanto, sob o pretexto de uma referência experiencial, na realidade supera-se a experiência mesma. Essa tarefa de esclarecimento deve ser realizada por uma nova e peculiar investigação que se insere no sulco da filosofia tradicional, mas que se distancia, como "filosofia primeira", *Erste Philosophie*,[59] investigação do "terreno originário" (*Wurzelboden*) meta-cósmico, adjetivo escolhido em assonância e em contraposição ao termo "metafísico".

O fato de que as ciências tenham necessidade dessa clarificação não diz respeito somente ao seu estatuto epistemológico, mas é sobretudo o fato, o qual se apresenta problemático, de que a natureza, na realidade, não é "explicada" pelas ciências, que entretanto pretendem fazê-lo. A natureza, de

---

58 *Idem*, Ms. transc. B I 33, *Beilage zu den Vormetitationen: Warum selbst exacte positive Wissenschaften zu keiner Endgültigkeit führen können. Kritik der positiven Wissenschaften*. Weg III (1922-1923).

59 *Idem*, *Erste Philosophie I e II (1923-1924)*, Husserliana, v. VII e VIII. BOEHM, R. (ed.).

fato, permanece natureza espaço-temporal, idêntica na sua espacialidade e temporalidade, seja o espaço considerado euclidiano ou não-euclidiano. Esse modo de ser da natureza mesma prescinde das determinações naturalistas e resulta claro que, em relação a tal problema, a física, com as suas operações teoréticas e as suas explicações da natureza, mantém uma incompreensão substancial, cuja superação não depende absolutamente do desenvolvimento de tal ciência. A crítica ao cientificismo é, desse modo, clara e precisa. A ciência, de fato, pressupõe o mundo da experiência e não o submete a uma aprofundada investigação.

Por mais que a biologia, a antropologia, a psicologia, as ciências mesmas do espírito possam se interessar pelos organismos, dos animais, dos homens, o ser relativo à natureza permanece sempre o mesmo, apesar de ser visto sob uma nova luz, e é esse que deve ser objeto de investigação. O manuscrito A VII 20, do qual partimos, representa o ponto de chegada de um processo de crítica em relação às ciências, iniciado há tempo, o qual conflui na *Crise*. Husserl tinha também afirmado precedentemente a problemática das ciências positivas e a exigência de uma fundamentação cognoscitiva absoluta que não se podia obter através delas.[60]

A *pars destruens* da sua argumentação pretendia colocar em evidência a diferença existente entre a certeza alcançada pela ciência e uma certeza mais profunda. A primeira certeza, por um lado, devia superar qualquer confuso procedimento do *pensamento*. Indicando de maneira muito precisa o estatuto epistemológico da ciência moderna, Husserl afirma que a "superação" da confusão (*Verworrenheit*) não toca o tema da sensibilidade, não é ela a ser colocada em discussão, mas diz respeito à incerteza conceitual que pretende ser combatida através do procedimento da "verificação".

Ilusoriamente essa é uma verificação experimental; na realidade, trata-se de um procedimento lógico, bem diferente daquele ligado à intuição (*Anschaulichkeit*) da coisidade. O artesão e o cientista não são diferentes só quanto ao "objeto" do seu trabalho, concreto. O objeto do primeiro é

60 *Idem*, Ms. tranc. B I 33.

experiencialmente determinado, enquanto o do segundo deve "ser descoberto". O cientista, por sua vez, é guiado pelo "pressuposto" segundo o qual em uma bem determinada esfera da experiência deve existir um objeto de um certo tipo que preencha uma intenção ideal, tornando possível, desse modo, uma construção, cujas peças devem combinar-se em um mosaico predeterminado. De fato, a característica da prova é que ela consiste em um procedimento dedutivo, partindo de certas premissas: se pressupõe que alguma coisa similar deva ser encontrada analogamente à forma geral que foi esquematicamente pensada. Todavia, é necessário distinguir ulteriormente entre uma dedução, que é relativa a uma experiência concreta – vejo vestígios humanos em um lugar e deduzo que ali devem existir humanos –, e a dedução lógica axiomática com regras bem definidas: se trata de uma forma lógica analítica que se funda sobre a possibilidade formal com exclusão de qualquer "matéria" (*ohne Betracht der "Materie"*). Se for considerada, ao invés, a especificação material, é necessário levar em consideração deduções e provas que valham tanto como realidade quanto como possibilidade, mas, nesse caso, a possibilidade nasce de uma pressuposição que é motivada de maneira completamente diferente em relação à possibilidade formal; a primeira se configura internamente ao pensamento simbólico e deixa os termos absolutamente indeterminados, enquanto que a segunda se manifesta através de escopos construídos de maneira tipicamente determinada (*typisch bestimmt gebaute Zielintentionen*), que podem ser completados através de "ações" – e aqui o termo se refere àquilo que é concreto – por meio das quais se realiza verdadeiramente a intuição (*Anschauung*) correspondente à expectativa; de fato, retomando o exemplo dos vestígios humanos, a confirmação pode dar-se só através de uma intuição que preenche a expectativa.

A diferença, antes estabelecida, conduz a concluir que não só a matemática, mas também a ciência da natureza, que se baseia na matemática (*mathematische Naturwissenschaft*), mostram que os objetivos científicos são colocados na subjetividade constitutiva intencional. Isso não significa que haja, por parte do investigador, a consciência de uma tal operação; aliás, ele considera que o conhecimento objetivo seja "evidente", sem dar-se conta de que a mesma evidência se reduz, em última análise, a uma vivência (*Erlebnis*). É possível, desse modo, conquistar um patamar diferente: se cada objeto tem um conteúdo lógico cuja determinação é o escopo da ciência objetiva, então cada objeto tem um conteúdo constitutivo conforme ao conhecimento, que a análise do mesmo coloca em luz propriedades que podem ser expressas através de predicados lógicos; tal análise, de fato, indica qual é a "constituição do objeto".

Em outras palavras, trata-se do sistema de *Erlebnisse* que pertencem ao sistema de operações cognoscitivas, nas quais, para o sujeito que opera o conhecimento do objeto em questão, se configura como possuidor desse particular conteúdo lógico.

É necessário, portanto, distinguir essencialmente duas atitudes: a primeira, que pode ser definida *naiv*, mesmo que tenha uma ampla extensão, se estende desde o conhecimento cotidiano até o científico, inclusive o da psicologia, e é caracterizado pelo fato de que se "apreende" (*erfasst*) um objeto e se considera como escopo do processo gnosiológico conhecer o seu verdadeiro ser. O cientista, apesar de assumir aparentemente uma atitude prudente e crítica, na realidade detém-se naquela que pode ser definida uma evidência "ôntica"; de fato, o objeto é experimentado como possuidor de certas características, portanto, pressupõe-se através da antecipação que pode possuir outras. Expressa-se, então, juízos conforme uma lógica normativa em sentido noético.

A segunda atitude é aquela para a qual a consciência, e a evidência, é considerada em sentido psicológico e transcendental. E aqui o termo "psicológico" assume uma configuração diferente em relação àquela usada no primeiro ponto: permanece a dúvida se a lógica normativa não constitui uma peculiar linha de investigação psicológica.

Não deve ser esquecida, de fato, a exigência manifestada por Husserl desde as suas primeiras análises, de uma investigação do momento lógico em chave psicológica. Pode-se notar que essa exigência conduziu, através da progressiva passagem da psicologia à fenomenologia, a elaboração de obras como *Lógica formal e transcendental*:[61] o momento lógico, apesar de ter sua configuração, pode ser analisado e compreendido somente se for reconduzido à subjetividade constituinte. Essa é a medida com a qual os termos "transcendental" e "psicológico" convergem para uma identificação. A vida e a consciência (aqui usados como sinônimos e veremos sempre mais claramente a problemática dessa identidade) subjazem à objetivação psicológica e, portanto, pertencem à psicologia, mas, por outro lado, a redução transcendental age também em relação a elas, colocando em relevo que cada objetividade se constitui para um ego.

3.2. Como estão as coisas com a filosofia?

Husserl se pergunta, então, qual é a função da filosofia. O "esclarecimento" fundamental, como está indicado no Ms. B I 27, já citado, pode ser considerado, na verdade, filosófico e não filosófico; a escolha, de fato, depende do valor que se atribui ao termo "filosofia" e do uso que se faz dele. Por princípio, ela é filosófica no sentido que um esclarecimento universal deve referir-se àquilo que é em si (*an sich*) e precede todas as ciências particulares (*Sonderwissenschaften*); mas quando Husserl se pergunta se essa situação se verifica, manifestam-se a ele muitas perplexidades pelo fato de que todos os aspectos fundamentais da investigação – o âmbito (*Gebiet*), o método (*Methode*) e os resultados (*Ergebnisse*) – não são, na realidade, respeitados pelos filósofos; tanto é verdade que aparece que a evidência constringente (*Zwingende*), aquela que conduz a um conhecimento válido, reina já sozinha, conforme o que era desejado pela mentalidade positivista, nas ciências particulares, e abandonou aquela investigação que deveria possuir no mais elevado grau, sendo essa última uma "ciência do mundo", onde o termo "mundo" não indica a natureza, mas a totalidade e a universalidade de tudo o que é pensável e que vale. É exatamente esse

61 *Idem*, *Formale und transzendentale Logik*, v. XVII, Husserliana. JANSSEN, P. (ed.). Trad. NERI, G. D. Bari: Laterza, 1966.

fato que confere à filosofia uma peculiar posição em relação às ciências mesmas: elas são seus *ramos* e são inseparáveis em relação a ela.

É necessário nesse ponto fazer duas considerações: 1) a ligação entre a filosofia e as ciências é tal que se estabelece uma *continuidade* entre os dois âmbitos; 2) contemporaneamente, porém, Husserl considera que a filosofia, mesmo que não de fato, mas ao menos de direito, é qualitativamente diferente das ciências.

Podemos nos perguntar se a unicidade do objeto – o mundo – pode justificar a *continuidade* entre uma investigação que se fundamenta na "redução" e uma outra que se caracteriza por explícita admissão de Husserl, ao contrário, como uma "construção".

O fato de usar o termo "ciência" para ambos os casos não indica certamente uma assimilação; Husserl distingue a *echte Wissenschaft*, ou seja, a investigação filosófica na sua genuinidade, da *exakte Wissenschaft*, ou seja, a investigação científica que se baseia na exatidão matemática. Então, a insistência de Husserl sobre a continuidade entre os dois âmbitos, aliás, a "inseparabilidade" deles, como parece deixar subentendido através do manuscrito em análise, pode referir-se à comum "exigência" cognoscitiva de penetração, mais ou menos concretamente realizada além das diferenças metódicas. Apesar dessa ambiguidade, é explícita, em todo caso, a exigência de desmascarar as ciências na pretensão delas de possuir uma "evidência constringente" e de remontar, de tal maneira, àquela investigação que a realiza verdadeiramente: a investigação filosófica.

Como a "ligação" entre os dois âmbitos se apresenta problemática, aparece, então, a questão da relação não só entre a filosofia e as ciências, mas entre a filosofia, a fenomenologia e as ciências. A problemática da continuidade entre a filosofia e as ciências, de fato, não deve ser referida somente ou muito do lado da ciência quanto do lado da filosofia, pois é fundamental compreender qual a relação entre a fenomenologia e a filosofia; isso significa, então, que por um lado, deve-se examinar as intenções de Husserl, mas também discuti-las para encontrar coerência em certas afirmações suas e, por outro lado, enfrentar o problema da natureza mesma da filosofia em relação à sua tradição histórica.

Isso é indispensável porque, nessa perspectiva, as ciências também assumem a sua colocação mais adequada.

3.3. A tradição

O primeiro título que se encontra, por exemplo, na leitura do Ms. B I 21 é *Muitas mitologias, muitas tradições, uma ciência* (1924-1925)[62] e daí aparece a contraposição entre mitologia e ciência, determinada exatamente pelo liame existente entre a mitologia e a tradição. Por um lado, afirma-se que o princípio de todas as mitologias é a tradição e que ela vale dentro de um grupo bem determinado historicamente, enquanto a ciência se constrói e tem sua validade a prescindir das particularidades tradicionais, das línguas, do estilo que não danifica a unidade de uma teoria verdadeira; por outro, porém, afirma-se que também a ciência pressupõe a tradição na sua gênese; o que a distingue das outras formas tradicionais é, no mais, o caráter de "racionalidade". Individuam-se, dessa forma, três atitudes humanas de interpretação da realidade: a mitológica, as visões de mundo (*Weltanschauungen*) "autônomas" e a ciência, sem distinção entre rigorosa (*echte*) e exata (*exakte Wissenschaft*).

A diferença qualitativa que as distingue é fruto de uma ideia difundida na cultura ocidental, particularmente a partir da idade moderna, e de uma tomada de posição polêmica de Husserl em relação ao historicismo que diz respeito à impossibilidade proclamada por ele de construir um conhecimento com características universais. Podemos nos perguntar, porém, qual seria a ciência que "superaria" a mitologia e as *Weltanschauungen*, se seria a fenomenologia como *echte Wissenschaft* ou aquela exigência mais geral de cientificidade que, como foi visto, acomuna a filosofia e as ciências. Além disso, em que sentido tal exigência é o resultado de um processo cultural generativo. Inseri-la na "tradição", por um lado, parece indicar que ela é a ideia do "verdadeiro conhecimento" que se manifesta

62 *Idem* Ms. transc. B I 21 VI, *Wissenschaft und Leben. Weg in die Philosophie der Praxis her* (1918-1932) (*Scienza e vita. La via che conduce alla filosofia muovendo dalla prassi*).

como filosofia na Grécia e como "ciência" na idade moderna; mas se ela é, ao invés, a fenomenologia, qual é a sua posição na tradição histórica? É ela também o fruto de uma atitude cultural historicamente determinada?

Deixando de lado, no momento, essa segunda, que é uma importante questão, e sem pretender uma resolução do ponto de vista interpretativo das outras que foram levantadas, pode-se permanecer no nível teórico e tentar apreender o significado atribuído por Husserl à relação mitologia-*Weltanschauung*-ciência.

Mitológico é aquilo que não é "autônomo", a *Weltanschauung* tem, ao contrário, sua *autonomia*, mas é uma autonomia em relação a qual objeto? Não em relação à tradição se ela for o denominador comum de todas as atitudes indicadas. Trata-se, então, por parte de Husserl, da aceitação acrítica de um esquema cultural muito consolidado na cultura ocidental, conforme o qual a racionalidade "venceu" o mito e também qualquer concepção de mundo, apesar da sua relatividade e subjetividade, é preferível ao pensamento mítico? Em todo caso, é absolutamente válida para ele uma ciência, que, sobre a base da comum racionalidade, possa ser reconhecida como tal por todos e em todos os tempos: mas Husserl aqui se pergunta se essa ciência é identificável com a ciência historicamente determinada ou com um novo e diferente conhecimento, o qual mantém com a primeira somente a exigência da radicalidade.

Essa exigência, no fundo, mostrou-se na história do pensamento humano e é por isso que Husserl se sente *herdeiro* da filosofia; todavia, ela não encontrou uma realização plena na ciência moderna, tema que o fenomenólogo trata amplamente na *Crise*.

Sempre no Ms. B I 21 IV abre-se um interessante confronto intercultural, que Husserl conduz sempre mais frequentemente, como aparece nas suas análises dos anos 1930. Comparando a mentalidade grega e a indiana sob o perfil antropológico, ele coloca em relevo que o *thaumazein* dos Gregos se apresentou como uma atitude ética-teorética fundada nas normas da razão. Sócrates deu o primeiro impulso, através da investigação de um saber finalizado, a uma *verdadeira* praxe, fundada sobre normas, e, portanto, colocou as bases para uma verdade objetiva, cosmológica, verdadeira em si e válida para o ser fatual; e Platão criou, na sua dialética, o método da visão das ideias e abriu, desse modo, o caminho para um conhecimento de tipo lógico. Segundo Husserl, o pensamento indiano é carente de um conhecimento similar a esse: a comparação entre Sócrates e Buda é conduzida por Husserl sobre esse pressuposto.

Sob o perfil gnosiológico, ou seja, em relação à *meta* e ao *instrumento* do conhecimento, o pensamento indiano tende à felicidade e à liberação (*Erlösung*) e, apesar de acreditar que exista uma felicidade em si, uma verdade autônoma, que pode ser conquistada através do conhecimento de normas éticas e religiosas, a via do conhecimento e a via da liberação não se constituíram sob o perfil lógico em modo autônomo em relação ao pensamento natural (*naturliches Denken*), mas só como consequência da resoluta colocação entre parênteses dos interesses vitais naturais e da sua não valorização. Poderia parecer contraditório que o pensamento natural tenha como consequência a exclusão (*Ausschaltung*) (termo que Husserl usa de costume como sinônimo de *epoché*) do interesse vital natural, mas não se trata disso, no sentido que para os gregos é justamente a valorização dos interesses vitais, baseada em uma clara distinção teorética entre vida e ciência, que conduz à racionalização da ética.

Percebe-se, porém, que esse processo de racionalização da ética corre o risco de produzir um desinteresse dos filósofos pela ação política e a sua renúncia em favor de outrem desse momento prático – aqui Husserl faz alusão, provavelmente, às escolas pós-aristotélicas, ou também, polemicamente, aos filósofos contemporâneos e ao estranhamento deles em relação à praxe política. A síntese peculiar entre razão e vida, própria da mentalidade grega e distante da indiana, se prolonga na civilização ocidental da Idade Moderna – o Medievo não é examinado, não faz parte da esfera de interesse e dos estudos de Husserl, como demonstram os artigos escritos para a revista *Kaizo*.[63]

---

63 Ver os artigos escritos por Husserl em 1922-23 para a revista japonesa *The Kaizo* e agora inseridos na *Aufsätze und Vorträge* (1922-1937). NENON, T.; SEPP, H. R. (eds.), v. XVII da Husserliana, p. 43-89. Nesses artigos Husserl estuda o significado

A propósito do modo próprio da especulação grega de impostar a relação entre o problema cognoscitivo e o ético, pode-se observar que, apesar do interesse sempre presente em Husserl pela dimensão ética, tudo se decide em terreno gnosiológico e isso é demonstrado pelo fato de que uma *Erste Philosophie* não pode ser por Husserl senão uma *Erkenntnistheorie*. A propósito disso, é oscilante a colocação da fenomenologia vez por vez "dentro" e "fora" da tradição filosófica ocidental. Essa última vale para a descoberta da atividade teorética, mas como deve ser entendida a atitude teorética? E qual é a atitude válida? Evidenciação de estruturas ou elaboração lógico-dedutiva?

Se trata de duas atitudes diferentes: por um lado, Husserl julga que a elaboração intelectual tenha sua importância e sua dignidade – tal atitude representa a exigência da delineação da *Mathesis universalis* que acompanha a sua especulação por um longo período;[64] por outro lado, o desmascaramento do processo de idealização o leva também a sublinhar a sua validade circunscrita e a privilegiar o plano do mundo-da-vida como o elemento último, significante e fundante. Isso só é possível se for evidenciada a função "crítica" do *theorein* como *krinein*, que comporta o perigo de questionamento de toda a verdade – aí está a simpatia de Husserl pelos movimentos da Sofística e do Ceticismo, os quais rompem a unidade teórica da construção conceitual.

De fato, se os gregos, como ele afirma no Ms. A V 14, *O mundo da vida de um particular grupo humano* (1933),[65] foram os primeiros a elaborar um método que permitisse superar toda a relatividadc cm um conhecimento apodítico e, portanto, de conhecer o ser em si, não relacionado e válido para cada um, a *Naivität* da contraposição entre *doxa* e *episteme* foi criticada pela

da modernidade em contraste com a época medieval, na qual prevalecia o momento teológico e não o filosófico; pode-se notar que Husserl segue, conforme a mentalidade do cristianismo evangélico, um esquema interpretativo aceito acriticamente. Sobre esse argumento me detive no meu artigo: "Modernità e crisi. La lettura husserliana della nostra epoc". *Per la filosofia*, n. 18, 1989.

64 Esse tema é presente de maneira especial nas obras lógicas de Husserl, além das "Investigações Lógicas e Lógica formal e transcendental" é oportuno lembrar *Erfahrung und Urteil*, LANDGREBE, L. (ed.), Hamburgo: Classen, 1948; Trad. COSTA, F.; SAMONÀ, L. Milão: Bompiani, 1993[3]

65 HUSSERL, E. Ms. transc. A V 14, *Lebenswelt einer geschlossen Menschheit* (1933).

corrente cética a partir da Sofística, e desse ponto se delineia uma teoria do conhecimento, através da qual o conceito de filosofia mesmo sofre uma reviravolta: não se trata de aceitar o relativismo sofístico *tout court*, mas de colocar em crise a ideia de uma filosofia como uma ciência universal compacta e construída, não para perder a universalidade, mas para obter uma nova e mais elevada: é necessário substancialmente passar pela *epoché*. É por isso, então, que a continuidade com o passado não é representada pela especulação que leva a um conhecimento absoluto em si, mas antes, para aquela que conduz ao mundo-da-vida pré-científico. Do mesmo modo, no que diz respeito à Idade Moderna, se Husserl demonstra simpatia por Descartes, demonstra também muita por Hume, pois à análise da subjetividade, proposta pelo primeiro, ele acrescenta a "suspeita" de que nem tudo o que é construído pela razão é positivo.

A inserção da tradição e o reconhecimento de motivos válidos na filosofia do passado não impedem, porém, de aspirar a uma nova investigação, não por amor à novidade, mas pela insuficiente radicalidade demonstrada pelas outras filosofias. Remonta aos anos que vão de 1921 a 1926 o Ms. B I 35, *Motivo e sentido da teoria do conhecimento. Ciência* (1921-1926),[66] no qual afirma que mais ou menos todas as teorias do conhecimento da época moderna são afetadas pela não clareza dos princípios e por contrassensos facilmente demonstráveis. O limite é representado pela incapacidade de enfrentar o justo sentido dos problemas e da cegueira em relação ao terreno absoluto sobre o qual eles devem ser colocados. Se tornam dominantes as teorias que parecem fundamentar a sua força na intuição. Husserl se refere às mais significativas expressões da filosofia moderna e acomuna sob um perfil de uma falsa teoria do conhecimento Descartes e Locke, o positivismo de Avenarius e o pragmatismo e, até mesmo, Kant, Fichte e o Neokantismo, apesar de reconhecer nessa última corrente uma linha problemática, em certa medida, ainda válida – testemunho da simpatia pelo transcendental manifestada por Husserl.

66 *Idem*, B I 33, *Motive und Sinn der Erkenntnis. Wissenschaft* (1921-1926).

A revolução radical, por ele auspiciada, consiste em uma nova proposta que realiza um salto qualitativo em relação às do passado. Essa teoria do conhecimento possui um genuíno significado científico (*echt wissenschaftlichen Sinn*). Em primeiro lugar, ela não refuta a evidência e a intuição; abre-se, portanto, à investigação na direção de uma dimensão profunda; o objeto de conhecimento é, então, a vida mesma como âmbito do que é pré-científico: "Das Erste ist das Problem der vorwissenschaftlichen Welt", o primeiro problema é o do mundo pré-científico, afirma Husserl no Ms. B 10 XIII.[67]

O primeiro problema, então, não é o problema da ciência, mas do pré-científico, que está além e sob a própria ciência entendida no uso corrente; essa última pertence ao mundo no qual vivemos e é uma formação cultural. Essa está, então, no interior da vida, cujos mecanismos não podem ser explicados com a ciência mesma, mas através de uma investigação "diferente", "outra" em relação à ciência.

Se a ciência é uma formação cultural histórica e não se configura como "instrumento" autêntico de conhecimento, para entender como se apresenta o mundo "pré-científico" é necessário examinar aspectos da vida e da história que não são tocados pela ciência: assim somos incentivados a realizar rápidas incursões no mundo dos primitivos ou dos assim chamados incultos. Os incultos do nosso tempo, porém, vivem, em certa medida, igualmente ao interno de um mundo caracterizado pela ciência e pela técnica e, justamente por isso, é mais probatória a análise do modo de colocar-se dos primitivos, o que poderia dar indicações sobre o seu modo de ver as coisas, indicações que, através da constatação da "diversidade" de abordagem, permitem uma análise do mundo-da-vida de tipo estrutural. Chega-se, então, à resolução do mundo-da-vida no mundo das "vivências" e se passa a analisar quais vivências são próprias do homem culto e quais do homem primitivo, tendo aqui duas possibilidades: o fato de estabelecer uma superioridade de uns sobre outros ou descrevê-los simplesmente como formas diferentes de "vida".

---

67 *Idem*, B 10 XIII (1930-1932), p. 3.

A primeira possibilidade divide-se, por sua vez, em duas atitudes contrapostas: afirmar a superioridade da civilização contemporânea ou daquela primitiva; se pode, por outro lado, simplesmente descrevê-las sem estabelecer nenhuma "ligação", dada a sucessão histórica que as caracteriza? No Ms. transc. B 10 XIII, Husserl é inclinado a estabelecer uma prioridade, da primeira sobre a segunda, entendendo-as como formas diferentes constatáveis "pela experiência", mas não ainda analisadas fenomenologicamente. Na realidade, uma verdadeira análise fenomenológica que investigue a "relação" entre elas, a sucessão delas e não somente no sentido temporal, mas em sentido qualitativo, não aparece: a ciência é ocultamento da vida e então a vida se manifestou em toda a sua plenitude antes da ciência? E qual é, em última instância, a relação entre vida e ciência? Essa é a interrogação de fundo que atormentou o século XX, à qual a fenomenologia também procurou dar uma resposta.

3.4. O mundo pré-teorético

O termo "vida" não pode ser entendido simplesmente na sua genérica contraposição à ciência; deve ser, mais do que isso, analisado profundamente. Se o mundo pré-científico é o mundo-da-vida, em primeiro lugar ele é mundo-da-vida conduzido em modo natural (*natürliches Leben*), é o mundo circunstante (*Umwelt*) como mundo de juízos e crenças, o mundo de uma sólida "normalidade" e, portanto, de uma sólida "tradição" (*Nomalität* como sinônimo de *Traditionalität*). Nesse mundo, os juízos fundam-se sobre uma experiência indutiva e antecipadora que é substancialmente acolhimento: interesse de verdade (interesse teórico) tem como limite simples experiências que se movem conforme ritmos habituais no âmbito do horizonte do mundo pré-dado. Isso gera um grupo humano delimitado (*geschlossene Menschheit*), cujos limites são estabelecidos pela tradição histórica, étnica e política e que pode ser "superada" somente através da compreensão entropática do modo de ser do outro; mas essa penetração no ser do outro é de difícil atuação e, mesmo que haja a possibilidade de compreendê-lo através da sua formação histórica, tal compreensão é insuficiente.

Na realidade, a análise da "vida" não deve manifestar-se em nível "natural"; *vorwissenschaftlich* e *vorteoretisch* não indicam uma maneira de voltar a uma vida natural ingenuamente compreendida, mas às estruturas íntimas e profundas da vida mesma.

3.4.1. Por uma nova "estética transcendental"

Trata-se ainda de um problema de tipo gnosiológico, demonstrado pela tentativa recorrente no desenrolar da investigação husserliana de fundamentar uma nova "estética transcendental", às vezes exprimindo explicitamente as suas intenções e outras vezes conduzindo uma série de análises sobre as vivências de maneira a colocar em relevo as características e a potencialidade.

No Ms. A VII 14, *Estética transcendental* de 1920-26,[68] são colocadas as bases para a delimitação do âmbito da estética. É óbvio que, mesmo sendo escassas as referências explícitas a Kant, a sombra da *Crítica da razão pura* se insinua na investigação de Husserl. Pode-se notar, porém, o quanto é grande a distância exatamente no que diz respeito ao tema da ciência.

Por um lado, de fato, o âmbito da estética se amplia até compreender *toda* a experiência; por outro, se restringe até a evidenciação de um *a priori* que é "estrutura", mas não como *a priori* de uma faculdade bem determinada. Exatamente porque a estética transcendental é "exposição sistemática da estrutura essencial de um mundo como mundo da experiência possível e da estrutura essencial dos seus modos de ser dado, dos seus modos de aparição",[69] contém em si uma ambiguidade – aquela que Kant não resolveu, poderíamos acrescentar. Por um lado, se refere à vida concreta do ser humano, ao mundo que ele pertence na praxe cotidiana, e busca em relação a ele as estruturas que permanecem invariantes na variação eidética e que constituem a aberta infinidade desse mundo; por outro lado, se refere à natureza matematizada. As

68 *Idem*, A VII 14, *Transzendentale Aesthetic* (1920-1926), transcrito por E. C. Schröder.
69 *Ibidem*, p. 84.

primeiras não se identificam imediatamente com as matemáticas, pois não pertencem às idealidades matemáticas. Ao contrário, o mundo matematizado é uma possibilidade ideal em relação ao mundo dado. Através da variação eidética são alcançáveis todas as possibilidades, mas é exatamente neste ponto que surge a ambiguidade: quando se confunde a abertura (*Offenheit*) do mundo fatual com a infinidade (*Unendlichkeit*) do mundo matemático. É necessário, portanto, distinguir uma dimensão prática do mundo matematizado, que se fundamenta em um *eidos* particular, ao qual é ligado, mas não deve ser confundido, com a "generalidade" relativa às coisas.

A idealização, operação que está na base da formação da ciência em geral e das ciências da natureza e do espírito em particular, repousa – e aqui se apreende mais profundamente o momento gnosiológico – sobre a ideia da infinidade, sobre o pressuposto de que seja possível uma aproximação iterativa e continuada em relação a um ser determinado, do qual, na realidade, nos distanciamos. Percebe-se, então, como do entrelace da matemática com a física nasce a exigência de uma "idade ontológica da natureza" e de uma ciência "empiricamente" exata, que se aproxime, portanto, em graus sucessivos à natureza com a sua estrutura ideal já pressuposta. E assim, internamente à estética transcendental cai também a idealização e a iteração, que é própria das ciências do espírito.

Parece que, graças à estética transcendental e internamente a ela, é possível distinguir o âmbito da experiência prática, cotidiana, imediata e aquela mais complicada, que se baseia na idealização.

Logo no início deste mesmo manuscrito, ao invés, o termo "estética" tem um significado mais imediato – e mais afim, em certo sentido, àquele kantiano. Tal termo refere-se ao universo da intuição e da descrição e, portanto, às generalidades empíricas, em relação às quais é possível elaborar um *a priori* que é estético-transcendental próprio de uma indução de grau superior, que não é mais experiência tomada na sua generalidade, mas é construção de ideias baseadas em uma iteração (*immer wieder*). Existe, todavia, um *a priori* universal que se coloca em uma posição mais radical em relação a ambos: se refere à experiência tomada na sua generalidade, como singularidade, generalidade, tipicidade e ainda como idealização. Parece, então, que esse *a priori* é objeto de uma estética transcendental, a qual oscila, se assim se pode dizer, entre a evidenciação de uma totalidade que compreende toda a experiência – ou seja, a experiência entendida como conhecimento global e, portanto, em termos kantianos compreende não só a estética mesma, mas também a analítica – e uma delimitação da estética no âmbito da experiência "não científica" como exclusão de todo elemento que faça referência à elaboração das ciências – vejam-se as formas da intuição como elementos estruturantes na elaboração da aritmética e da geometria.

Por outro lado, a dificuldade de dividir a análise da experiência própria do *a priori* estético-transcendental daquela do *a priori* analítico está relacionada ao fato de que a nossa experiência já é configurada em sentido histórico como uma experiência complexa. Por esse motivo é necessária uma *investigação regressiva*, que analise as modalidades daquilo que é dado (*Selbstgebungen*), distinguindo o que é dado e o que é construído. Uma tentativa positiva é realizada na parte central do manuscrito em análise: para evitar o risco de "construir" também uma investigação regressiva (*regressive Konstruktion*), sem deixar as coisas mesmas falarem, propõe-se a investigação das motivações que estão na base das configurações particulares das unidades perceptivas.

A questão afrontada concerne à possibilidade de experimentação da identidade na unidade de uma *percepção* relativa a um objeto espaço-temporal que, mesmo no defluir (*Durchlaufen*) de um campo perceptivo, permanece inalterado; em outras palavras, uma identidade sem causalidade.

Para compreender essa identidade é necessário partir do movimento e da mudança, também qualitativa, à qual estão sujeitas as coisas em um campo de repouso (*ruhend*). Todo o movimento se constitui, enquanto tal, como mudança; cada fase da qual está em repouso momentâneo e os diversos fenômenos, que têm a função de aparições (*Erscheinungen*) do movimento, devem em primeiro lugar realizar uma unidade. Então, o fenômeno da mudança de alguma coisa, como série de aparições visuais no campo oculomotor, pode ser expresso através da constatação segundo a qual a coisa muda de lugar no campo visual. Apresentam-se, na realidade, duas possibilidades que derivam ou do movimento do sujeito, motivo pelo qual a coisa "se aproxima" ou "se afasta" no campo visual, ou da mudança de lugar do objeto mesmo – em ambos os casos, porém, trata-se de uma mudança de "orientação" ou do sujeito ou do objeto, motivo pelo qual todos os aspectos que constituem uma coisa quando está em repouso estão presentes, mas em uma orientação diferente.

Em qualquer campo perceptivo estão contidos objetos em movimento e objetos em repouso que mudam o seu estado do movimento ao repouso ou vice-versa e a característica de tal mudança é a legalidade originária (*Urgesetz*) da "causalidade imanente": esperamos que o futuro tenha o mesmo estilo do passado. Eis a ligação entre a espacialidade e a temporalidade: trata-se de analisar as vivências que constituem o mundo espaço-temporal da coisa e constatar como isso que já foi vivido torna-se regra para uma experiência sucessiva: se um dado hylético está em repouso, esperamos que ele esteja ainda, ou seja, "vivemo-lo" de tal modo, e, se ele muda, esperamos uma mudança análoga. A essa lei da repetição se contrapõe a decepção (*Enttäuschung*): ao invés do repouso, acontece o movimento, ao invés do movimento mesmo, ocorre um movimento "diferente"; em outras palavras, a antecipação de uma "forma" da realidade seguidamente é colocada em crise. Do primeiro comportamento nasce a "causalidade", que é definida imanente exatamente porque fundamenta-se na repetição; do segundo, a contingência, a novidade. A permanência da identidade da coisa singular internamente ao campo perceptivo ou da repetição das fases de movimento da coisa mesma nesse campo comporta a "certeza" que nasce da associação de uma permanência sem alterações. Assim, em relação à coisa, que se vê por um lado, pode-se prever a consistência das partes que faltam, pois já foram experimentadas através de um livre movimento. Todavia, a modalidade da desilusão é o que impede de concluir que se possa estabelecer de maneira definitiva a característica da experiência: nenhum ente concreto pode ser considerado como conhecido através de uma certeza provada que implica uma absoluta repetibilidade.

A constatação da presença de dois aspectos, isto é, a permanência e a novidade como modalidade própria da trama experiencial, permite, por um lado, observar a passagem do categorial ao pré-categorial e, por outro, remontar do segundo para o primeiro. A investigação regressiva nos permite compreender como os conceitos próprios da ciência, longe de representar uma "leitura" de um mundo em si, são, pelo contrário, uma transformação progressiva, uma transvaloração de sentido que, apesar de partir do mundo fenomênico, distancia-se dele, projetando sobre ele uma construção conceitual. O liame entre os dois mundos, o da vida e o da ciência, existe, mas não no sentido de uma pura e simples "continuidade", de modo que a passagem de um para o outro acontece como um progressivo esclarecimento; ao contrário, a "continuidade" indica a mudança de sinal, a utilização de maneira "diferente" do que é vivido em modo pré-categorial. A esse ponto, não se trata de liquidar a ciência, mas simplesmente de descrever a sua gênese, de um lado, para impedir a absolutização dos seus conceitos e, portanto, a pretensão deles de pôr-se como os únicos autênticos; por outro lado, para dissipar a ilusão de uma "humanização" da própria ciência, quando se descobre finalmente a valência teorética da esfera pré-categorial.

3.4.2. O *a priori* do mundo-da-vida

A delineação da esfera pré-categorial coincide com a delineação das características do mundo-da-vida, cuja análise, atuada através da redução, coloca em relevo a dimensão das vivências. A "regressão" que, em tal modo, se realiza, se comporta o abandono do nível das ciências, considerado fruto do categorial, não significa, como já foi visto, refúgio em um "silêncio" especulativo, nem um retorno a um passado pré-filosófico. Significa, ao contrário, "consumar completamente" a ilusão de uma solução dos problemas "a partir do alto" (*von oben*) para iniciar "a partir de baixo" (*von unten*). Nesse caminho nem tudo é abandonado: o que se busca é sempre um "*a priori*" (o *a priori* da *Lebenswelt*) e através da "razão", que é um instrumento ambivalente e, exatamente por isso, por vezes ambíguo, de descobrimento e de ocultamento. Tal *a priori* é constituído pela dialética finito-infinito. A esse tema é dedicado em modo particular o Ms. A VII 21, *O mundo da vida, o seu a priori* (1933).[70]

A tendência de abraçar a totalidade das coisas e circunscrevê-las, compreendendo-as em profundidade, quando está presente no conhecimento humano, é considerada plenamente realizada somente em Deus. Aqui também se coloca a questão já adiantada por Kant relativa à diferença entre o ponto de vista humano e o divino, que tudo penetra, intui e compreende. Justamente pelo fato de que compreende essa possibilidade e não lhe é estranho esse pensamento, é que o ser humano tende para um conhecimento global; mas esse conhecimento se apresenta inevitavelmente diferente do ponto de vista qualitativo em relação ao intuitivo, o qual pressupõe ser divino, e isso é demonstrado pelas próprias ciências positivas que, apesar de aspirarem por um conhecimento global, dedicam-se a um âmbito e a um objeto particular. Todavia, o objetivo da ciência, assim determinou-se em sentido histórico, consiste na instauração de um trabalho comunitário que tende ao infinito, mesmo imerso na relatividade dos graus de completeza, tendo como "*telos*" um conhecimento global, que exerce uma função de "ideia reguladora".

Nesse contexto, o que coloca em relevo a análise fenomenológica? Ela evidencia o *a priori*, que é constatável na trama das relações cognoscitivas assim como se consolidaram historicamente: evidencia-se a tensão existente entre a ideia da totalidade – o mundo, o cosmos – e a finitude dos conhecimentos singulares, cuja soma nunca alcança a infinitude. É a dialética finito-infinito, a qual é implícita também no mundo pré-científico como experiência – ainda não tematizada – de uma vida ao interno de um "mundo".

O problema consiste em saber se se trata de uma formação cultural, que é obra de um processo de categorização – e nesse caso não pode ser considerado um *a priori* se não como formação histórica – ou se é um modo de dar-se da experiência mesma, motivo pelo qual possui o caráter de uma estrutura gnosiológica. Se examinarmos mais profundamente a

70 *Idem*, A VII 21, *Lebenswelt, ihr Apriori*, 1933.

característica da "infinitude", notaremos que ela se liga ao tema do horizonte aberto, é uma infinitude como abertura (*Offenheit*) e ulterioridade, que consiste na convicção de preenchimento de toda a antecipação e do acordo entre o que é pressuposto e o que se realizará. Encontramo-nos, então, substancialmente à presença de um processo temporal, que acontece através de sínteses sucessivas e se configura como um fluxo, que se ramifica em duas direções: como progressivo conhecimento de sempre novos aspectos do mundo circunstante e como realização da totalidade de uma multiplicidade aberta e sem fim: o infinitamente pequeno, como inexaurível determinação de cada coisa individualmente, e o infinitamente grande, como a identificação do que compreende o todo.

Trata-se, na realidade, de uma extensão espaço-temporal que vai do aqui e agora para aquilo que está além, e procede através dos sucessivos preenchimentos que representam também correções das expectativas com o intuito de chegar ao verdadeiro ser, entendido como a totalidade desse mesmo ser como ideal unidade de aparições. Essa concepção pode ser "explicitada" somente na visão filosófica do mundo, mas nasce em relação ao corpo (*Leib*) de quem conhece como campo de percepção, como campo de uma pluralidade de objetos espaciais, sempre suscetível de ulteriores ampliações e de sínteses sucessivas de preenchimento. O corpo vivido experimenta a si mesmo como algo que se move em sentido progressivo, mas também como algo que tem a possibilidade de retorno, portanto, como ponto central de diversas direções espaciais. O mundo circunstante aparece, então, como um mundo "orientado" em cada fase da experiência e tudo isso fazendo referência ao corpo.

O mundo circunstante, assim entendido, é e não é o espaço cósmico ou o tempo cósmico: não o é pela sua evidente limitação; é, no entanto, como pressuposto, pois através dele chega-se àquilo que é dado (*zur Selbstgegebenheit kommt*), que o mundo é uma ideia e que as coisas desse mundo são ideias parciais, que o espaço infinito e o tempo infinito são ideias; esses dados de fato são, porém, relativos às unidades intencionais de grau mais elevado em relação àquelas que dizem respeito ao mundo circunstante real.

Todavia, a finitude do mundo circunstante sob o perfil da pura experiência não representa uma limitação abstrata da infinitude cósmica, entendida como uma determinação por *via negationis*, mas nessa sua mesma limitação é ligada através de uma *metexis* a uma pré-constituída concepção da infinitude ideal.

A existência do cosmos como uma totalidade infinita é ligada a um "pressuposto" que nasce do processo sempre aberto da experiência: resolve-se de maneira gnosiológica, portanto, a relação entre finito-infinito, real e ideal. A tradição filosófico-científica não apreendeu tal origem e caiu em uma ingenuidade de segundo grau. A análise dos dois níveis nos quais se resolve o mundo da vida e da tensão dinâmica existente entre eles, o nível da experiência real, concreta, e o nível do pressuposto ideal, permite evidenciar tais estruturas, portanto, do *a priori* do próprio mundo-da-vida. Esse mundo, se é vivido "passivamente" e ingenuamente aceito, não conduz somente à atitude ingênua, natural, mas também à atitude filosófico-científica, assim como configurou-se na tradição cultural do Ocidente, que não se deu conta de tal pressuposto.

3.4.3. Ciência e vida

Se as estruturas do mundo-da-vida somente podem ser compreendidas na medida da mudança de perspectiva oferecida pelo método fenomenológico, então, isso significaria recair no intelectualismo que se quer justamente superar?

No Ms. B1 21 I, *Ciência e vida. A via que conduz à filosofia a partir da prática*,[71] Husserl releva duas diferentes modalidades da evidência: a natural, que é ligada à *doxa*, aos valores que guiam o comportamento moral e religioso, e uma que pode ser definida "científica" em sentido pleno. Essa última é e não é ligada ao conhecimento cotidiano e científico-filosófico da tradição: o é porque não refuta o que intuitivamente é dado como um

71 *Idem*, B1 21 I, *Wissenschaft und Leben. Weg in die Philosophie von der Praxis her*, 1918-1932.

"fato", é dado como belo e como bom; não é porque "coloca cada coisa no seu lugar" em uma vida que é modelada segundo um preenchimento total das intenções e que, portanto, "libera" completamente o eu.

Trata-se, então, também neste ponto de um processo de idealização? E como se realiza tal processo? É a razão que, longe de contrapor-se à vida, combate contra a absolutização de aspectos parciais da vida mesma. O risco de uma recaída no irracionalismo parece ser bem sentido por Husserl e, por isso, ele quis superá-lo: não se trata de contrapor a razão à vida, aos valores e às coisas da experiência, à experiência religiosa em particular, mas de pôr-se em um ponto de vista mais elevado, a partir do qual toda a experiência religiosa nunca pode ser absolutizada. Ela deve, de fato, em paridade com qualquer outra experiência, submeter-se à análise fenomenológica que, longe de querer substitui-la colocará em relevo as suas peculiaridades.

O resultado não é o de estabelecer uma hierarquia de valores, na qual o primeiro lugar compete à filosofia, a não ser que se entenda esse primado como o colocar-se em uma atitude reflexa de descrições. Neste caso, o valor de cada expressão existencial não é com isso anulado, ao contrário, é evidenciado. Pois, se por um lado a razão nesse particularíssimo uso "científico" é a máxima autoridade, na revelação religiosa existe uma experiência de tipo tão imediato que se configura como "mais elevada" em relação a qualquer outro conhecimento e experiência.

Tudo isso, de um ponto de vista "diferente", mais radical, tal como aquele fenomenológico, significa, por um lado, deixar para traz a luta entre as teorizações científicas (pois o que é proposto não é uma "teoria" anexa às outras, mas sim um reconhecimento do que é "real" e "originário" e um desnudar as verdadeiras motivações), mas, por outro, não liquidar toda a tradição e aceitar a impossibilidade radical de eliminar o processo de "mecanização", que comporta também a inautenticidade da qual é afetada a "vida". Isso se manifesta na exigência metódica da investigação fenomenológica de contrapor vida e hábitos, vida e dimensão intelectual que tende a esquematizar. A este propósito se pode pensar em Bergson, que Husserl parece aceitar. Apreender a vida na sua autenticidade, deixar-se "guiar" pela vida mesma não significa, de fato, eliminar toda e qualquer "mediação", pois ela é já implícita na vida, com tudo aquilo de positivo e de negativo que tal fato comporta.

Husserl se dá conta da falsidade da contraposição vida-razão que, substancialmente, é o ponto de chegada do racionalismo moderno. E isto está presente em grande parte da cultura contemporânea, a qual se encontra em permanente conflito com a fé religiosa, com a ciência que elaborou e com a exigência de "compreensão", "intuição" e "penetração" da realidade. E, por sua vez, não sabendo como conciliar todas as coisas e querendo colocá-las em ordem, tende em direção a uma recusa total em nome do irracional. Por tais razões, Husserl envolve-se profundamente na busca pelo originário e deve "inventar" os instrumentos para a sua descoberta. Mas se trata de uma descoberta ou de uma redescoberta de algo esquecido ou de não mais encontrado? É o dilema iluminista que ainda aflige a civilização ocidental que iniciou com Descartes – finalmente a razão encontra a si mesma e se coloca como fonte de conhecimento – e terminou com Rousseau – a civilização fundada na razão é a corrupção de um estado originário.

Se o estado originário coincide com a vida, como identificá-lo "verdadeiramente"? Porque o *todo* é vida ou tem diversos níveis da vida mesma que são mais ou menos válidos, mas como distinguir a maior ou menor validade deles? Atentando-nos "àquilo que se dá", responde a fenomenologia, mas contemporaneamente "criando" as condições a fim de que esse dar-se se realize. Desse modo, perguntamo-nos: o método é, então, já uma realização? Se enquadra em um processo de categorização? Isso não acontece se nos atermos escrupulosamente ao princípio daquilo que é dado (*Selbstgegebenheit*), mas também a esse ponto se trata de delinear um método e de usar a razão; essa consciência se encontra no final do Ms. B I 21 I, já citado, dedicado à relação entre ciência e filosofia. Todavia, é um uso "diferente" da razão em relação à tradição.

A razão nessa nova acepção deve combater a tradição que "perdeu" a sua possível justificação – motivo rousseauniano –, que "construiu" um edifício que não consegue justificar, mas, ao mesmo tempo, deve levar em consideração todas as tradições tanto sob o perfil histórico quanto estrutural para poder alcançar as leis últimas de todos os âmbitos de conhecimento. Todavia, essa ciência "universal", a razão em sentido genuíno, é uma "ideia", ou melhor, é a ideia de uma formação categorial (*kategorialen Gebildes*) que comporta também a ideia de um método, de um caminho a ser percorrido. Parece, aqui, de fato, que seja impossível superar o *impasse* de uma construção categorial também na elaboração de um método e que a *ideia* da ciência pura se transforme num fio condutor de um movimento "teleológico" que se dirige ao infinito.

3.4.4. Teleologia e temporalidade

Surge a suspeita de que o *a priori* dessa nova estética transcendental se manifeste como ligado a certas estruturas categoriais da cultura ocidental. Em modo particular, alguns pontos devem ser examinados: se a investigação fenomenológica insiste na recuperação da *Selbstgegebenheit*, podemos nos perguntar, então, qual é a sua relação com a teorização de uma teleologia e qual é a relação de ambas com a temporalidade.

Foi sublinhado precedentemente como se explica, em uma perspectiva fenomenológica, o nexo finito-infinito; pode-se notar que, desse modo, são ofertados também os instrumentos para uma configuração do problema da teleologia. Os dois aspectos presentes nesse conceito – ou seja, a tensão em direção a um preenchimento exaustivo, nunca plenamente realizado e a delineação precisa do fim, ao qual nos dirigimos – colocados em evidência por Husserl na *Crise das ciências europeias* – são evidenciáveis nas duas modalidades da antecipação e do preenchimento, por um lado, mas também pela desilusão por outro. Husserl, de fato, dá relevo, em modo otimístico poderíamos dizer, ao mecanismo de preenchimento em função da formação da ideia de totalidade, portanto do fim ao qual nos dirigimos; mas se queremos justificar o modo no qual se delineia a *identidade*, é necessário, no meu entender, recorrer à desilusão de uma antecipação não realizada.

A relação finito-infinito, real-ideal e a sua recíproca interrelação permite compreender como cada preenchimento pode ser considerado provisório no que concerne àquilo que idealmente pode ser pensado como totalidade e plenitude.

Tomando uma distância crítica em relação à proposta husserliana, mas usando as suas indicações de leitura, pode-se distinguir três modos de entender a "teleologia", que eu indicaria como teleologia da descrição, teleologia da construção e teleologia da ação e que correspondem à própria análise fenomenológica, ao processo de objetivação e ao progresso em sentido histórico-moral. A segunda se refere à objetividade que é um "*telos* teorético" para a ciência; tal objetividade se resolve, de fato, na construção de uma multiplicidade ordenada (*geordnete Vielheit*) que representa um polo ideal da investigação. A terceira é aquela proposta e analisada por Husserl na *Crise* e nos manuscritos sobre a intersubjetividade contidos em *Para uma fenomenologia da intersubjetividade* e deve ser entendida como a tensão para a realização de um ideal de perfeição moral e intelectual que, se por um lado é o resíduo de uma configuração iluminista, por outro é determinada pela ameaça, sentida por Husserl de maneira profunda, de uma "queda nas barbáries" na idade do nazismo. A teleologia da descrição não é explicitamente teorizada por Husserl, mas é deduzível pelo seu modo de pôr a questão do método e, em particular, o problema da "redução". Enquanto nas duas teleologias já examinadas age o mecanismo da "desilusão" e o estímulo a superar o que é relativo, essa última se apresenta em maneira muito peculiar, consistindo essencialmente na "pergunta regressiva" (*regressive Rückfrage*), cujo ponto de chegada não é o preenchimento de uma "ideia", mas é a completa descrição da modalidade do dar-se. Trata-se de uma finalidade disposta ao infinito? Responde-se negativamente, pois o que se quer alcançar é aquilo que se dá (*Selbstgegebenheit*), e isso não se apresenta como a ideia de uma realização, mas como uma realização plena, dada. Permanece, todavia, sempre uma tensão, um direcionamento, e nesse sentido ainda pode-se falar em uma teleologia, pois é estrutural para a investigação ser uma reflexão sobre e nunca se identificar com o que é vivido em modo absolutamente adequado.

Em relação à questão da *Selbstgegebenheit*, é necessário distinguir o preenchimento adequado como acontecimento e a constatação de tal acontecimento como "reflexão sobre". A análise fenomenológica não faz nada mais do que "mostrar" o originário e, pelo fato de que esta atenção é o resultado de um processo, uma tensão permanece na descrição. A direção da investigação nesse caso, mais do que ser "para frente" – como se entende a partir da visão dinâmica introduzida na cultura ocidental, isto é, a partir de uma configuração que considera primário o movimento histórico do desenvolvimento, compartilhada por Husserl na teleologia do progresso – deve ser entendida para trás. Pode-se, então, dizer que, do ponto de vista "diacrônico" se "resolve" a história da cultura ocidental – e não só a ocidental – no modo em que a humanidade se manifestou através das suas *Erlebnisse*, mas isso não é suficiente: é necessário, do ponto de vista sincrônico, realizar uma investigação estrutural sobre a configuração das mesmas *Erlebnisse*. Essa dupla prospectiva dá espaço, como Husserl mesmo indicou nos manuscritos acima examinados, através de uma comparação das vivências e uma análise qualitativa a uma delineação das diversas esferas, aquela originária e aquela predicativa.

O problema que se põe faz referência ao fato de se o originário, resultado da *regressive Frage*, tenha que ser procurado nos "primórdios" do desenvolvimento da civilização, junto aos assim chamados primitivos, ou se pode ser alcançado em qualquer estágio ou nível de civilidade através de um esforço contínuo de reconquista. No último caso, a "reflexão sobre", que caracteriza a filosofia, evitaria o risco de reduzir-se a um puro jogo intelectual e assumiria sempre mais uma dimensão "espacial", enquanto conquista e reconquista os elementos originais que estão na base de uma cultura.

Há vivências originárias ou pré-categoriais também para nós que pertencemos à civilização ocidental avançada? Ou já estamos condenados a nos movermos inteiramente em uma dimensão categorial? De um certo ponto de vista, parece que a segunda alternativa deve valer absolutamente, mas isso significaria cair verdadeiramente em uma situação existencial sem saída.

Descobrir qual seria a "tarefa" e realizá-la: esse era o objetivo que Husserl tinha se proposto. Trata-se de delinear o significado da tarefa. A tensão pelo que virá se manifesta não mais como um aperfeiçoamento de tipo iluminista ou também romântico em sentido fichteano, ou seja, como conquista e reconquista a ser atuada a todo momento através da investigação teorética, mas como a realização existencial do *que é originário*. Abre-se, então, a questão do significado da temporalidade.

Seguindo o fio condutor da investigação sobre a originalidade, pode-se dizer que somente no ter "em carne e osso", portanto no agora (*jetzt*), tem-se aquilo que é dado de maneira autêntica. Mas como interpretar o passado e o futuro? Sabe-se que Husserl fala de um fluxo vivente, no qual é possível distinguir os três momentos da própria temporalidade, o que conduz à aceitação de um esquema linear do tempo.

A existência de outra proposta interpretativa, aquela que evidencia a validade da repetição, funda-se sobre a constatação sobre os modos diferentes de viver o tempo: pense-se à repetitividade do mito no rito; por um lado, parece que não tem maior continuidade do que essa obsessiva reapresentação, por outro, porém, nos damos conta da profunda diferença em relação a uma simples "recordação" do que é passado; o passado nesse caso não é vivido em modo "secundário", como acontece na recordação, mas é revivido integralmente e originariamente.

Deve-se estabelecer se as duas proposições, temporalidade como linearidade ou temporalidade como repetibilidade, resultam verdadeiramente alternativas, como são normalmente consideradas, ou se podem ser consideradas duas modalidades, duas atitudes que convivem, mesmo que em algumas fases históricas uma prevaleça sobre a outra.

Nas complexas análises husserlianas, que tendem evidentemente a dar uma interpretação da temporalidade como fluxo contínuo, é colocada em relevo, todavia, a existência de uma modalidade, a da repetição (*Widerholung*), que pode assumir uma importância fundamental. Ela se distingue da recordação porque, enquanto esta é um fantasma desbotado de algo que foi vivido, mas não existe mais, a "reprodução" é o reviver afetivamente e originariamente.

Na *Análise da síntese passiva*[72] e nos manuscritos do grupo C, Husserl liga a constituição do objeto desde os seus primeiros níveis à forma do fluxo (*Form der Strömung*). Tal forma é aquela que a nível hylético - sobre o qual nos delongaremos na sequência - permite compreender a copresença do homogêneo e do heterogêneo, como, por exemplo, os diversos campos sensoriais e os seus dados podem ser unidos e como pode constituir-se uma totalidade associativa (ver particularmente o Ms. transc. C 15, *Associação originária e temporalidade originária, tratadas antes de tudo em referência à esfera principal hylética*).[73]

No que se refere à formação do objeto, pode-se indicar quatro níveis do percurso genético, dois deles indicados nas *Análises da síntese passiva*: 1. a síntese de unidade associativa ou pré-afetiva que se dá basicamente em três princípios, o de semelhança ou homogeneidade, o de contraste e o de contiguidade, que já se configura como uma formação unitária; 2. a afeição que opera no presente fluente e produz o despertar na retenção e na protensão; a esses podem ser acrescentados outros dois níveis examinados em *Experiência e juízo* e constituídos pela: 3. receptividade, que é motivada pela afeição e fundamenta a apreensão de um objeto, a qual, mesmo sendo motivada passivamente, consente, todavia, a inserção de uma atividade da consciência; 4. por sua vez, a receptividade permite a formação de um objeto e a sua compreensão e explicação, abrindo o caminho para a apercepção.

Na realidade, os níveis indicados são encontrados somente partindo do objeto já constituído. Essa é a diferença fundamental entre a estética transcendental de Kant e a de Husserl. Somente em um momento sucessivo é possível escavar analiticamente para remontar àquilo que é dado. Trata-se, portanto, de um procedimento inverso em relação ao proposto por Kant, para o qual é possível analisar as funções do sujeito prescindindo, em certa

---

72 *Idem*, *Analysen zur passiven Synthesis. Aus Vorlesungs-und Forschungsmanuskripten* (1918-1926), Husserliana, v. 11. FREISCHER, M. (ed.).

73 *Idem*, Ms. transc. C 15, *Urassociation und Urzeitigung, zunächst in der hyletischen Kernsphäre behandelt*, sem data.

medida, do objeto mesmo; ao contrário, para Husserl o conjunto das funções não é independente daquilo sobre o que se aplicam, portanto, é a mesma estratificação das operações constitutivas ativas e passivas que formam o objeto. Como a estratificação comporta a temporalidade, uma vez configurado o objeto perceptivo, deve-se estabelecer se é possível sua reprodução, a qual não deve identificar-se com a pura recordação.

O Ms. C 13 III, *Constituição do ente nas modalidades temporais como modalidades próprias do ser,*[74] parece abrir o caminho para uma relação entre passado e presente que permita ligá-los de modo que isso que se reconhece é *atual* e, nesse sentido, presente originariamente, e remete a uma vivência que pode ser considerada passado no sentido de que o que acontece já aconteceu e o que aconteceu acontece ainda. Por essa razão se fala também de "despertar" daquilo que está "adormecido" por parte do que é atual. A repetitividade se fundamenta, portanto, em primeiro lugar na originariedade atual, que *evoca* uma originariedade que pode ser definida "passada" somente se for comparada com uma concepção do tempo como fluxo, mas que é vivida substancialmente como eternidade de um evento sempre revocável. Essa "eternidade" não deve ser confundida com a supra temporalidade das objetividades pelas quais é possível igualmente uma "revocação", mas que são constituídas de maneira inteiramente diferente. Essas são vividas como formas categoriais, enquanto a repetição antes descrita é aquela ligada a um preenchimento originário e é, portanto, pré-categorial.

Pode-se dizer que também naquele caso nos encontramos diante de uma objetividade que é, por exemplo, aquela do mito contraposta à da ciência? Em certo sentido sim, mas os modos que estão na base daquele processo de objetivação são totalmente "diferentes" dos outros, basta pensar nas atitudes de desprezo com o qual o mito é identificado com algo que é confuso, irracional, falso, enquanto se for realizada uma análise mais

---

74 *Idem,* C 13 III, *Konstitution von Seiendem in Zeit modalitäten asl Modalitäten eben des Seins; Konstitution von Gegenwart, Vergangenheit, Zukunft: von Seiendem und Vor-seiendem; Wiedererkennen als Urfunktion der Zeitigung* (março de 1934).

atenta resulta, como afirma Gerardus van der Leeuw,[75] que no mito é vivida uma realidade presente. Não é um conto legendário e fantástico, mas é um *renascimento* em um conto, um renascimento de um tempo primordial, a *reprodução* de um fato primeiro que garante o fato de hoje e dá a ele força.[76]

Os dois modos diferentes de interpretar a temporalidade acentuando, em um caso, o momento do fluir e, no outro, o da repetição, devem ser reconhecidos como expressões de duas formas "culturais" no sentido mais amplo do termo, que uma análise fenomenológica atenta pode colocar em relevo, devolvendo à forma da repetição sua dignidade, da qual tinha sido completamente privada pelo racionalismo moderno e, talvez, indo ainda mais para traz, a partir do nascimento da filosofia grega da idade clássica. Qual forma é a mais verdadeira? A descrição fenomenológica que tende a investigar come se dá o fato originário se encontra nesse ponto diante do dilema de renegar toda a cultura e a tradição ocidental a favor de outras formas culturais, ou então, de analisar "neutralmente" os diversos modos de colocar-se e de manifestar-se da humanidade.

No primeiro caso, ela se inseriria no filão da cultura contemporânea que combate o racionalismo em todas as suas múltiplas manifestações, propondo um retorno ao passado, mas esse também idealizado em grande parte. Trata-se de uma moda? Da expressão da crise da civilização ocidental? A dificuldade de "compreender" o próprio tempo, de não se deixar "arrastar" por movimentos ligados a estados de ânimo momentâneos, de retirar-se em um terreno sólido, a partir do qual recomeçar o processo de "exploração", solicita e evidencia, sobretudo, como uma análise fenomenológica, que queira permanecer fiel ao seu assunto inicial, deve proceder de maneira a ser desvinculada de qualquer formação cultural.

---

75 LEEUW, G. van der. *Phänomenologie der Religion*. Tubinga: J.C.B. Mohr (Paul Siebeck), 1936; VACCA, V. *Fenomenologia della religione*, Torino, 1992.

76 Tratei os argumentos que dizem respeito às relações interculturais no meu livro *Culture e religioni – Una lettura fenomenologica*, Roma: Città Nuova, 1997 [*Culturas e Religiões. Uma leitura fenomenológica*. Trad. ANGONESE, A. Bauru, Brasil: EDUSC, 1998 - no qual discuti a relação entre a dimensão categorial e pré-categorial e aquela entre noética e hylética].

Essa tarefa é extremamente complexa e pode ser empreendida somente se formos radicalmente suspeitosos em relação a toda e qualquer aquisição; a redução deve exercitar-se a rigor sobre cada conceito já formado e investir não só as ciências, mas também a ideia-guia da *Weltanschauung* cultural. Nos reimpelimos, desse modo, à indagação de qual é a dinâmica interna que caracteriza os seres humanos e que permite as suas expressões.

4. A descrição fenomenológica do ser humano

Entre os núcleos problemáticos tratados por Husserl, foi dedicado um espaço menor por parte dos leitores e intérpretes ao tema estritamente antropológico. Certamente foram examinadas as questões que dizem respeito à relação entre subjetividade e intersubjetividade, mas não foram sempre apreendidas as implicações contidas nesta abordagem e que vale a pena evidenciar. Os dois momentos são correlativos, pois, se é verdade que Husserl inicia a investigação fenomenológica pela dimensão subjetiva seguindo o fio condutor da pergunta regressiva, é verdade também que descobre na subjetividade a abertura para a alteridade, fato que torna possível encontrar as linhas fundamentais da sua antropologia, iniciando exatamente pelo segundo momento, o intersubjetivo.

4.1. Entropatia e intersubjetividade

Quem consulta os três volumes de textos escritos por Edmund Husserl no arco de trinta anos, de 1905 a 1935, dedicados à intersubjetividade, *Para a fenomenologia da intersubjetividade*,[77] cujo núcleo é constituído pela *Einfühlung*, ou seja, pela entropatia, permanece perplexo, em primeiro lugar pela extensão das análises aí contidas – trata-se de cerca de duas mil páginas – que, por outro lado, não exaurem tudo o que o fenomenólogo escreveu sobre o argumento. Basta pensar que nesses volumes foram recolhidos somente alguns dos numerosos textos husserlianos não destinados ao prelo,

77 HUSSERL, E. *Zur Phänomenologie der Intersubjektivität*, Husserliana, v. XIII, XIV, XV.

ao passo que outras importantes reflexões sobre o mesmo tema estão publicadas no volume II das *Ideias para uma fenomenologia pura e para uma filosofia fenomenológica* e nas *Meditações cartesianas*. Já a quantidade da produção husserliana sobre o argumento em questão é indício do interesse voltado a essa temática, mas não se trata somente de um fato quantitativo, pois o fenomenólogo disse a primeira e, talvez, a última palavra no século XX sobre o significado da entropatia; portanto, a sua produção tem valor também no aspecto qualitativo.

Utilizado no terreno da investigação nas fronteiras entre psicologia e filosofia no final do século XIX, como confirma particularmente a recognição historiográfica conduzida por Edith Stein na sua Dissertação de láurea e a polêmica de Husserl e da própria Stein com Theodor Lipps,[78] o termo entra na fenomenologia assumindo uma espessura semântica que vale a pena esclarecer, justamente por causa da confusão que seguidamente reina entre aqueles que o usam, carregando-o de valências completamente alheias àquelas indicadas pelos fenomenólogos. Na língua italiana o vocábulo *Einfühlung* foi traduzido por Enrico Filippini nas *Ideias para uma fenomenologia pura e para uma filosofia fenomenológica* com "entropatia"; sucessivamente prevaleceu o uso do termo "empatia". Pela razão agora exposta, ou seja, porque sob o termo "empatia" se encontram conceituações completamente alheias à análise fenomenológica clássica, prefiro introduzir de novo "entropatia".

Em relação ao significado desse termo, a tarefa de esclarecimento, aparentemente fácil, requer, na realidade, um exercício fenomenológico de espoliação das noções já adquiridas e, portanto, dos pré-conceitos. Para a realização dessa tarefa é necessário um empenho ou, talvez seria melhor dizer, um desempenho que não deve ser subestimado; é o início do mesmo procedimento fenomenológico proposto por Husserl. Tal exercício é indispensável para seguir as sutis análises husserlianas que, nos trinta anos acima indicados, enfrentaram de modo unitário, insistente e persistente o tema do

---

78 STEIN, E. *Zum Problem der Einfühlung*. Halle: Buchdruckerei des Waisenhauses, 1917 [*Il problema dell'empatia*. Trad. COSTANTINI, E. Roma: Studium, 1998^2, p. 87-89; HUSSERL, E. *Zur Phänomenologie der Intersubjektivität*, v. I, Beilage XVI].

outro, procedendo através de análises que se desenrolam conforme círculos concêntricos, escavando em profundidade. Emergem, apesar da unidade substancial da impostação, aspectos diferentes e novos, que não negam aqueles precedentemente adquiridos, mas se aproximam deles.

Fator preliminar e fundamental para a compreensão do fenômeno da entropatia – entendida como conhecimento do outro, que permite a comunicação com o outro – é mover-se a partir da atitude "natural", ingênua, pela qual existem as coisas, os outros e o mundo, como o conjunto de todos os elementos, já dados, que vêm ao nosso encontro em primeiro lugar no nível perceptivo. Essa anterioridade daquilo que é dado nos fornece todo o necessário para viver, agir, em conexão com os "outros", corpos como os outros corpos, e, no entanto, diferentes de alguns deles – os animais por exemplo – e semelhantes a nós mesmos, com os quais o comércio é de tipo peculiar. Aí, então, surgem algumas perguntas: por que no mundo físico, objeto da percepção, tem "coisas" que se apresentam de maneira diferenciada, que não são todas da mesma "qualidade", algumas semelhantes a mim, portanto "animadas", outras caracterizadas pelo crescimento e pelo movimento próprio, mas diferentes de mim, de nós? Como posso entender essa diferença? Se nos posicionamos ao interno do pensamento ocidental, sabemos que essas perguntas foram objeto de uma reflexão que se configurou de maneira peculiar e que chamamos filosófica. Pensemos na distinção proposta por Aristóteles entre a vida, ou seja, a alma vegetativa, sensitiva e intelectiva; essa é a resposta mais clara no mundo antigo às perguntas colocadas acima, mas tudo isso implicou uma mudança de perspectiva, uma operação de reconhecimento do significado dos fenômenos que pressupõe uma reviravolta da atitude, olhos novos para "ver" o que está ali, mas que se manifesta somente a quem está disposto a abrir-se ao significado das coisas, procurando penetrar na essência delas.

4.2. A entropatia na fenomenologia husserliana

O que acontece verdadeiramente quando nos experimentamos reciprocamente como semelhantes e nos distinguimos dos outros seres? Por que nos comportamos de maneira diferente? A experiência do outro, portanto, a entropatia, é uma experiência empírica, mas para compreendê-la no seu significado mais próprio é necessária a colocação entre parênteses da atitude "natural", uma "redução" de tudo o que serve de obstáculo para deixar espaço àquilo que nós, enquanto seres humanos, vivemos na nossa interioridade e que nos consente de compreender o mundo, de ter sensibilidade para as coisas, para conhecê-las e utilizá-las; é uma escavação na nossa estrutura para entender o lugar e a origem das emoções, das tomadas de posição, das decisões voluntárias, das reflexões intelectuais, dos conhecimentos intuitivos diretos.

Nós temos tudo isso, mas para compreender o significado, a estrutura lógica dos nossos procedimentos de pensamento, as diversas expressões culturais, mesmo as "lógicas" das outras culturas, temos que regredir às operações constitutivas que estão à base de tais expressões, e quem faz isso na nossa cultura inicia de si próprio. Descobre estar acompanhado por uma "luz interior", como se exprime Edith Stein na *Introdução à filosofia*,[79] que ilumina o fluxo do viver e no seu defluir mesmo o ilumina para o eu vivente, sem que este esteja "direcionado" a essa luz, e tal luz é a consciência. Ela é o espelho no qual se refletem todos os elementos constitutivos da nossa complexa estrutura humana, mas dessa complexidade, da qual obscuramente temos indícios, podemos remontar somente através de uma reflexão sobre aquilo que a consciência mesma nos indica. Aí está a necessária regressão a si mesmos para apreender a comum estrutura humana, ou seja, a redução ao eu da qual fala Husserl e do seu "paradoxo": como posso eu, que vivo entre as coisas e com os outros, portanto objeto entre os objetos, perdido e imerso nessa realidade, tornar-me sujeito e, por isso, juiz de mim mesmo em primeiro lugar e das coisas e dos outros?[80]

É exatamente a capacidade consciencial-reflexiva que nos consente de realizar essa operação; trata-se de uma potencialidade do ser humano

---

79 STEIN, E. *Einfühlung in die Philosophie*, Werke, v. XIII, Friburgo: Herder [*Introduzione alla filosofia*. Trad. PEZZELLA, A. M., apresentação de A. Ales Bello. Roma: Città Nuova, 1998].

80 HUSSERL, E. *Crise*, § 53.

que foi evidenciada pela cultura ocidental de maneira precípua; é a emergência do eu que a caracteriza, partindo daquela que nós chamamos de idade moderna. Esse "primado" do eu deve ser entendido não como absolutização que conduz, como acontece na corrente filosófica do idealismo alemão entre os séculos XVIII e XIX, a uma redução de toda a realidade a ele; essa absolutização poderia ser uma grande tentação consequente à descoberta das próprias potencialidades do sujeito humano.

A análise fenomenológica nos consente a rejeitar essa tentação e contemporaneamente a tentação solipsista, na qual a solidão do eu não é tanto autoexaltação quanto risco de ilusão e de relativismo. A luta que Husserl engaja contra o solipsismo em muitos pontos da sua reflexão e, em particular, nas *Meditações cartesianas*, colocando para si próprio, com grande seriedade, a objeção solipsista,[81] é compreensível justamente no âmbito dessa tentação; todavia, ele responde substancialmente que ela é ligada à falta de distinção entre o eu psicológico e o eu fenomenológico.[82] É o eu psicológico que finge estar sozinho e treme ao pensar tratar-se de uma ilusão, mas se for realizada a operação que conduz à descrição essencial do eu, mesmo tendo que partir de mim mesmo para compreender, a própria redução fenomenológica permite-me afirmar que eu me encontro imediatamente circundado por outros que me compreendem e que eu os compreendo.

Não é por acaso que justamente nos textos husserlianos delineia-se um duplo resíduo da redução: quando coloco entre parênteses tudo o que me é dado, permanece como resíduo o meu eu – primado do egológico –, mas imediatamente dou-me conta de que a redução deixa viver o nós – redução da intersubjetividade. Comentemos esse trecho de Husserl particularmente significativo:

> Todo o ser fenomenológico reduz-se, então, a um (ao "meu") *eu* fenomenológico, que é marcado como

---

81 O tema do solipsismo requereria um tratado autônomo. Aliás, o próprio Husserl insiste em dizer que o solipsismo é fruto de uma abstração (*Zur Phänomenologie etc.*, v. I, p. 410) ou de uma simulação (v. II, p. 170), portanto é uma operação conceitual e não uma experiência vital.

82 HUSSERL, E. *Zur Phänomenologie der Intersubjektivität*, v. I, p. 154.

> sendo sujeito que percebe e que recorda, sujeito de empatia e, por isso, como fenomenologicamente redutor e, aos outros egos, colocados na entropatia e como egos que intuem, que recordam e eventualmente como sujeitos de empatia.[83]

Em primeiro lugar, nota-se que existe uma correlação essencial entre o *eu* e os *outros*, resíduo da colocação entre parênteses que permite evidenciar os fenômenos presentes no eu e nos outros. Trata-se, portanto, do fato de que a consciência individual e a reflexão que segue fazem emergir a presença de vivências, ou seja, de atos que são vividos por cada eu. No texto citado, Husserl indica os mais importantes e significativos: a percepção, a recordação e a entropatia.

Entre eles tem uma profunda conexão e quase uma progressiva extensão na sua afinidade-diferença; o ato ou vivência mais significativa é a percepção, pois é o instrumento que nos coloca em relação com o mundo, portanto, com as coisas e com os outros, vistos na sua corporeidade. Deve-se notar a extraordinária insistência do fenomenólogo sobre a percepção do corpo dos outros, que exatamente a nível perceptivo é experimentado como são experimentados os outros corpos; todavia, porque eles são assimiláveis, mas também distinguíveis, enquanto nos damos conta que são corpos viventes (*Leib*) semelhantes ao nosso corpo vivente, descobrimos que tal consciência provém de outro ato por nós vivido que nos consente de estabelecer essa relação e que nos dá a possibilidade de compreender imediatamente essa afinidade; tal ato é, de fato, a entropatia.

Para descrever melhor as vivências da entropatia, é oportuno proceder a uma confrontação com as outras vivências. É claro que a entropatia pressupõe uma percepção, mas não se limita a ela; se assemelha à recordação, mas se distingue dela. Nos delonguemos sobre esse último ponto: o ato de recordar é um ato de tornar algo presente, faço presente a mim mesmo o que percebi em carne e osso, que agora não é mais perceptível, mas é ainda

83 *Ibidem*, p. 190. Defini a presença nas análises husserlianas da redução à intersubjetividade já na minha investigação: *Husserl - Sul problema di Dio*, Roma, Studium, 1985.

presente do seu modo. A modalidade da presença, nesse caso, é peculiar, pois se trata da possibilidade de tornar presente o que não é mais presente, portanto, de viver de modo originário não o objeto da percepção, mas o conteúdo da recordação que remete ou torna presente o objeto. Naturalmente, a recordação é um ato totalmente interior que faz o eu retornar sobre si mesmo; então, o que pode ter em comum com a entropatia? Tem em comum a estrutura interna do ato de tornar algo presente.[84] De fato, quando me coloco em contato com aquilo que considero outro em relação a mim, mas semelhante a mim, *alter ego,* apreendo, intuo, colho, portanto, empatizo com a sua vivência; nessa apreensão eu me dou conta de que ele/ela está vivendo, por exemplo, uma emoção, um sentimento ou simplesmente uma percepção, mas está vivendo tudo isso em primeira pessoa como fato inteiramente originário para ele ou para ela, mas não originário para mim; para mim é originário somente o fato de que empatizo com a sua situação, mas certamente não vivo o conteúdo da sua vivência que é incomunicável.

Para compreender profundamente a vivência da entropatia do ponto de vista fenomenológico, é oportuno, de fato, proceder a uma dupla redução ao meu "eu" que "percebe" o que o outro está vivendo, e ao meu "sentir" o que o outro está vivendo.[85] Neste caso, o conteúdo do meu sentir não me pertence como, ao invés, me pertence a recordação de um evento; consigo tornar presente a mim mesmo o acontecimento, ou seja, algo que não é meu e, portanto, me transcende. A sua alegria pode ser apreendida por mim como alegria, mas a modalidade, a intensidade, a qualidade dela é somente acenada por mim porque nunca poderei vivê-la em primeira pessoa, mesmo se me alegro com o outro pelo mesmo motivo pelo qual o outro se alegra.

Muitas consequências são extraídas dessa descrição aparentemente tão simples. Em primeiro lugar, a possibilidade e os limites da comunicação.

Possibilidade: vivo o que o outro está vivendo, aliás, posso até mesmo revirar essa afirmação dizendo que justamente porque vivo o que o outro está vivendo, "sinto" (*fühle*) que é um ser humano que se assemelha a

84 *Idem, Zur Phänomenologie,* v. I, p. 52.

85 *Ibidem,* p. 188.

mim, posso realizar a operação de "analogia" comigo mesmo de maneira espontânea e não reflexa – julgo que isso seja o núcleo profundo da analogia, que só secundariamente pode se tornar um fato intelectual e reflexo, ou seja, um raciocínio analógico sobre o qual se fundamentam muitas argumentações filosóficas. Compreende-se, desse modo, a insistência de Husserl em distinguir esse tipo de analogia em relação a qualquer teoria analógica (*Analogieschlusstheorie*),[86] isto é, uma teorização que conduz discursivamente a estabelecer uma analogia.

Limites: o sentir o outro, o compreender o que está vivendo, o estabelecer uma relação analógica, não implica um processo de identificação – esse é o conteúdo da polêmica de Husserl e de Stein com Theodor Lipps. Por mais que a compreensão do outro possa realizar-se profundamente, a sua transcendência em relação a mim é constitutiva; nunca me identificarei com o outro, a sua individualidade e a minha permanecem sempre separadas e diferentes, apesar de serem similares e comunicantes. Não se trata de uma teorização que deva ser confirmada pela experiência em seguida, mas de um fato experiencial lido fenomenologicamente, ou seja, compreendido na sua especificidade.

Em segundo lugar, a entropatia, entre todas as vivências, é aquela que possui maior potencialidade para uma frutuosa descrição antropológica.

4.3. A entropatia como instrumento privilegiado de análise antropológica

O primeiro nível do "sentir" o outro é o perceptivo que conduz à corporeidade, um movimento que vai da própria corporeidade à corporeidade de outrem. Em primeiro lugar, eu dou-me a mim mesmo como corpo: isso significa que me descubro como ponto zero, do qual abre-se a possibilidade de ter representações externas de outros corpos, ponto zero de orientação e de movimento. A vivência perceptiva me permite a relação com o mundo externo, mas, como se evidenciava antes, a percepção

86 *Idem*, Beilage, XLIV.

sozinha não estaria em condições de distinguir entre as diferentes "qualidades" dos corpos, corpos inanimados e corpos animados. É nesse ponto que a entropatia desenvolve um papel fundamental enquanto consente em apreender o outro como corpo animado, vivente e possuidor de uma vida que, com termo unitário, pode-se chamar psíquica, vida caracterizada por tomadas de posições espontâneas, por emoções, por instintos, por sentimentos. A percepção de mim mesmo e desses meus atos me põe em correlação com os dos outros, os quais começam a delinear-se como *alter ego*.

Deve ser evidenciado o momento da correlação, pois, se por meio de uma investigação reflexa e consciente é possível conduzir a análise subjetiva em profundidade e descobrir que o outro, enquanto empatizado, está já contido em mim, conforme o que Husserl indica na Quinta das suas *Meditações cartesianas*, oportunamente Husserl e também a Stein na sua Dissertação colocam em relevo que o outro tem em relação a mim uma função "especular". De fato, é uma indispensável ajuda para o nosso "autoconhecimento", consente em desenvolver o que em nós está adormecido e torna claro o que somos ou o que não somos no que se refere à relação com os outros e, portanto, conduz também a uma "autoavaliação".

Para chegar, porém, a esse nível, é necessário encontrar o significado de alguns atos que constatamos presentes, seja em nós ou nos outros, os atos avaliativos, que requerem uma tomada de posição diferente da espontânea e da instintiva. Entramos no âmbito das vivências que são ligadas à "motivação", isto é, não a uma relação de "causalidade" psicofísica, nem a uma simples recíproca "reação", mas submetidos a uma avaliação, a uma mediação, que indica uma ulterior capacidade do ser humano, a de "poder" exercitar a sua liberdade. Entramos, portanto, no âmbito que se define tradicionalmente espiritual e pessoal, no qual se manifesta mais propriamente o núcleo individual que caracteriza cada ser humano.[87]

Os três momentos constitutivos do ser humano são, de tal modo, apreendidos na relação recíproca através do instrumento de entropatia. O

87 HUSSERL, E. *Idee*, v. II.

que caracteriza o modo específico do ser humano é o seu ser psicofísico, mas sobretudo o seu ser espiritual. Se a biologia estuda a constituição física e a psicologia a relativa aos atos psíquicos, são as ciências do espírito que, analisando as expressões humanas, consentem em identificar a sua especificidade, por exemplo em relação ao mundo animal. Se a entropatia está presente em seres dotados só de psique, em máximo grau se realiza entre seres que são também espirituais, sempre através do *medium* da corporeidade vivente animada.

Introduz-se, nesse momento, a constatação da presença de uma *Vergemeinschaftung*, ou seja, do constituir-se uma comunidade, que é o momento primeiro e também o mais elevado do processo de associação humana.[88] A comunidade (*Gemeinschaft*), de fato, como o lugar de realização das singularidades humanas, cuja vida é conduzida em solidão, é só uma abstração. A solidão eremítica também tem sentido em função de uma comunidade espiritual que supera o tempo e o espaço. As comunidades humanas com as suas características culturais, mesmo se muito diferenciadas, se identificam como possessoras de diversas *Weltanschauung*, visões de mundo, que são expressões da criatividade humana e que não devem e não podem ser ignoradas e desprezadas, mas que são reconduzíveis a algumas estruturas fundamentais e é isso o que permite a comunicação e o diálogo.

4.4. A antropologia fenomenológica

Do que foi indicado acima emerge a delineação de uma antropologia filosófica extraída por meio da investigação fenomenológica.

Para Husserl, o termo "antropologia" deve ser considerado em modo negativo. Isso é percebido de maneira explícita por meio de uma conferência sobre o tema da *Fenomenologia e antropologia* que ele apresentou junto à Sociedade kantiana nas cidades de Frankfurt, Berlim e Halle em

88 Ver os textos dedicados ao *Gemeingeist*, contidos no V. II de *Zur Phänomenologie etc.*, n. 9 e 10.

1931.[89] Como nas conferências o pensamento de quem expõe é expresso sinteticamente nas linhas essenciais, essas apresentam vantagens e desvantagens para a compreensão de uma posição filosófica na sua totalidade; por um lado, de fato, são úteis para apreender alguns núcleos, por outro, talvez por causa da excessiva esquematização, não permitem exaurir todos os aspectos presentes da teorização de um pensador, ainda que se possa colher algumas ideias fundamentais.

No início do seu ensaio, Husserl reconhece que na geração mais jovem se manifesta um interesse pela antropologia filosófica, mas aquela proposta pela "filosofia da vida" de Dilthey contra a qual ele polemizou desde o famoso artigo *A filosofia como ciência rigorosa* (1910-11),[90] acusando-a de relativismo, e nota que a influência diltheyana está presente também nos jovens fenomenólogos. Talvez aqui leve em conta a explícita referência a Dilthey de Heidegger em *Ser e tempo*? Isso parece confirmado pela afirmação husserliana segundo a qual, enquanto a fenomenologia tinha nascido em oposição ao antropologismo e ao psicologismo, no projeto de Heidegger vale o contrário, parece, de fato, que a filosofia fenomenológica deve ser inteiramente reconstruída a partir do "ser humano" (*menschlichen Dasein*).[91] Compreendemos também, através dessa afirmação, a razão do contraste entre os dois filósofos e da ruptura das suas relações intelectuais e humanas. A coisa interessante é que a acusação de antropologismo já tinha sido feita por Heidegger a Husserl, como veremos; é oportuno, portanto, esclarecer a situação.

Na conferência há pouco citada, na realidade, Husserl aproxima a antropologia filosófica, contra a qual polemiza, tanto ao antropologismo quanto ao psicologismo, onde os "ismos" indicam uma absolutização arbitrária e, portanto, um desvio em relação a uma reta investigação. Se a polêmica vai

---

89 HUSSERL, E. *Phänomenologie und Anthropologie.* In: *Aufsätze und Vorträge* (1922-1937), Husserliana, v. XXVII.

90 *Idem*, *Philosophie als strenge Wissenschaft.* In: *Aufsätze und Vorträge* (1911-1921), Husserliana, v. XXV [Trad. COSTA, F. Pisa: Edizioni ETS, 1990].

91 HEIDEGGER, M. *Essere e tempo.* Trad. CHIODI, P. Milão: Bocca, 1953, cap. 5, § 77.

contra Heidegger, todavia, é voltada também, como já tinha acontecido na *Filosofia como ciência rigorosa*, contra a tentação de entregar o exame do ser humano à psicologia. A tudo isso Husserl contrapõe uma investigação filosófica que tenha como núcleo a dimensão transcendental.

Visto o ambiente no qual a conferência é pronunciada, poder-se-ia interpretar o uso do termo "transcendental" como uma abertura em relação à posição kantiana; ao contrário, o filósofo ao qual faz-se referência é, no mais, Descartes, em relação ao qual se evidencia a proximidade e contemporaneamente a distância. A relação com Descartes é constante a partir do primeiro volume das *Ideias,* é aprofundada nas *Meditações cartesianas* e será retomada nas conferências de Viena e de Praga de 1934, que construirão o núcleo da *Crise* – para citar só as obras editadas mais conhecidas.

Descartes é considerado o iniciador da virada filosófica da idade moderna, aquela que conduz a estabelecer um novo ponto de partida da filosofia na subjetividade, ou melhor, na esfera egológica. Todavia, numerosas são as distinções propostas por Husserl em relação à análise cartesiana do ego. Se ele compartilha o ponto de partida, pode-se afirmar que nem o procedimento seguido para alcançá-lo e nem os resultados obtidos pelo filósofo francês são aceitos por Husserl. Em primeiro lugar, como já indicado anteriormente, ele apresenta uma profunda distinção entre a sua posição e a dúvida cartesiana que, colocando em dúvida a existência do mundo, ultrapassa o que está dentro das possibilidades do ser humano – o mundo não pode ser negado, é tão presente na sua existência que não pode ser colocado em dúvida, eventualmente pode somente ser colocado entre parênteses e Husserl recorda ao matemático Descartes que tudo o que é colocado entre parênteses "vive" entre parênteses.

A *epoché*, portanto, é só uma mudança de atitude que, da ingenuidade da aceitação natural de tudo o que vem ao nosso encontro, conduz a mudança de perspectiva que caracteriza a abordagem teorética da filosofia ocidental. E o que permanece não é o ser humano na sua solidão, mas a solidão do ego transcendental prontamente preenchida, como nos recordará na Quinta *Meditação cartesiana*, pela presença do alter-ego.

Então, o que é o ego transcendental? Se for bem entendido, segundo Husserl, ele é tal que se deve supor a objeção radical, que consiste em dizer que o eu, ou seja, esse ser humano (*Mensch*), exercita a metódica da tomada de posição transcendental e, de tal modo, retorna ao seu puro ego; então o eu não é nada mais que um nível abstrato do ser humano concreto, o seu puro espírito, pois é abstraído do corpo e isso era afirmado por Descartes. Mas quem fala assim recai em uma atitude ingênua e natural e o seu pensamento se move no terreno do mundo pré-dado ao invés de permanecer no âmbito da *epoché:* considerar-se como ser humano, nisso consiste a pressuposição da validade do mundo. Através da *epoché* torna-se claro que é o ego aquele em cuja vida a apercepção de ser humano é mantida ao interno da universal apercepção do sentido de ser no mundo.[92]

A questão consiste, então, em perguntar-se se a redução ao ego elimina o *Mensch* como *Mensch in der Welt*, o ser humano como ser no mundo. Husserl se apressa em sublinhar, na conferência examinada aqui, que o mundo permanece o tema fundamental e não é eliminado, mas subtraído à "ingenuidade" do saber cotidiano. Nesse texto Husserl é grandemente empenhado em garantir a possibilidade de justificar a correlação entre o mundo e o sujeito, mais do que analisar a estrutura do ser humano que emerge, por outro lado, exatamente pelo aprofundamento da dimensão transcendental. Esse tema já tinha sido desenvolvido de maneira emblemática no V. II das *Ideias*, transcrito por Edith Stein, e é, então, a esse texto que é necessário referirmo-nos; dentre as obras editadas é, de fato, o texto mais emblemático para a delineação de uma antropologia filosófica.

Depois que a análise transcendental identificou a consciência como o lugar no qual se espelham todas as dimensões do sujeito, é possível descrever essencialmente uma série de vivências da consciência que remetem às estruturas "reais" do ser humano. O primeiro e o segundo volume das *Ideias* são, desse modo, interligados e devem ser lidos considerando esse fato. Se o primeiro procura dar as conotações do método e o âmbito da

92 HUSSERL, E. *Phänomenologie und Anthropologie*, p. 164.

análise, precisamente o âmbito da dimensão transcendental como lugar de desvelamento do sentido da realidade *quoad nos*, o segundo está voltado ao esclarecimento da constituição da natureza material, à qual pertence o corpo, a natureza animal caracterizada pela realidade psíquica e o mundo do espírito, ao qual pertence o eu pessoal.

É interessante notar como, depois de ter colocado entre parênteses todas as doutrinas tradicionais relacionadas ao ser humano, em um modo original não dedutivo, mas ostensivo, enfrenta-se a análise do fenômeno do ser humano recuperando e valorizando a sua tripartição em corpo, psique e espírito.[93]

A estrutura do ser humano pode ser mostrada iniciando do exame do próprio corpo, *Leib*, o qual não é em si um ponto de partida, mas é encontrado nas suas características a partir da presença das percepções como um ato vivido na consciência. Se a apreensão perceptiva pressupõe os conteúdos da sensação, os quais desempenham um papel necessário para a constituição dos esquemas, bem como para a constituição das aparições das próprias coisas reais, isso

> comporta todas as percepções, em todas as demonstrações fornecidas pela percepção (experiência) está presente o próprio corpo como órgão de sentido livremente móvel, enquanto totalidade livremente móvel dos órgãos de sentido e é por isso que, em virtude desse fundamento originário, qualquer coisa, qualquer realidade do mundo circunstante do eu, tem uma própria relação com o próprio corpo.[94]

Uma vez encontrado o corpo próprio, não se esperaria uma retomada do tema da consciência através do eu puro, mas Husserl procede nesse modo para recordar que a descrição nos seus traços essenciais é possível graças a tal capacidade do ser humano, descoberta através da reflexão que o fixa; portanto,

---

93 *Idem*, *Idee*, V. II.

94 *Ibidem*, p. 453.

> esse eu não é nem misterioso, nem místico, aliás, eu tomo a mim mesmo enquanto eu puro, tomo-me puramente como aquilo que na percepção é voltado para o percebido, no conhecer para o conhecido, no fantasiar para o fantasiado (...) Mais precisamente: o eu puro está em referência com os outros objetos em modos muito diferentes, dependendo do tipo de ato que realiza.[95]

Tais atos podem ser os do desejo, do amor, do ódio, da atração e da repulsa, da decisão na ação; além do mais, o ato do *fiat*, da vontade, e ainda os atos teoréticos de delinear um contexto temático, de estabelecer relações, de colocar um sujeito e um predicado, de tirar consequências. Encontrou-se, desse modo, uma estrutura transcendental *sui generis*, que consiste em passar à investigação do ser humano como natureza – o próprio corpo como portador de sensações localizadas – ou então o próprio corpo como atravessado pelas sensações de prazer, de dor, de bem-estar ou de desagrado, que constituem a base material, a base hylética para a constituição dos valores; portanto, com esse estrato se conectam as funções intencionais e os materiais assumem uma função espiritual.

Através do estrato de qualidades "reais" (base hylética) – enquanto se constituem em virtude de uma relação com circunstâncias reais no âmbito do real –, o próprio corpo se entrelaça com a psique; portanto, pode-se dizer que "a psique e o eu psíquico 'têm' um corpo próprio e, portanto, existe uma coisa material de uma natureza tal que não é mera coisa material, mas corpo próprio; a sua característica é aquela de ser campo de localização de sensações e de emoções do sentimento, enquanto complexos de órgãos de sentido, enquanto elemento fenomênico e contraparte de qualquer percepção de coisas, ou seja, uma porção fundamental do dado real da psique e do eu".[96]

Passamos, portanto, para outro estrato qualitativamente diferente da coisa material, vale dizer, a psique; mas o corpo próprio – seria melhor dizer o corpo vivente – é precisamente o entrelace desses dois momentos.

95 *Ibidem*, p. 494-495.

96 *Ibidem*, p. 551.

Alguns manuscritos de Husserl analisam, escavando ulteriormente na dimensão psíquica, o âmbito do instinto, que indica uma continuidade com o mundo animal, mas a distinção com tal mundo se encontra na função intencional e espiritual.[97]

Vimos acima que ao eu puro ligam-se também atos que são diferentes das tensões, dos impulsos das reações: esses são os atos voluntários, avaliativos e teoréticos que caracterizam a pessoa humana. Entra-se, de tal modo, na vida do espírito que não é "determinada", mas "motivada"; ela é a sede dos atos livres e das tomadas de posição racionais. Passividade e atividade se entrelaçam, mas a atividade é distintiva do ser humano "desperto", ou seja, a pessoa desperta teórica e eticamente.

O eu se comporta diante do mundo através de atos com os quais se coloca em condições de refletir, como faz quando, por exemplo, percebe-se como um eu pessoal, exatamente como qualquer outro pode fazer em relação aos mesmos atos, através da entropatia, ou seja, apreendendo esses atos como atos da pessoa em questão, por exemplo, falando dela, obviamente ciente, como de uma pessoa. Procede-se, portanto, a uma espécie de definição da pessoa que é tal, precisamente se tem representações, sente, avalia, persegue algo, age; e cada um desses atos pessoais está em relação com alguma coisa, com os objetos de seu mundo circunstante.[98]

Assumir uma atitude personalista em relação ao mundo circunstante significa assumir uma atitude valorativa e ética. Distante de ser algo artificial, essa é a atitude verdadeiramente "natural".[99] Trata-se de uma das poucas passagens em que o termo "natural" é utilizado de maneira positiva, pois geralmente Husserl o assimila ao uso que faz o positivismo no âmbito do naturalismo, por isso substitui o termo "natureza", usado, por exemplo, na filosofia medieval escolástica, por "essência". Será Edith Stein que, apropriando-se do vocabulário escolástico, dar-se-á conta de tal equivalência.

---

97 BELLO, A. Ales. *Human World - Animal world: an Interpretation of Instinct in some late Husserlian Manuscripts*, Husserliana, LXVIII (2000).

98 *Ibidem*, p. 582.

99 *Ibidem*, p. 579.

Com certeza a posição husserliana não é substancialista: tudo isso está longe do seu horizonte mental por uma série de razões: a sua formação científica, o seu aproximar-se da filosofia de maneira pessoal – se poderia dizer "ingênuo" –, a sua pertença ao mundo cultural luterano em polêmica com a filosofia medieval e pela sua repulsa da metafísica racionalista da idade moderna. Todavia, como já foi dito, ele foi introduzido à filosofia através de Brentano, ex-sacerdote católico, herdeiro da tradição medieval na área austríaca que permaneceu fiel à Igreja de Roma e defensor de uma filosofia rigorosa, ainda que aberta às novas instâncias da psicologia. Sempre Edith Stein afirma que tudo isso não é secundário para compreender a descrição "essencial" do ser humano proposta por Husserl, essencialidade que não tem um pano de fundo metafísico, mas que permite delinear o ser humano nas suas características próprias. O resultado, depois da *epoché* de todas as interpretações já mencionadas, na verdade, é a recuperação da tradição ocidental greco-cristã: a fenomenologia, enquanto filosofia fenomenológica, atraca em uma descrição que valoriza a tradição, mas faz isso seguindo um novo percurso.

Na antropologia filosófica husserliana – de fato já podemos usar essa expressão, mesmo que se refira certamente a uma antropologia delineada em terreno fenomenológico e, portanto, ostensivo e não especulativo – é dedicado grande espaço à dimensão ético-religiosa. Prevalentemente é conhecido o aspecto gnosiológico da investigação husserliana e, certamente, ele é fundamental como via para a solução de todos os problemas, mas ele não deixou de lado, sobretudo na sua investigação privada, os "problemas últimos e sumos" que define "metafísicos", como afirma em uma das suas obras mais importantes, as *Meditações cartesianas*.[100] A questão ético-religiosa liga-se à questão de Deus enfrentada em numerosos pontos da sua obra, como veremos em seguida. Parece-me oportuno citar esses aspectos da sua antropologia, da qual emerge um ser humano examinado em todas as suas

100 Para o estudo desse tema remeto ao meu ensaio "Fenomenologia e metafisica", In: *Seconda navigazione – Annuario di filosofia 2000, Corpo e anima – Necessità della metafisica*. Milão: Arnoldo Mondadori, 2000, p. 171-219; "Fenomenologia, ontologia e metafisica in Edith Stein". In: *Annuario Filosofico*, 32 (2016). Milão: Mursia, 2017.

potencialidades, não reduzido somente a algumas das suas dimensões, aberto aos outros – pense-se nas análises husserlianas sobre a intersubjetividade, mas poderíamos acrescentar, seguindo o que foi dito acima, a personalidade – e aberto ao Outro como justificação última da sua existência.[101]

A posição husserliana sobre a antropologia é valorizada e confirmada, como indicado acima, pelas objeções mesmas que Heidegger faz a Husserl, e também a Scheler, acomunado o último ao primeiro como alvo de críticas. No § 10 de *Ser e tempo* lê-se que a interpretação do ser humano como unidade de corpo-alma-espírito, exatamente a interpretação husserliana e scheleriana, é absolutamente insuficiente, pois não é possível conceber esse ser conjugando modos de ser como o corpo, a alma e o espírito que, além do mais, são assumidos como totalmente indeterminados no seu ser. Ademais, uma tentativa de investigação ontológica desse tipo seria forçada a supor uma ideia de ser do todo e acrescenta de maneira significativa que tal interpretação é ligada à orientação da antropologia greco-cristã, que conjugou a definição do ser humano como *animal rationale* com o ser e a essência de ordem teológica.

Nessa sede não interessa desenvolver o que Heidegger contrapõe, mas só evidenciar que, aquela que para ele era uma acusação, se revela como a conotação de fundo da antropologia proposta por Husserl.

5. Ética, Política e Religião

5.1. Ética, Teleologia e Política

Os manuscritos husserlianos contidos nos volumes II e III de *Zur Phänomenologie der Intersubjektivität* representam uma ulterior confirmação da estrutura da investigação *von unten*, que se revela específica

101 BELLO, A. Ales. "La questione di Dio nella prospettiva fenomenologica". In: *Dio e il senso dell'esistenza umana.* ROMERA, L. (ed.). Roma: Armando Editore, 1999; *Edmund Husserl, Pensar Deus, Crer em Deus*. Trad. GARCIA, di A. Turolo. FERNANDES, M. L.; GOTO, T. Akira (orgs.). São Paulo: Paulus, 2016.

do procedimento analítico husserliano, e, ao mesmo tempo, introduzem uma clara distinção entre comunidade (*Gemeinschaft*) e sociedade (*Gesellschaft*) e mostram a primeira dessas formas associativas como determinante para estabelecer uma conexão intersubjetiva.[102]

Husserl se refere explicitamente à distinção proposta pelo sociólogo Tönnies, evidenciando que a comunidade pode ter dois significados: um genérico, como a comunidade linguística, e outro baseado na vontade e no dever. Por exemplo, a família, entendida como comunidade natural, torna-se autêntica comunidade quando os seus membros se sentem reciprocamente responsáveis e são guiados pelo dever (*Pflicht, Sollen*), realizando, portanto, uma tomada de posição voluntária.

O momento ético que assim emerge não exclui, por um lado, a sua base natural, mas reforça-a; por outro, porque é "racional", supera o momento da naturalidade sem, todavia, anulá-la. O ponto crucial de superação da naturalidade é representado pelo "amor ético"; porém, ele se coloca para além da racionalidade do dever para abrir a estrada à dimensão religiosa. De fato, segundo Husserl, esse tipo de amor encontra a sua máxima realização no amor de Cristo, que ama o pecador e o inimigo transfigurando, de tal modo, qualquer amor humano, mesmo aquele entre os membros da família, entre os amigos, gerando uma autêntica comunidade de amor (*Liebesgemeinschaft*).[103] Naturalmente esse é um caso extremo, é o caso no qual se realiza uma unidade pessoal de maneira plena; por tal razão, ele se refere ao exemplo excepcional do amor de Cristo como máxima expressão da comunidade espiritual (*Gemeingeist*).

Há outras possibilidades de uma comunidade em sentido espiritual a nível puramente humano; isso ocorre quando se instaura entre as pessoas uma tal comunhão de intentos que a comunidade mesma pode ser considerada como uma "personalidade", um sujeito de operações comuns, mesmo sendo formada por uma multiplicidade de pessoas. Na comunidade assim entendida, que constitui a máxima expressão da união entre os

---

102 HUSSERL, E. *Zur Phänomenologie der Intersubjektivität*, II, p. 182.

103 *Idem*, *Ethische Liebe* (1921). In: *Zur Phänomenologie der Intersubjektivität*, II, n. 9, § 6.

sujeitos na dimensão humana, o indivíduo não só não perde a sua individualidade, mas é ajudado a realizar o seu ideal ético.

Esse ideal adquire uma conotação teleológica à medida que Husserl procede ao aprofundamento da análise sobre o destino da humanidade. A propósito disso, numerosos textos relativos aos anos 1930 confirmam a ideia de um mundo teleologicamente orientado e a ideia de uma comunidade intersubjetiva perfeita, mas disposta ao infinito (*im Unendlichen liegend*), à qual somente é possível aproximar-se considerando-a como ideia-guia; todavia, está sempre presente o risco da "queda", no sentido de regressão, que, em algum ponto, é definida por Husserl como "pecado".

A tensão ideal não faz esquecer, porém, a concreta dimensão existencial. Em primeiro lugar, à pergunta "o que é o mundo?" Husserl responde que é o mundo das coisas, no qual movo-me com a minha corporeidade, que me permite sentir, ver, tocar e manipular. Em segundo lugar, à pergunta "como é o mundo?" ele responde que é um mundo para nós e, partindo de nós, é um mundo com os outros, com os outros seres humanos, com as outras nações, com as outras classes sociais, com as outras supernações. Portanto, a humanidade se encontra em um tempo histórico, no tempo dessa vida.

Qual é, então, o tema da história? É o ser humano mesmo em um mundo humanamente configurado, na atualidade do seu ser presente, do seu mundo circunstante cotidiano, com a periodicidade dos dias e dos anos, com as suas ações, com as suas tomadas de posição, as circunstâncias. O ser humano, porém, vive em um contexto intersubjetivo, é também cidadão, é submetido às leis do Estado; essa é a razão pela qual, se o tema da história é o ser humano, o tema fundamental da história é o Estado.[104]

Internamente à *polis* pode-se distinguir um nível de vida privada, individual ou comunitária, e um nível de organização estatal que tem por

---

104 *Idem*, "Wissenschaft in der vorgegebenen (historischen) Welt. Ontische und historische Wissenschaft (Scienza nel mondo) (storico) predato. Scienza in senso ontico e storico (1931)". In: *Zur Phänomenologie der Intersubjektivität*, III. Tratei esse argumento em "Il recupero dell'intersoggettività per un mondo humano in E. Husserl". *Fenomenologia e società*, n. 3-4, 1978 e "Fenomenologia e política – Esposizione e analisi dei testi husserliani", *idem*, n. 12, 1986.

finalidade a segurança da *polis*, que torna possível a vida da comunidade política em relação aos outros Estados.

A dupla pertença do indivíduo à esfera privada e à pública torna-se sempre mais evidente quanto mais a ordem estatal adquire complexidade, distanciando-se de uma gestão ligada a normas consuetudinárias. Para compreender a situação histórica que está vivendo, o indivíduo deve conhecer, portanto, a gênese política do seu Estado e dos outros Estados. Precisamente por causa da complexidade da situação e da dificuldade da gestão, se delineia a necessidade de que alguém se dedique expressamente e exclusivamente à vida política.

O Estado se configura, então, como uma união realizada por intermédio do poder e do domínio, senhorio (*Herrschaft*), que não deve ser entendido em sentido negativo. Como na família – considerada por Husserl de maneira tradicional, segundo uma ótica patriarcal, poderíamos dizer – na qual o pai é senhor (*Herrscher*) e a mãe tem o poder de gerir a casa, assim também no vilarejo ou na união de vilarejos uma série de funcionários gere a coisa pública segundo uma escala hierárquica que obedece ao Estado.

É fortemente evidenciada por Husserl a distância entre a esfera privada e a esfera pública: o mesmo indivíduo pertence a ambas e, no segundo caso, de forma mais ou menos comprometedora, como simples cidadão ou como funcionário. A esfera privada é a esfera da liberdade individual, que é fortemente reivindicada pelo fenomenólogo. Portanto, se poderia avistar uma teorização que retoma alguns princípios fundamentais do liberalismo. O momento ético é aquele que regulamenta fundamentalmente as relações humanas; o jurídico-político é aquele que permite a segurança da vida associada. A insistência na necessidade de uma organização, da ordem e, portanto, do direito e do Estado não implica que o indivíduo desapareça ao interno da organização; poderíamos dizer o contrário, que a organização existe em função do indivíduo.

Todavia, o momento individual, mesmo sendo tão importante, não deve ser absolutizado e é justamente na insistência em relação à estrutura comunitária, caracterizada pelas relações éticas e intermédias entre o indivíduo e o Estado, que se encontra a originalidade da proposta husserliana.

5.2. A experiência religiosa e a pesquisa racional sobre Deus

Não está presente nos escritos de Husserl um tratado sistemático sobre o tema religioso, mas muitas das suas reflexões são dedicadas a esse argumento, quase sempre entrelaçadas com outras investigações; portanto, a sua posição é claramente delineada. Como a fenomenologia, e a husserliana em modo particular, é voltada prevalentemente à análise da interioridade, a experiência religiosa como experiência interior é bem entendida e apreendida na sua essencialidade.

Considero que um texto-chave para a compreensão da interpretação husserliana da experiência religiosa seja aquele contido nas *Anotações*, no § 51 das *Ideias I,* no qual emerge que a consciência, testemunha do fluir das vivências, manifesta uma finalidade, uma ordem que remete ao princípio de tal ordem, o qual, como por outro lado já Tomás de Aquino e Kant tinham indicado, não pode ser senão um princípio teológico, que é bem distinto do mundo e da transcendência do mundo em relação à consciência. Ora, se essa argumentação husserliana tem um sabor todo teorético, portanto, pode constituir, senão propriamente uma "prova" da existência do princípio, como será explicitado em seguida, ao menos uma reflexão sobre a relação imanência-transcendência, as observações que seguem abrem um âmbito novo e interessante de investigação. Nelas se diz não só que um Deus mundano é evidentemente impossível, mas que, admitida sem alguma dúvida a imanência de Deus na consciência absoluta - como veremos na sequência, essa característica de absoluta deve ser entendida exclusivamente como *quoad nos* -, essa imanência não pode ser concebida como imanência no sentido da *Erlebnis* (o que não seria menos absurdo).

Parece-me que esse é o núcleo da argumentação que consente em esclarecer a posição husserliana. Em primeiro lugar, Deus é imanente à consciência, mas tal imanência não tem nada em comum com aquela das vivências, por exemplo, a percepção, a recordação, a imaginação, a entropatia, e assim por diante, como vivências presentes na consciência, mas Deus não pode ser colocado no mesmo nível, pois se apresenta com os caracteres do absoluto *in se* e não *quoad nos*. Então, como compreender a "presença" de Deus? Nesse texto Husserl nos diz que deve existir na corrente de consciência outros modos de anunciar-se da transcendência, além daquele que dá vasão à constituição da realidade física, ou seja, aqueles modos através dos quais se constitui para nós o mundo físico e chega-se, portanto, a teorizar que também devem existir notícias intuitivas, com as quais o pensamento teorético poderia racionalmente tornar inteligível a potência unitária do suposto princípio teológico.

Particularmente significativo é o fato de que se trata de "intuições" que estão à base de um sucessivo desenvolvimento teorético e se poderia supor que tal desenvolvimento seja de caráter demonstrativo. Deixando a uma ulterior reflexão a investigação sobre a demonstração, pode-se identificar o sentido do núcleo que se poderia definir "religioso" de tais notícias intuitivas no § 58 do mesmo livro das *Ideias*, no qual indica-se dessa vez o paralelismo e não a subordinação entre o momento, que poderíamos definir, em modo amplo, como demonstrativo, e a modalidade da consciência religiosa, pois essa última também pode conduzir ao mesmo princípio, mesmo sendo em um motivo racionalmente fundamentado. Em primeiro lugar, faz-se referimento explícito aqui à consciência religiosa e evidencia-se a sua validade, introduzindo, porém, uma expressão que pode causar perplexidade. O que significa que ela manifesta um "motivo racionalmente fundamentado"?

Muitas passagens da análise husserliana permitem esclarecer esse ponto,[105] mas significativo é o fato de que tal esclarecimento encontra-se numa parte do Ms. transc. A V 21, *Amor ético – Teleologia – Ciência*, dedicada especialmente à relação teologia-ciência.[106] Com o termo "racional" Husserl entende, em primeiro lugar, o conhecimento direto do objeto, mas também

105 *Idem, Idee,* I, Seção IV, II.

106 Ms. A V 21, *Ethisches Leben – Theologie – Wissenschaft,* Breitnau, 28-XII-1924. Comentei esse texto em "Husserl – Sul problema di Dio" e em "Edmund Husserl. Cristo e il cristianesimo. Meditazioni filosofico-religiose". In: AA.VV. *Cristo nella filosofia contemporanea II. Il Novecento*. Cinisello Balsamo: Edizioni San Paolo, 2002.

aquele "mediado", que consiste em "vias indiretas racionais", que conduzem à existência e à peculiaridade do objeto individual, na medida em que ele está na conexão causal com outros já conhecidos, de maneira que podemos obter evidências definitivas e fundamentadas na experiência. Nesse caso, trata-se da fundamentação de juízos que se baseiam na visão experiencial e na evidência experiencial, os quais consentem apreender as coisas (*Sache*), as relações entre as coisas (*Sachverhalten*) e, ademais, as singularidades, as particularidades e as generalidades. No manuscrito em questão tudo isso serve para esclarecer o significado da ciência e se opõe à fé religiosa, a qual fundamenta-se na tradição, portanto sobre motivos que são definidos extra racionais, se por racionalidade se entende aquilo que está indicado acima.

Pode-se supor que, a esse ponto, no manuscrito exerce a sua influência uma referência à tradição hebraico-cristã vista na sua dimensão histórica, e não se apreende – todavia, como é previsto no próprio texto – a referência à "teologia natural". Por outro lado, entre consciência religiosa e teologia racional, parece existir para Husserl uma profunda conexão se, precisamente no § 58 das *Ideias*, lê-se a propósito do motivo racionalmente fundamentado, que o que interessa é que, conforme quanto é indicado por diversos grupos de similares fundamentações racionais para a existência de um ser "divino" extramundano, ele seria transcendente não só em relação ao mundo, mas também no que se refere à consciência absoluta.

A "potência do suposto princípio teológico" se manifesta, portanto, na consciência, mas com as suas peculiaridades, não redutíveis, portanto, nem à "consciência", nem ao mundo enquanto seria um "*absoluto*" *em um sentido totalmente diferente do absoluto da consciência,* como por outro lado seria um *transcendente em um sentido totalmente diferente* da transcendência do mundo. Aqui é preciso perceber a duplicidade do uso do adjetivo "absoluto" com referência à consciência e a Deus: no primeiro caso, o absoluto é relativo àquilo que experimenta o ser humano – absoluto para nós –, no segundo, trata-se do princípio que não depende de outra coisa.

Coloca-se, então, a questão da "consistência" das correntes de consciência que conduzem a Deus; o que quer dizer que são racionalmente motivadas? Que tipo de experiência impele para o princípio teológico, em que sentido é absoluto?

Poderíamos dizer que se trata de uma "teologia natural" a ser entendida em sentido etimológico, que emerge graças à investigação fenomenológica, a qual a coloca em evidência ao interno da consciência. Nesse sentido, compreende-se como os fundamentos racionais para a existência de um ser divino não são mais verdadeiramente "demonstrações" da existência de Deus. Deus está totalmente presente na consciência de que deve ser somente "evidenciado" e não "demonstrado".[107] Mas se se trata de um objeto particular, para o conhecimento do qual é necessária a evidência e a intuição, então como distinguir o conhecimento da divindade em relação ao conhecimento das outras coisas? Retorna, aqui, a questão da experiência: que tipo de experiência está à base das notícias intuitivas que conduzem a Deus?

Uma passagem da carta de Husserl a Rudolf Otto, mesmo sem resolver profundamente as dificuldades acima indicadas, parece fornecer uma pista de investigação. Se Otto, com a sua investigação sobre o sagrado,[108] segundo Husserl, tem o mérito de ter evidenciado a necessidade do estudo dos fenômenos religiosos, todavia, não desceu às profundidades do problema; de fato, falta uma evidenciação do momento essencial pelo qual seria indispensável o estudo das necessidades essenciais e das possibilidades essenciais da consciência religiosa e dos seus correlatos e, portanto, seria indispensável identificar uma tipologia essencial dos graus dos dados religiosos.

Que o tema das evidências religiosas esteja sob a atenção de Husserl é reconfirmado na carta a Przywara,[109] na qual descarta-se o teísmo da tradição escolástica e propõe-se a investigação do genuíno sentido fenomenológico de Deus. Przywara é imune de uma cansativa repetição de motivos, segundo Husserl, e a sua obra está em condições de sacudir aqueles

---

107 Da mesma opinião é também James G. Hart, "A Prècis of an Husserlian Philosophical Theology". In: *Essays in Phenomenological Theology*. LAYCOOK, Steven W.; HART, James G. (eds.). Albany: State University of New York Press, 1986.

108 Carta de Husserl a Rudolf Otto de 5 de março de 1919.

109 Carta de Husserl a E. Przywara de 15 de julho de 1932.

que, comodamente, se acomodam nos resultados adquiridos. De fato, o que ele admira é a reelaboração filosófico-teológica baseada em novos motivos fenomenológicos conduzida pelo pensador polonês.

Otto e Przywara representam, portanto, as duas vertentes do estudo do fenômeno religioso: aquele ligado às manifestações históricas de tal fenômeno e aquele que o examina sob o perfil filosófico e teológico. Em relação a ambos, Husserl parece sugerir a necessidade de retornar à consciência religiosa para examinar as fontes do fenômeno mesmo, para apreendê-lo na sua própria estrutura e essência. Na realidade, os dois estudiosos já se orientaram por essa estrada, e Husserl evidencia, de fato, as afinidades com o próprio método: enquanto ainda falta para o primeiro uma configuração fenomenológica no verdadeiro sentido da palavra, parece que o segundo tem se orientado validamente nessa direção.

O fato de que a experiência religiosa tenha uma conotação específica é reafirmado durante uma conversação com Eugen Fink, assistente de Husserl em Friburgo, ocorrida em 24 de novembro de 1921 e relatada nos seus pontos principais por Dorion Cairns.[110] Dado que todas as ciências, que não são reconduzidas ao terreno fenomenológico, são "abstratas", Husserl, no ato de indicar o significado da atitude fenomenológica, propõe exemplos retirados do conhecimento do mundo físico: "O que é uma mesa?" e do mundo humano: "O que é o ser humano?" e reconduz todos eles à análise dos atos de percepção de fantasia, de recordação e assim por diante, que estão na base de tais conhecimentos, concluindo que a estrutura intencional dos atos nos dois casos parece a mesma, mas reconhecendo que, na realidade, o núcleo ôntico "ser humano" é mais complicado do que aquele referente à mesa. A essa altura, a conversação se desloca sobre questões religiosas e essa extensão não parece arbitrária, pois se trata de "questões últimas". Husserl lembra que à idade de 13 ou 14 anos estava muito interessado no problema da existência de Deus em modo não "confessional". Para entender isso não podemos esquecer a sua conversão do

110 CAIRNS, D. *Conversation with Husserl and Fink*. Phaenomenologica, v. 66. Haia: M. Nijhoff, 1976, p. 46.

hebraísmo ao protestantismo e o seu desejo expresso diversas vezes[111] de ir além das questões confessionais, o que, porém, não se conforma completamente com algumas tomadas de posição em favor do cristianismo, como falaremos na sequência.

Mas permanecendo nesse terreno que foi definido como "teologia natural", Husserl prossegue, colocando a questão da experiência religiosa nos termos da expressão "histórica" das religiões. Em relação a elas, ele observa que, progressivamente, passa-se de muitos deuses a um só Deus, o qual torna-se sempre mais "tênue" e é concebido "fora" do mundo, mas considera que os conceitos de "dentro" e "fora" são sempre conceitos "mundanos" relativos a uma atitude natural e ingênua, portanto, não fenomenológica – também Deus entendido como princípio do bem é ainda essencialmente "mundano" – e afirma que só quando se entende a natureza da consciência transcendental, pode-se entender a transcendência de Deus. Então, todas as religiões são ingênuas e ininteligíveis, mas se são investigadas fenomenologicamente, se descobre a sua validade; e conclui que as questões ético-religiosas são, em última análise, questões concernentes à constituição fenomenológica.[112]

Husserl dá início, desse modo, a um programa de investigação que não desenvolve pessoalmente, mas que é recolhido, em primeiro lugar, por Gerardus van der Leeuw, de maneira especial na sua *Fenomenologia da religião* (1936). A análise fenomenológica, partindo das formações históricas, retorna às vivências que as determinaram. Nasce, assim, a fenomenologia da religião como doutrina "nova", seja em relação à história das religiões ou em relação à teologia em sentido tradicional.

Podemos nos perguntar, então, qual é a noção da divindade que Husserl parece extrair do terreno fenomenológico. A tal propósito, os termos que devem ser examinados são os de "teleologia" e de "mônada suma", que permitem estabelecer uma analogia entre o ser humano e Deus. As

---

111 Carta de Husserl a R. Otto, p. 3.

112 CAIRNS, D. *Op. Cit.*, p. 46-47.

correntes de consciência, as quais conduzem às evidências últimas, falam de uma afinidade substancial entre teleologia descoberta ao interno da consciência e a divindade, assim como, em relação aos seres humanos entendidos como "mônadas" por causa da sua individualidade, se delineia a possibilidade de uma Mônada Suma divina.

Inserem-se nessa linha de investigação alguns textos dos anos 1930 dedicados à teleologia, que é indicada como "*forma de todas as formas* na qual a subjetividade se encontra" e acrescenta: "denominei a teleologia como forma de todas as formas, como isso deve ser entendido? (...) É para nós última, mesmo que é primeira em si mesma; é necessário que indiquemos todas as formas na sua inteira universalidade, é necessário que a totalidade seja acessível já como totalidade em seu inteiro sistema de formas particulares, para que a teleologia se manifeste como aquilo que constitui todo o ser na sua totalidade concretamente e individualmente, como aquilo que, no fundo, o torna possível e, por isso, realizável".[113] Para compreender em que modo a teleologia se manifesta em todo o ser concretamente e universalmente, é necessário completar a leitura do trecho, no qual declara-se que o mundo e o indivíduo não seriam possíveis se não se remontasse fenomenologicamente "aos fatos originários da hyle". Essa expressão que se apresenta enigmática em uma primeira leitura, na realidade, se enquadra na correlação profunda e nunca separável entre *fato* e *eidos*, ou seja, entre facticidade e essencialidade.[114]

Husserl substitui a correlação essência-existência, aquela de essência-fato, mas isso porque aceita a indicação positivista entre fatualidade e existência. Como, porém, mostra-se insatisfeito com o primado atribuído pelos positivistas à concretude existencial como fatualidade, considera, ao contrário, como fundamental o momento da essência. Mas os fatos

---

113 BELLO, A. Ales. *Teleology as 'Form of all Forms' and the Inexorability of Research*, Husserliana, v. IX. Dordrecht: Reidel, 1981. Tratei sobre a questão da relação história-teleologia no meu livro *Husserl e la storia*. Parma: Nuovo Quaderni, 1972, também em *Pensar Deus, Crer em Deus, cit.*

114 HART, J. *Op. cit.*, p. 129.

originários, os hyléticos, descobertos no início da subjetividade humana através da investigação transcendental, constituem um material *sui generis* não eliminável; aliás, "o fato como vertente de valores reais e possíveis coloca a questão do seu 'fundamento'", como escreve Husserl nas *Ideias*.

A hylética não deve ser entendida como matéria em sentido tradicional – como já foi dito, mas é útil lembrar. Trata-se, no mais, de analisar o âmbito das sensações: as quais são localizadas a nível corpóreo e de sentimentos sensoriais, tais como as sensações de prazer e de dor, de sentido de bem-estar, que atravessa e preenche todo o corpo, de desconforto, que deriva de uma indisposição corpórea, como foi indicado precedentemente. É essa a esfera que Husserl, com uma palavra antiga, mas com significado novo, denomina como base hylética, enquanto essas sensações formam a base da vida do desejo, da vontade, da avaliação. Por exemplo, as sensações de tensão e de relaxamento de energia, as sensações de inibição interna, de paralisia, de liberação recobrem o papel de materiais para os atos avaliativos, para as vivências intencionais na esfera do sentimento; por isso, ele conclui que a inteira consciência de um ser humano é em um certo modo ligada ao seu corpo precisamente através da sua base hylética.[115]

Levando em consideração o significado da dimensão hylética, podemos compreender em que sentido Husserl se refere aos fatos originários da hyle tomados no modo mais amplo, afirmando que "sem eles nenhum mundo seria possível e nenhuma subjetividade seria totalmente transcendental" e, portanto, precisamente seguindo o fio condutor da subjetividade transcendental "total" – indicada em outras passagens como mônada suma –, se

---

115 HUSSERL, E. *Idee*, II, cit., § 36. Pela relevância que a hylética pode ter na compreensão da dimensão sagrada-religiosa, remeto a alguns dos meus artigos: "Hyle, Body, Life: Phenomenological Archeology of the Sacred". In: *Analecta Husserliana*, v. LVII. TYMIENIECKA, A. T. (ed.). Dordrecht: Kluwer, 1998; "La 'Potenza' e il male. Archeologia fenomenologica del sacro e del religioso". *Dialeghestai*, Rivista telematica di filosofia, 1, 1999; "L'incarnazione nella prospettiva hyletica fenomenologica". In: AA.VV. In: *Incarnation*. OLIVETTI, M.M. Pádua: Biblioteca dell'Archivio di Filosofia, CEDAM, 1999; "The Space of Goddess. A Phenomenological Excavation in Archaic Sacrality". Recherches Husserlianas, 13. Bruxelas, 2000; "Teologia filosofica e hyletica fenomenologica: intersoggettività e impersonalità". In: AA.VV. *Intersubjectivité et thèologie philosophique*. OLIVETTI, M.M. Pádua: Biblioteca dell'Archivio di Filosofia, CEDAM, 2001.

pergunta: "Estando assim as coisas se pode dizer que essa teleologia, com a sua facticidade originária, tem a sua fundamentação em Deus? Chegamos às últimas 'questões de fato'" – às questões de fato originárias, às últimas necessidades, às necessidades originárias.[116] A teleologia, que informa sobre si mesma a facticidade, remete a Deus, o qual encerra e cria todas as coisas.

Com vestígios que lembram a leitura das obras de Fichte, Husserl enfrentava em 1922 essa temática, usando o instrumento teórico da pergunta:

> É possível um Eu que compreende todos os egos, que encerra em uma vida tudo aquilo que se constitui temporalmente, portanto, também todas as formações de todos os egos, todos os egos mesmos, enquanto eles são constituídos por si mesmos? Um Eu, que experimenta a natureza e o mundo, constituídos em comum em todos os egos finitos, com os olhos desses egos, que tem em si todos os seus pensamentos, que age internamente a todos como um eu – que 'cria' a natureza e o mundo no sentido da ideia do bem?[117]

Tais afirmações induziram a pensar que Husserl teorizasse uma espécie de panteísmo; na realidade, ele sempre indicou a transcendência de Deus, mas o tipo de transcendência que não exclui a imanência, ou seja, a presença de Deus nas coisas, contemporaneamente à sua irredutibilidade a elas. Aliás, entender Deus como o Eu significa dar a Ele a conotação pessoal e isso se encaixa muito bem na concepção teísta, à qual, por outro lado, Husserl aderia sob o perfil da sua fé religiosa.

É o teísmo da tradição hebraico-cristã que lhe dita as comovidas palavras contidas no texto acima indicado, dedicado ao "amor ético", que toma sobre si o pecado do outro, ou seja, o infinito amor de Cristo por todos os homens e ao amor humano em geral, que o cristão deve suscitar em si e sem o qual não pode ser um verdadeiro cristão.

---

116 *Idem*, "Teleologie" (Teleologia). In: *Zur Phänomenologie der Intersubjektivität*, III, n. 22.

117 *Idem*, "Möglichkeit der Verschmelzung von Monaden. Möglichkeit einer göttlichen Übermonade" (Possibilidade da fusão das mônadas. Possibilidade de uma mônada divina suma). In: *Zur Phänomenologie der Intersubjektivität*, II, Beilage XLI, p. 302.

No pano de fundo da sua especulação permanece potentemente a adesão a um Deus pessoal que preenche a espera do ser humano, ou melhor, dos seres humanos em uma síntese profunda de amor. Então, é na evidenciação das correntes da consciência que conduzem a Deus que é preciso escavar para encontrar o núcleo da experiência de Deus e, portanto, também da teorização da sua presença, da sua existência e da sua disponibilidade e benevolência. Pode-se, talvez, arriscar uma leitura dos seus textos, segundo a qual se trata de "sentir" que Deus está próximo porque está dentro, na interioridade humana; então, mais do que demonstrar a existência procedendo com "provas" teoréticas, é necessário "seguir" o fio condutor das correntes de consciência, e o teleológico é um potente instrumento de abertura e de saída de si ao Outro.

A imanência de Deus na consciência é, primeiramente, de caráter existencial-religioso e, depois, pode-se instaurar uma reflexão que indique a inevitabilidade da sua existência como fundamento da facticidade. Tudo isso induziu J. Hart a encontrar uma convergência com a tradição platônico-agostiniana e, até mesmo, com o misticismo ocidental, sempre protendido a declarar que o divino é o centro de todas as consciências e de todas as almas e se revela como essencialmente pessoal. Não me parece que podem existir explícitas ligações com a mística, vista por Husserl com uma certa suspeita, mas a presença na alma de um Deus pessoal, que estabelece com a criatura uma ligação de amor e que lhe indica o fim ao qual tender, é indubitavelmente central em relação ao que Husserl sente e conhece da divindade.[118]

---

118 Para uma visão complexiva do problema de Deus na escola fenomenológica, remeto ao meu "Dio nella prospettiva fenomenológica". In: AA.VV. *Dio e il senso dell'esistenza umana.* ROMERA, L. Roma: Armando, 1999. Para a relação de Husserl com a mística, remete-se ao § 4 do tratado relativo a Edith Stein (*infra,* p. 165 e seguintes). Para uma explicitação dos temas tratados nesse parágrafo, ver o meu *Edmund Husserl - Pensare Dio. Credere in Dio.* Pádua: Il Messaggero di Pádua, 2005.

BIBLIOGRAFIA

Obras de Husserl

Husserliana I

Cartesianische Meditationen und Pariser Vorträge, a cura di S. Strasser. Haia: Martinus Nijhoff, 1973.

Husserliana II

Die Idee der Phänomenologie. Fünf Vorlesungen, a cura di Walter Biemel. Haia: Martinus Nijhoff, 1973.

Husserliana III

Ideen zu einer reinen Phänomenlogie und phänomenlogischen Philosophie. Erstes Buch: Allgemeine Einführung in die reine Phänomenologie, a cura di Walter Biemel. Haia: Martinus Nijhoff, 1950.

Husserliana III-I

Ideen zu einer reinen Phänomenologie und phänomenologischen Philosophie. Erstes Buch: Allgemeine Einführung in die reine Phänomenologie 1. Halbband: Text der 1.-3. Auflage – Nachdruck, a cura di Karl Schuhmann. Haia: Martinus Nijhoff, 1977.

Husserliana III-II

Ideen zu einer reinen Phänomenologie und phänomenologischen Philosophie. Erstes Buch: Allgemeine Einführung in die reine Phänomenologie, 2. Halbband: Ergänzende Texte, (1912-1929), a cura di Karl Schuhmann. Haia: Martinus Nijhoff, 1988.

Husserliana IV

Ideen zu einer reinen Phänomenologie und phänomenologischen Philosophie. Zweites Buch: Phänomenologische Untersuchungen zur Konstitution, a cura di Marly Biemel. Haia: Martinus Nijhoff, 1952.

Husserliana V

Ideen zu einer reinen Phänomenologie und phänomenologischen Philosophie. Drittes Buch: Die Phänomenologie und die Fundamente der Wissenschaften, a cura di Marly Biemel. Haia: Martinus Nijhoff, 1971.

Husserliana VI

Die Krisis der europäischen Wissenschaften und die transzendentale Phänomenologie. Eine Einleitung in die phänomenologische Philosophie, a cura di Walter Biemel. Haia: Martinus Nijhoff, 1976.

Husserliana VII

Erste Philosophie (1923/4). Erste Teil: Kritische Ideengeschichte, a cura di Rudolf Boehm. Haia: Martinus Nijhoff, 1956.

Husserliana VIII

Erste Philosophie (1923/4). Zweiter Teil: Theorie der phänomenologischen Reduktion, a cura di Rudolf Boehm. Haia: Martinus Nijhoff, 1959.

Husserliana IX

Phänomenologische Psychologie. Vorlesungen Sommersemester 1925, a cura di Walter Biemel. Haia: Martinus Nijhoff, 1968.

Husserliana X

Zur Phänomenologie des inneren Zeitbewussteseins (1893-1917), a cura di Rudolf Boehm. Haia: Martinus Nijhoff, 1969.

Husserliana XI

Analysen zur passiven Synthesis. Aus Vorlesungs- und Forschungsmanuskripten, 1918-1926. [Analyses of passive synthesis], a cura di Margot Fleischer. Haia: Martinus Nijhoff, 1966.

Husserliana XII

Philosophie der Arithmetik. Mit ergänzenden Texten (1890-1901), a cura di Lothar Eley. Haia: Martinus Nijhoff, 1970.

Husserliana XIII

Zur Phänomenologie der Intersubjektivität. Texte aus dem Nachlass. Erster Teil. 1905-1920, a cura di Iso Kern. Haia: Martinus Nijhoff, 1973.

Husserliana XIV

Zur Phänomenologie der Intersubjektivität. Texte aus dem Nachlass. Zweiter Teil. 1921-28, a cura di Iso Kern. Haia: Martinus Nijhoff, 1973.

Husserliana XV

Zur Phänomenologie der Intersubjektivität. Texte aus dem Nachlass. Dritter Teil. 1929-35, a cura di Iso Kern. Haia: Martinus Nijhoff, 1973.

Husserliana XVI

Ding und Raum. Vorlesungen 1907, a cura di Ulrich Claesges. Haia: Martinus Nijhoff, 1973.

Husserliana XVII

Formale and transzendentale Logik. Versuch einer Kritik der logischen Vernunft, a cura di Paul Janssen. Haia: Martinus Nijhoff, 1974.

Husserliana XVIII

Logische Untersuchungen. Erster Teil. Prolegomena zur reinen Logik. Text der 1. und der 2. Auflage, a cura di Elmar Holstein. Haia: Martinus Nijhoff, 1975.

Husserliana XIX

Logische Untersuchungen. Zweiter Teil. Untersuchungen zur Phänomenologie und Theorie der Erkenntnis, a cura di Ursula Panzer, Halle 1901; rev. ed. 1922. Haia: Martinus Nijhoff, 1984.

Husserliana XX-I

Logische Untersuchungen. Ergänzungsband. Erster Teil. Entwürfe zur Umarbeitung der VI. Untersuchung und zur Vorrede für die Neuauflage der Logischen Untersuchungen (Sommer 1913), a cura di Ulrich Melle. Dordrecht: Kluwer Academic Publishers, 2002.

Husserliana XXI

Studien zur Arithmetik und Geometrie. Texte aus dem Nachlass (1886-1901), a cura di Ingeborg Strohmeyer. Haia: Martinus Nijhoff, 1983.

Husserliana XXII

Aufsätze und Rezensionen (1890-1910), a cura di B. Rang. Haia: Martinus Nijhoff, 1979.

Husserliana XXIII

Phäntasie, Bildbewusstsein, Erinnerung. Zur Phänomenologie der anschaulichen Vergegenwartigungen. Texte aus dem Nachlass (1898-1925), a cura di Eduard Marbach. Haia: Martinus Nijhoff, 1980.

Husserliana XXIV

Einleitung in die Logik und Erkenntnistheorie. Vorlesungen 1906/07, a cura di Ullrich Melle. Haia: Martinus Nijhoff, 1985.

Husserliana XXV

Aufsätze und Vorträge. 1911-1921. Mit ergänzenden Texten, a cura di Thomas Nenon and Hans Rainer Sepp. Haia: Martinus Nijhoff, 1986.

Husserliana XXVI

Vorlesungen über Bedeutungslehre. Sommersemester 1908, a cura di Ursula Panzer. Haia: Martinus Nijhoff, 1987.

Husserliana XXVII

Aufsätze und Vorträge. 1922-1937, a cura di T. Nenon e H.R. Sepp. Dordrecht: Kluwer Academic Publishers, 1988.

Husserliana XXVIII

Vorlesungen über Ethik und Wertlehre. 1908-1914, a cura di Ullrich Melle. Dordrecht: Kluwer Academic Publishers, 1988.

Husserliana XXIX

Die Krisis der europäischen Wissenschaften und die transzendentale Phänomenologie. Ergänzungsband. Texte aus dem Nachlass 1934-1937, a cura di Reinhold N. Smid. Dordrecht: Kluwer Academic Publishers, 1992.

Husserliana XXX

Logik und allgemeine Wissenschaftstheorie. Vorlesungen 1917/18. Mit ergänzenden Texten aus der ersten Fassung 1910/11, a cura di Ursula Panzer. Dordrecht: Kluwer Academic Publishers, 1995.

Husserliana XXXI

Aktive Synthesen: Aus der Vorlesung 'Transzendentale Logik' 1920/21 Ergänzungsband zu 'Analysen zur passiven Synthesis', a cura di Roland Breeur. Dordrecht: Kluwer Academic Publishers, 2000.

Husserliana XXXII

Natur und Geist: Vorlesungen Sommersemester 1927, a cura di Michael Weiler. Dordrecht: Kluwer Academic Publishers, 2001.

Husserliana XXXIII

Die 'Bernauer Manuskripte' über das Zeitbewußtsein (1917/18), a cura di Rudolf Bernet e Dieter Lohmar. Dordrecht: Kluwer Academic Publishers, 2001.

Husserliana XXXIV

Zur phänomenologischen Reduktion. Texte aus dem Nachlass (1926-1935), a cura di Sebastian Luft. Dordrecht: Kluwer Academic Publishers, 2002.

Husserliana XXXV

Einleitung in die Philosophie. Vorlesungen 1922/23, a cura di Berndt Goossens. Dordrecht: Kluwer Academic Publishers, 2002.

Husserliana XXXVI

Transzendentaler Idealismus. Texte aus dem Nachlass (1908-1921), a cura di Robin Rollinger e Rochus Sowa. Dordrecht: Kluwer Academic Publishers, 2003.

Husserliana XXXVII

Einleitung in die Ethik. Vorlesung Sommersemester 1920-1924, a cura di Henning Peucker. Dordrecht: Kluwer Academic Publishers, 2003.

Husserliana XXXVIII

Wahrnehmung und Aufmerksamkeit, a cura di Thomas Vongher e Regula Giuliani. Dordrecht: Springer, 2004.

Husserliana XXXIX

Die Lebenswelt. Auslegungen der vorgegebenen Welt und ihrer Konstitution, a cura di Rochus Sowa. Dordrecht: Springer, 2008.

Husserliana XL

Untersuchung zur Urteilstheorie. Texte aus dem Nachlass (1893-1918), a cura di Robin Rollinger. Dordrecht: Springer, 2009.

Husserliana XLI

Zur Lehre vom Wesen und die eidetischen Variation, a cura di Dirk Fonfara. Dordrecht: Springer, 2012.

Husserliana XLII

Grenzprobleme der Phänomenologie. Anlysen des Unbewusstseins und der Instinkte. Metaphysik. Späte Ethik, Texte aus dem Nachlass (1908-1937), a cura di Rochus Sowa e Thomas Vongher. Dordrecht: Springer, 2014.

DOCUMENTOS

Husserliana: Edmund Husserl Dokumente 1

Schuhmann, Karl, *Husserl-Chronik. Denk-und Lebensweg Edmund Husserls.* Haia: Martinus Nijhoff, 1977.

Husserliana: Edmund Husserl Dokumente 2

Fink, Eugen, *Cartesianische Meditation. Teil I: Die Idee einer transzendentalen Methodelehre, Teil II: Ergänzungsband*, a cura di G. van Kerckhoven, H. Ebeling e J. Holl. Dordrecht: Kluwer Academic Publishers, 1988.

Husserliana: Edmund Husserl Dokumente 3/1-10

Husserl, Edmund, *Briefwechsel*, a cura di Karl Schuhmann. Dordrecht: Kluwer Academic Publishers, 1994.

Husserliana: Edmund Husserl Dokumente 4

Spileers, Steven, *Husserl Bibliography*. Dordrecht: Kluwer Academic Publishers, 1999.

TRADUÇÕES EM LÍNGUA ITALIANA DAS OBRAS DE HUSSERL

Logica formale e trascendentale, tr. it. G. Neri. Bari: Laterza, 1966.

Idee per una fenomenologia pura e per una filosofia fenomenologica, tr. it. G. Alliney integrata da E. Filippini. Torino: Einaudi, 1976.

Fenomenologia: storia di un dissidio, 1927: Edmund Husserl, Martin Heidegger, a cura di R. Cristin. Milão: Unicopli, 1986.

La crisi delle scienze europee e la fenomenologia trascendentale, tr. it. E. Filippini. Milão: Il Saggiatore, 1987.

La psicologia fenomenologica, tr. it. Paolo Polizzi. Palermo: Ila-Palma, 1988.

Conferenze di Amsterdam: psicologia fenomenologica e fenomenologia trascendentale, a cura di P. Polizzi. Palermo: Ila-Palma, 1988.

Terza Ricerca, Quarta Ricerca, Quinta Ricerca, Sesta Ricerca, a cura di G. Piana. Milão: Il Saggiatore, 1988.

Storia critica delle idee, a cura di G. Piana. Milão: Guerini e Associati, 1989.

Kant e l'idea della filosofia trascendentale, tr. it. C. La Rocca. Milão: Il Saggiatore, 1990.

Lezioni sulla sintesi passiva, tr. it. V. Costa. Milão: Guerini e Associati, 1993.

L'idea della fenomenologia. Cinque lezioni, a cura di E. Franzini. Milão: Mondadori, 1995.

Esperienza e giudizio, tr. it. F. Costa e L. Samonà. Milão: Bompiani, 1995.

Libro dello spazio, a cura di Vincenzo Costa. Milão: Guerini e Associati, 1996.

Glosse a Heidegger, tr. it. C. Sinigaglia. Milão: Jaca Book, 1997.

Meditazioni cartesiane, tr. it. F. Costa. Milão: Bompiani, 1997.

Per la fenomenologia della coscienza interna del tempo (1893-1917), a cura di A. Marini. Milão: F. Angeli, 1998.

L'idea di Europa. Cinque saggi sul rinnovamento, a cura di C. Sinigaglia. Milão: Raffaello Cortina Editore, 1999.

Logica, psicologia, fenomenologia: gli Oggetti intenzionali e altri scritti, a cura di S. Besoli e V. De Palma. Genova: Il Melangolo, 1999.

La filosofia dell'aritmetica, a cura di P. A. Rovatti, tr. it. G. Leghissa. Milão: Bompiani, 2001.

Ricerche logiche, tr. it. G. Piana, Milão: Il Saggiatore, 2001.

La filosofia come scienza rigorosa, tr. it. F. Costa. Prefazione di G. Semerari. Roma: Laterza, 2001.

Lineamenti di etica formale, a cura di P. Basso e P. Spinicci. Florença: Le Lettere, 2002.

Idee per una fenomenologia pura e per una filosofia fenomenologia, a cura di V. Costa. Torino: Einaudi, 2002.

Lezioni di sintesi passiva, a cura di V. Costa. Brescia: La Scuola, 2016.

Meditazioni cartesiane e Discorsi parigini, tr. it. di A. Canzonieri, Intr. di V. Costa. Brescia: La Scuola, 2017.

Fantasia e immagine, a cura di C. Rozzoni. Soveria Mannelli: Rubbettino, 2017.

Il bambino. La genesi del sentire e conoscere l'altro. Texto tedesco a fronte. Traduzione. Prefazione, analisi del testo e commento di A. Ales Bello. Roma: Fattore Umano Edizioni, 2019.

Introduzione alla logica e alla teoria delle conoscenza, a cura di F. Buongiorno. Brescia: La Scuola, 2019.

MANUSCRITOS DE HUSSERL CITADOS

Grupo A

A V 14 Lebenswelt *einer geschlossenen Menschheit* (1933).

A VI 21 *Die Welt und die Kausalität – die induktive Ausserlichkeit. Induktive Erkenntnis* (1928, 1933).

A VII 14 Transzendentale *Aestetik* (1920, 1926).

A VII 20 *Möglichkeit der Ontologie* (1930).

AVII 21 *Lebenswelt, ihr Apriori* (1933).

Grupo B

B I 6 I *Tradition. Die Epoche von aller Tradition im Problem des Anfangs der Philosophie.*

B I 10 XIII senza titolo (1930-1932).

B I 21 I *Wissenschaft und Leben. Weg in die Philosophie von der Praxis her* (1918-1932).

B I 21 IV *Vielen Mythologien, viele Traditionen und eine Wissenschaft* (1924-1925).

B I 27 1) *Aufgabe der Klärung,* 2) *Unzugänglichkeit der positiven Wissenschaften; Idee der Wissenschaft* (1924-1926).

B I 33 Beilagen *zu den Vormeditationen: Warum selbst exacte positive Wissenschaften zu keiner Endgültigkeit führen können. Kritik der positiven Wissenschaften* Weg III (1922-1923).

Grupo C

C 13 III *Konstitution von Seiendem in Zeitmodalitäten eben des Seins; Konstitution von Gegenwart, Vergangenheit, Zukunft: von seiedem und Vor--seiendem; Wiedererkennen als Urfunktion der Zeitigung* (marzo 1934).

C 15 *Urassociation und Urzeitigung, zunächst in der hyletischen Kernsphäre behandelt* (senza data).

Cartas de Husserl citadas

- Para L. Levy-Bruhl do dia 11.3.1935.
- Para R. Otto do dia 5.3.1919.
- Para E. Przywara do dia 15.7.32.

LITERATURA SECUNDÁRIA CITADA

AA.VV. *La cosa stessa – Seminari fenomenologici*, a cura di SEMERARI, Giuseppe. Bari: Edizioni Dedalo, 1995.

BELLO, A. Ales. *Husserl e la storia, Nuovi Quaderni*. Parma: Casa Editrice, 1972.

______. *Husserl – Sul problema di Dio*. Roma: Studium, 1985.

______. *Husserl e le scienze*. Roma: La Goliardica Editrice, 1980, 1986².

______. *Culture e religioni. Una lettura fenomenológica*. Roma: Città Nuova, 1997 [*Culturas e Religiões. Uma leitura fenomenológica*. Trad. ANGONESE, A. Bauru: EDUSC, 1998].

______. *Edmund Husserl. Pensare Dio Credere in Dio*. Pádua: Edizioni del Messaggero di Pádua, 2005. [*Edmund Husserl, Pensar Deus, Crer em Deus*. Trad. GARCIA, A. Turolo; FERNANDES, M. L.; GOTO, T. Akira. São Paulo: Paulus, 2016; *The Divine in Husserl and Other Explorations*. Trad. CALCAGNO, A. Analecta Husserliana, v. XCVIII. Dordrecht: Springer, 2009].

______. *Il senso delle cose. Per un realismo fenomenológico*. Roma: Castelvecchi, 2013. [*O sentido das coisas. Por um realismo fenomenológico*. Trad. QUEROZ, J.J. e FERNANDES, M. L. São Paulo: Paulus, 2019; *The Sense of Things. Toward a Phenomenological Realism*. Trad. CALCAGNO, A. Analecta Husserliana. Dordrecht: Springer, 2015].

CAIRNS, D. *Conversation with Husserl and Fink*. Haia: Martinus Nijhoff, 1976.

DI PINTO, L. *Impronte kantiane in Edmund Husserl*. Bari: Cacucci Editore, 1988.

HART, James G. "A Prècis of an Husserlian Philosophical Theology". In: *Essays in Phenomenological Theology*. LAYCOOK, Steven W.; HART, James G. (eds.). Albany: State University of New York Press, 1986.

HEIDEGGER, M. *Sein und Zeit*. Tubinga: Max Neimeyer Verlag, 1972 [*Essere e Tempo*, a cura di P. Chiodi. Torino: Utet, 1969; Milão: Longanesi, 1985].

IVALDO, M. *Fichte e Leibniz – La comprensione trascendentale della Monadologia*. Milão: Guerini e Associati, 2000.

LEEUW, G. van der. *Phänomenologie der Religion*. J. C. B. Tubinga: Mohr (Paul Siebeck), 1936 [*Fenomenologia della relacione*. Trad. VACCA, V. Torino: Bollati Boringhieri, 1992].

SCHELER, M. *Der Formalismus in der Ethik und die materiale Wertethik. Neuer Versuch der Grundlegung eines ethischen Personalismus, Gesammelte Werke*. A cura di M. Scheler e M. Frings. Berna: Franke, 1954-1985 [*Il formalismo nell'etica e l'etica materiale dei valori*, a cura di G. Carosello. San Paolo: Cinisello Balsamo, 1996].

ARTIGOS EM REVISTAS E VOLUMES COLETIVOS

AA.VV. *Cristo nella filosofia contemporanea II. Il Novecento*. Cinisello Balsamo: Edizioni San Paolo, 2002.

______. *Intersubjectivitè et thèologie philosophique*, a cura di M. M. Olivetti. Pádua: Biblioteca dell'Archivio di filosofia, CEDAM, 2001.

BELLO, A. Ales. "Teleology as 'Form of all Forms' and the Inexaustibility of Research". In: *Analecta Husserliana*, v. IX. Dordrecht: Reidel, 1981.

______. "E. Husserl, Il mestiere del filosofo, Paradossi e antinomie del relativismo antropológico". *Rivista di Filosofia*, n. 11, 1989.

______. "Modernità e crisi. La lettura husserliana della nostra época". *Per la filosofia*, n. 18, 1989.

______. "Brentano e Fichte negli scritti 'minori' di E. Husserl". *Aquinas*, 33: 405-409, 1990.

______. "Hyle, Body, Life: Phenomenological Archeology of the Sacred". *Analecta Husserliana*, v. LVII, a cura di A. T. Tymieniecka. Dordrecht: Kluwer, 1998.

BELLO, A. "La Potenza e il male. Archeologia fenomenologica del sacro e del religioso." *Dialegesthai. Rivista telematica di filosofia*, n. 1, 1999.

______. "L'incarnazione nella prospettiva della hyletica fenomenologica". In: *Incarnation*, a cura di M. M. Olivetti. Pádua: CEDAM (Biblioteca dell'Archivio di Filosofia), 1999.

______. "Dio nella prospettiva fenomenologica". In: AA.VV. *Dio e il senso dell'esistenza umana,* a cura di L. Romera. Roma: Armando, 1999.

______. "The Space of the Goddess. A Phenomenological Excavation in Archaic Sacrality". *Recherches Husserliennes*, 13, Bruxelas, 2000.

______. "Teologia filosofica e hyletica fenomenologica: intersoggettività e impersonalità". In: AA.VV. I*ntersubjectivitè et thèologie philosophique*, a cura di M.M. Olivetti. Padova: CEDAM, 2001.

______. "L'altro, il diverso, l'estraneo. Accoglimento e ascolto nell'incontro fra le culture e le religioni". In: AA.VV. *Ascolto e accoglimento,* a cura di A. Dentone. Foggia: Bastoni, 2001.

______. "Edmund Husserl. Cristo e il Cristianesimo. Meditazioni filosofico-religiose". In: AA.VV. *Cristo nella filosofia contemporanea II. Il Novecento.* Cinisello Balsamo: Edizioni San Paolo, 2002.

______. *Fenomenologia e ciências humanas.* MAHFOUD, Miguel; MASSIMI, Marina (orgs.). Bauru, SP.: EDUSC, 2004.

______. "The Controversy about the Existence of the World in Edmund Husserl's Phenomenological School: A. Reinach, R. Ingarden, H. Conrad-Martius, E. Stein". In: TYMIENIECKA, Anna Teresa (ed.). *Analecta Husserliana*, v. LXXIX. Dordrecht, 2004.

______. *Introdução à Fenomenologia.* Bauru, SP.: EDUSC, 2006.

______. "Phenomenological Hyletics: the Animal, the Human, the Divine". In: *Analecta Husserliana*, v. XCIV. Dordrecht, 2007.

______. "A questão do sujeito humano na perspectiva fenomenológica". In: AA.VV. *Família, subjetividade, vínculos*. Paulinas: São Paulo, 2007.

______. "Intersubjectivity and social Life according to E. Husserl and E. Stein". Letônia, 2008.

BELLO, A. "La hyletica fenomenologica e il mondo della vita". Lecce: Segni e Comprensione, 70, 2010.

______. "Ontology and Phenomenology". In: POLI, R.; SEIBT, J. (eds). *Theory and Applications of Ontology – Philosophical Perspectives*. Dordrecht: Springer, 2010, cap. 14.

______. "Intrapersonale e interpersonale. Lineamenti di un'antropologia filosofico – fenomenológica". In: *L'avventura educativa – Antropologia, Pedagogia, Scienze*. Vaticano: LUP, 2013.

______. "L'Einfühlung fra Edmund Husserl e Edith Stein". In: SALATO, N. (ed.). *Fenomenologia dell'Einfühlung. Studi su Edith Stein* (*Le Forme del Discorso*, 7). Campobasso: Diogene Edizioni, 2016.

______. "Fenomenologia, ontologia e metafisica in Edith Stein". *Annuario Filosofico*, 32 (2016). Milão: Mursia, 2017.

______. "L'io e l'altro: genesi dell'entropatia. Dall'infante al bambino". In: BAPTIST, G.; BARIOGLIO, A. (eds.). *Chi sei? Sé, Soggetto, Persona*. Roma: Fattore Umano Edizioni: 2018.

______. "A questão de 'outro': Partindo de Edmund Husserl". In: MEDEIROS, M. B.; LESSA, F. (orgs.). *O gesto fenomenológico. Corpo, Afeto e Discurso na Clínica*. Rio de Janeiro: Edições IFEN, 2019, p. 37-51.

______. "As Contribuições da Fenomenologia 'clássica' de Edmund Husserl e de Edith Stein para a Fundamentação qualitativa das Ciências Humanas". In: BICUDO, M. A.; COSTA, A. P. (orgs.). *Leituras em Pesquisa Qualitativa*. São Paulo: Editora Livraria da Física, 2019.

HERING, J. "Bemerkungen über das Wesen, die Wesenheit und die Idee". *Jahrbuch für Philosophie und phänomenologische Forschung*, IV, 1916.

EDITH STEIN

O ser humano: corpo, psique, espírito

Na escola fenomenológica de Gotinga, Edith Stein (1891-1942) foi a que realizou a sua formação filosófica mais diretamente com Husserl. Depois de ter frequentado por quatro semestres disciplinas de psicologia e cultura germânica junto à Universidade de Breslávia, de 1911 a 1913, transferiu-se para Gotinga a fim de estudar a fenomenologia de Husserl e completar os seus estudos no âmbito da filosofia.

Em sua dissertação de láurea, elaborada sob a guia de Husserl referente ao tema da entropatia, ela aceitou o método proposto pelo mestre e o aplicou de maneira genial, sobretudo, considerando sua tenra idade, nas análises da relação intersubjetiva da experiência do outro. Por ocasião da publicação do texto, um ano depois da discussão ocorrida em 1916, Stein, já na condição de assistente de Husserl, teve a possibilidade de ter acesso aos manuscritos que iriam constituir, graças também ao seu trabalho de transcrição, o segundo volume das *Ideias*, publicado depois da morte de Husserl. Ela, que tinha se lamentado por ter sido obrigada a proceder na redação da sua tese sem a guia constante de Husserl, se dá conta de ter obtido sozinha os mesmos resultados que o mestre estava conseguindo desde 1905: a esta data, de fato, é possível fazer remontar os seus primeiros manuscritos sobre o argumento.[1] A propósito, ela reconhece que

1 HUSSERL, E. *Zur Phänomenologie der Intersubjektivität I*, Husserliana, V. XIII.

> (...) a importância do problema e o método do meu trabalho foram por completo amadurecendo através dos estímulos que recebi do Sr. Prof. Husserl, motivo pelo qual é extremamente discutível que aquilo que, nas discussões que seguem, eu possa reivindicar como minha 'propriedade espiritual'. Porém, posso dizer que os resultados que agora apresento foram alcançados com o meu trabalho. Não poderia mais afirmar isso se agora eu fizesse mudanças.[2]

De fato, é interessante notar que, se os resultados alcançados por Edith Stein são quase os mesmos em relação àqueles alcançados por Husserl, apesar da discípula ter procedido de maneira bastante autônoma; o método utilizado demonstra eficácia, pois consente em obter da análise, efetuada por pesquisadores diversos, descrições coincidentes.

Por enquanto, não constituem o objeto da investigação os resultados, mas o método. Nota-se que, de maneira clara, breve e eficaz, a jovem Stein indica as linhas fundamentais da investigação fenomenológica, fixando-se na "redução", como eliminação do que é duvidoso, do que já está consolidado em uma consciência científica e na experiência natural e, portanto, atuando, em última análise, a colocação do mundo físico e psicofísico fora do giro das análises, inclusive o indagador, enquanto sujeito em sentido psicológico.

De maneira muito aguda, apesar de sintética, Edith Stein discute a operação que consiste em colocar fora de circulação – suspender – a "situação da existência" (*Existenzsetzung*). Ela se dá conta de que a dificuldade reside em entender como é possível suspender o ato de colocar o ser e, ao mesmo tempo, conservar o caráter da percepção na sua plenitude, e supera tal dificuldade usando o exemplo da alucinação, que é válida quanto à percepção, apesar de não ser preenchida da existência real do objeto percebido; portanto, é possível "suspender" o juízo sobre a existência do mundo, como Husserl concedia a Descartes, para iluminar melhor os fenômenos que permitem conhecer o mundo. Entre tais fenômenos é fundamental a vivência particular, *Erlebnis,*

---

2 STEIN, E. *Zum problem der Einfühlung.* Halle: Buchdruckerei des Waisenhauses, 1917; Reimpressão, Munique: Kaffke, 1980, p. VI [*Il problema dell'empatia.* Trad. COSTANTINI, E. Roma: Studium, 1998², p. 66. Na sequência será citado *Empatia*].

que Husserl tinha identificado e que Edith Stein examina na sua dissertação, constituído pela experiência do outro, a entropatia (*Einfühlung*).[3]

Em todo caso, se trata sempre de uma consideração essencial: "Cada fenômeno é tomado, desse modo, como base exemplar com a finalidade de uma consideração sobre a essência".[4] Por outro lado, põe-se a questão que diz respeito a quem realiza essa operação; o sujeito empírico, psicológico pode, ou melhor, deve ser colocado entre parênteses, mas permanece sempre o sujeito da experiência vivida, ou seja, eu "(...) que considero o mundo e a minha pessoa como fenômenos, motivos pelos quais não é possível que sejamos cancelados ou colocados em dúvida tanto o eu como tampouco a própria experiência".[5]

Desse modo, Edith Stein discute e esclarece a relação entre o mundo, de maneira particular a questão da sua existência, e o sujeito, relação que foi analisada em um modo peculiar pela fenomenologia de Husserl. Nessa mesma linha de adesão ao mestre, permanecem também os outros dois ensaios importantes que ela publicou na revista dirigida por Husserl em 1922 e em 1925, aos quais faremos referência em seguida.

Em uma carta endereçada a Roman Ingarden, escrita dia 03 de fevereiro de 1917, Edith Stein tinha começado manifestar as suas perplexidades, ou melhor, as suas "heresias", como ela mesma as define, em relação ao mestre, sustentando entender a "constituição" em ruptura com o idealismo. Por isso, afirma que as premissas para a constituição de uma natureza evidente encontravam-se, por um lado, em uma natureza física absolutamente existente, por outro lado, em uma subjetividade com determinadas estruturas.[6] E no mesmo mês, na carta do dia 20, informa ao amigo de ter

---

3 Visto que o termo italiano *empatia* é abusado e seguidamente não corresponde àquilo que os fenomenólogos entendem com *Einfühlung*, prefiro, como já indiquei em relação a Husserl, o termo "entropatia", bem consciente de que todas as traduções italianas das obras de Stein por mim organizadas contêm "empatia"; esse vocábulo permanecerá presente nos títulos e nas citações relativas a Stein.

4 STEIN, E. *Empatia;* tr. it., p. 2.

5 *Ibidem*, p. 3.

6 *Idem*, *Briefe an Roman Ingarden* (1917-1938), Werke, v. XIV. Friburgo: Herder, 1991, p. 36-37 [*Lettere a Roman Ingarden* (1917-1938). Trad. COSTANTINI, E. Re-

confessado ao mestre as suas preocupações sobre o idealismo durante uma serena discussão de duas horas sem que um convencesse o outro; em todo caso, Husserl tinha se demonstrado disposto a examinar as objeções e tinha declarado ter que repensar profundamente a questão.

Nessas cartas, Edith Stein parece assumir como próprias algumas objeções levantadas pelos discípulos de Gotinga e do próprio Ingarden no tocante à relação entre idealismo e realismo. Emerge na primeira das duas cartas indicadas o problema da natureza física absolutamente existente, que parece remeter às críticas de Conrad-Martius, mas também a insistência sobre o tema fenomenológico da constituição e a referência a uma subjetividade que possui determinadas estruturas. Pode-se colocar, para uma interpretação global da sua posição, a tese segundo a qual, nos anos de assistência a Husserl em Friburgo, estão já presentes as linhas de fundo da posição autônoma de Edith Stein, e que o exame das estruturas da subjetividade encontrará o seu desenvolvimento exatamente nos ensaios de 1922 e 1925, enquanto a questão da existência de uma natureza física será retomada em *A estrutura da pessoa humana*, em *Potência e Ato* e nas suas obras da maturidade *Ser finito e Ser eterno*, na qual, porém, o tema da subjetividade não é eliminado, mas enfrentado com surpreendente fidelidade em relação ao mestre.

Se examinarmos, então, a questão do método fenomenológico, se observa que no ensaio de 1922, dedicado a Husserl para o seu sexagésimo aniversário, *Contribuições para uma fundamentação filosófica da psicologia e das ciências do espírito* – publicado, na verdade, três anos depois da ocorrência –, não só ela toca um tema caro ao mestre, mas declara seguir a configuração de fundo, ou melhor, desenvolver um aspecto da investigação husserliana e esperar pela aprovação do mestre.[7]

---

visão e integração de A.M. Pezzella, apresentação de A. Ales Bello. Vaticano: Libreria Editrice Vaticana, p. 34].

7 *Idem*, "Beiträge zur philosophischen Begründung der Psychologie und der Geisteswissenschaften". In: *Jahrbuch für Philosophie und phänomenologische Forschung*, v. V, 1922, p. 7. Tubinga: Max Niemeyer, 1970 [*Psicologia e scienze dello spirito. Contributi per una fondazione filosófica*. Trad. PEZZELLA, A.M. Apresentação de A. Ales Bello. Roma: Città Nuova, 1999²]. De agora em diante será citado como *Psicologia*.

Trata-se de retomar alguns temas desenvolvidos por Husserl no segundo volume das *Ideias*, evidenciando a consciência como corrente das vivências (*Erlebnisstrom*) e, portanto, de examinar o momento noemático e em qual sentido ele é correlato à consciência, assim como Husserl estava fazendo nas suas investigações sobre o tempo, reelaboradas, em grande parte, exatamente por Stein e publicadas postumamente sob o título *Para uma fenomenologia da consciência interna do tempo.*[8]

Em referência às *Ideias*, ela julga que Husserl tenha se voltado ao mundo do comportamento natural e tenha considerado como consciência toda a multiplicidade que constitui a unidade da consciência, seja em sentido noético ou em sentido noemático; por exemplo, como se constitui a realidade da natureza, enquanto experimentável por todos os indivíduos e também para um só e, ainda, como ela pode ser captada através de um processo de sombreamentos e, portanto, em que consistem as qualidades, os dados sensíveis e assim por diante. Certamente todos esses momentos noemáticos correspondem aos momentos noéticos da vida da consciência, mas é exatamente essa última que Edith Stein quer examinar.

Não nos encontramos diante de uma adesão somente formal ao método de Husserl, determinada pela circunstância na qual ocorre a publicação, pois todo o desenrolar-se da análise testemunha a aceitação das premissas metodológicas; por outro lado, o segundo ensaio de 1925, *Uma investigação sobre o Estado,* que completa o primeiro, estendendo a análise do indivíduo à comunidade e, portanto, a associação estatal, também permanece ligado à mesma configuração metodológica.

Os setenta anos de Husserl foi a ocasião para uma primeira declaração oficial do novo curso de pesquisas empreendido por Edith Stein sob o impulso da sua conversão ao catolicismo; com o enfrentamento crítico

---

Existe uma nova edição da obra in ESGA (*Edith Stein Gesammelte Ausgabe*) 6, organizada por B. Beckmann-Zöller. Friburgo: Herder, 2010.

8 HUSSERL, E. *Zur Phänomenologie des inneren Zeitbewusstseins* (1893-1917), Husserliana, v. 10. BOEHM, R. (ed.).

entre Husserl e Tomás de Aquino de 1929[9] inicia o vasto projeto de uma investigação teorética sobre as questões de fundo da especulação filosófica que envolve o pensamento grego, o medieval e o contemporâneo. Como se trata de uma comparação teórica, é possível, segundo a autora, aceitar qualquer sugestão. Não se quer voltar ao passado, apesar de reconhecer-se a validade das propostas filosóficas da Idade Média, mas se quer procurar a verdade e a fenomenologia contribuiu profundamente para essa busca.

Desse modo, Edith Stein não repudia a sua formação fenomenológica; quer utilizá-la, ao contrário, para desenvolver uma investigação mais ampla do que aquela que, no seu entender, desenvolveu Husserl; sente, de fato, a urgência de enfrentar as tradicionais questões metafísicas que o mestre não tinha ignorado, mas que não tinha tematizado pelo fato de que estava empenhado no aperfeiçoamento do método.

Ela se apropria de algumas teses de fundo que se encontram também em Conrad-Martius, como: a prioridade da redução à essência, a reivindicação do tema da existência, a questão do idealismo, mas tudo isso segundo sua particular prospectiva, se poderia dizer com menor aspereza em relação à sua colega, não só relativamente à forma das objeções, mas também no tocante à substância. Até mesmo na sua obra fundamental *Ser finito e Ser eterno* não se encontra um explícito distanciamento crítico em relação ao mestre; somente em algumas notas são indicados os motivos do distanciamento da sua posição. Todavia, isso não significa que há uma total coincidência com as teses de Husserl.

Retomando brevemente os temas acima indicados, pode-se constatar a influência de Conrad-Martius – declarada no Prefácio de *Ser finito e Ser*

9 O ensaio "Husserls Phänomenologie und die Philosophie des heiligen Thomas von Aquin. Versuch einer Gegenüberstellung". In: *Festschrift Edmund Husserls zum 70. Geburtstag* no volume especial do *Jahrbuch für Philosophie und phänomenologische Forschung*, 1929, dedicado a Husserl no seu septuagésimo aniversário ["La fenomenologia di Husserl e la filosofia di san Tommaso d'Aquino. Tentativo di confronto". Trad. BELLO, A. Ales. In: STEIN, E. *La ricerca della verità. Dalla fenomenologia alla filosofia Cristiana*. BELLO, A. Ales (ed.). Roma: Città Nuova, 1997²]; agora em ESGA 9, *Freiheit und Gnade und weitere Beiträge zu Phänomenologie und Ontologie* (1917-1937). BECKMANN-ZÖLLER, B.; SEPP, H. R. (orgs.). Friburgo: Herder, 2014, p. 119-133.

eterno por Stein –, mas com algumas importantes distinções. Partindo da análise da essência, Edith Stein julga ter identificado a essência da essência, que consiste não só no ser essencial, mas também no ser atual-real, nos seus objetos; essa duplicidade se esclarece quando a análise da essência se aprofunda, como tinha indicado Jean Hering, em que a essência tem uma função intermediária entre a essencialidade - cujo único ser é o ser essencial - e o mundo real-atual.[10] Para Husserl, segundo Stein, vale só o ser essencial e não é reconhecida a ligação com o momento atual-real: nisso consiste o seu idealismo.

Pode-se observar que ela julga o idealismo husserliano próximo à impostação neokantiana - a de Natorp, por exemplo –, mais do que a clássica de Fichte; de fato, não identifica o idealismo em Husserl ligando-o à centralidade do ego, mas à questão da idealidade do conteúdo cognitivo, ou melhor, no que diz respeito ao ego, a análise que ela conduz, sempre em *Ser finito e Ser eterno*, utiliza os critérios fundamentais indicados pelo mestre. O ego se identifica com o inteiro fluir das vivências e nisso consiste a sua vida, e o seu viver está no tempo, no sentido que procede de momento em momento.

A análise husserliana parece ter colocado em relevo, segundo a utilização que Stein faz da mesma, justamente a finitude do ego; por isso este pode ser um ponto de partida válido para examinar o próprio ego em relação à sua existência e formular sem dificuldades, aliás, em continuidade, a pergunta metafísica sobre a origem do ego, pergunta que Husserl não tinha ignorado, mas que tinha posto só de passagem.[11] Não por acaso, a esse respeito, Edith Stein nos recorda que também Heidegger, partindo da impostação fenomenológica, em *Ser e tempo,* descreve o eu como "jogado no ser" e diz isso "em modo excelente",[12] todavia, não enfrenta a questão da

10 STEIN, E. *Endliches und ewiges Sein. Versuch eines Aufstiegs zum Sinn des Seins*, Werke, v. II [*Essere finito e Essere eterno. Per una elevazione al senso dell'essere*. Trad. VIGONE, L. Revisão e Apresentação de A. Ales Bello. Roma: Città Nuova, 1999, cap. II, § 6]. Agora em 11/12, organizado por A. U. Müller. Friburgo: Herder, 2006.

11 *Ibidem*, p. 85 da tradução italiana.

12 *Idem*.

origem, que "volta sempre a repropor-se [...] em modo irrecusável", pois "a especificidade do ser do homem" "exige um Ser que lance quem é 'jogado'".[13]

Pode-se observar que a operação teorética realizada por Edith Stein consiste na ancoragem tanto do tema da essência quanto dos resultados da análise fenomenológica da subjetividade ao grande pano de fundo metafísico do ser. Essa operação não lhe permite a permanência sobre um terreno estritamente fenomenológico, mas não a conduz a renegar a perspectiva fenomenológica, ao contrário, a aceitar alguns resultados que podem ser inseridos em um contexto mais amplo.

Fazendo um passo para traz em relação à obra fundamental de Stein, exemplos de extraordinária integração entre a fenomenologia husserliana e a posição tomista são os dois livros que precedem a redação de *Ser finito e Ser eterno*, ou seja, *A estrutura da pessoa humana*[14] e *Potência e ato*.[15] Poderia-se dizer que o pano de fundo realístico da posição husserliana é colocado em evidência nessa investigação, na qual atua-se uma síntese genial entre as duas posições. Em modo particular, em *Potência e Ato* é retomado o tema da relação idealismo-realismo; Stein faz a Husserl a crítica segundo a qual ele não considerou em modo válido o material sensível, não extraindo dele todas as potencialidades presentes e deslocando a atenção sobre o papel do sujeito. Mas não se trata, segundo o seu parecer, de contrapor a posição tomista ao método fenomenológico, ao contrário, está sempre presente a exigência de passar através do método para aplicá-lo corretamente à análise do mundo sensível. Se trata, então, de uma espécie de filtro através do qual deve ser avaliada a própria proposta de Tomás de Aquino. Ela escreve:

---

13 *Ibidem*, nota 40, p. 91.

14 *Idem*, *Der Aufbau der menschlichen Person*, Werke, v. XVI. Friburgo: Herder, 1994 [*La struttura della persona umana*. Trad. D'AMBRA, M. Roma: Città Nuova, 2000]. De agora em diante será citado *Pessoa*. Tem também em ESGA 14, organizado por B. Beckmann-Zöller, Friburgo: Herder, 2004.

15 *Idem*, *Potenz und Akt*, Werke, v. XVIII. Friburgo: Herder, 1998 [*Potenza e Atto*. Trad. CAPUTO, A. Apresentação de A. Ales Bello. Roma: Città Nuova, em vias de impressão]. De agora em diante será citado *Potência*.

> Desse modo é importante chegar a compreender a relação do material sensível com o sujeito e com o objeto, além da atividade formativa do espírito. Uma tal tentativa adquirirá força diante da argumentação fenomenológico-transcendental somente se esse mesmo, por mais que seja admissível, é atuado na redução fenomenológica (...).[16]

Em *Potência e ato*, a obra de Husserl tomada em exame é *Meditações cartesianas*, na qual o deslocamento sobre a subjetividade em referência à discussão com Descartes é particularmente marcado. Se poderia dizer que o pano de fundo realístico presente em Husserl no tocante ao tema da matéria sensível se encontra precisamente na perspectiva da hylética fenomenológica, examinada muitas vezes por Stein e, em particular, em *A estrutura da pessoa humana*, em que ela reconhece que, sob o perfil hylético, as coisas se apresentam com um sentido seu, isto é, a manifestação de sentido que Husserl aqui e ali parece atribuir à "matéria", à hyle, mesmo que – e esse é o ponto apreendido por Stein – ele considere prevalentemente como doadora de sentido na esfera noética mais do que a hylética, como afirmado por ele no final do § 85 das *Ideias I*.

O tema que estamos tratando é particularmente delicado e crucial para apreender a valência da própria investigação fenomenológica em relação à questão do realismo-idealismo. Por um lado, parece-me que Edith Stein forneça argumentos que consentem em evidenciar na mesma proposta husserliana elementos realísticos; por outro lado, seguidamente acolhe algumas objeções do grupo de discípulos que tinham se juntado contra Husserl em relação a esse argumento, mas não aquelas inclinadas a identificar o idealismo de Husserl com aquele da tradição idealística alemã. Prova disso se encontra na carta endereçada a Ingarden no dia 09 de abril de 1917, na qual se posiciona contra a interpretação fornecida por Conrad-Martius sobre esse argumento, afirmando que tal interpretação se revelava totalmente incorreta.

---

16 *Ibidem*, § 246.

Se poderia sublinhar que exatamente a ligação teorética que ela mostra ter com Husserl justifica as oscilações acima indicadas. O encontro com Tomás de Aquino, indubitavelmente, parece resolver o seu problema juvenil, evidenciado na carta a Ingarden de 03 de fevereiro de 1917 sob o perfil do papel da matéria sensível e da existência da realidade sensível independentemente do sujeito – o que Husserl tinha sempre admitido – no sentido de uma realidade que possui uma configuração autônoma, essencial. Por outro lado, o tema da essência é aquele que Stein tinha aprendido a conhecer justamente na escola de Husserl e isso representa o fio condutor de *Ser finito e Ser eterno:* a realidade externa ao sujeito e o si mesmo existente possessor de uma essência. Visto que se trata de investigar o sentido do ser, devemos colocar a questão da essência do ser; então, é útil aceitar a análise essencial que Husserl tinha proposto. Mas a investigação sobre o ser não pode reduzir-se a uma pura busca pelo significado, permanecendo em um plano exclusivamente gnosiológico. Aqui está o momento de profundo contato e também de profunda distinção entre Husserl e Stein, para a qual as essências remetem a uma ancoragem na existência.

Todavia, no que se refere à análise das estruturas dos sujeitos, tomados na sua individualidade ou examinados coletivamente, ela permaneceu sempre fiel às indicações oferecidas pelo método fenomenológico husserliano; aliás, se poderia afirmar que, mesmo que na sua obra fundamental o olhar se dilate à investigação da realidade nos seus múltiplos aspectos – a natureza, Deus, e até mesmo os anjos –, o seu tema de investigação, aquele no qual mostrou a originalidade da sua impostação, é representado pelo ser humano na sua vida psíquica, nas suas manifestações espirituais, nas suas diferenças sexuais, na sua vida comunitária. É esse o tema que procuraremos explicitar mais adiante para apreender os resultados das suas análises.

1. O ser humano e a sua alma

O tema do ser humano é central e constante na análise fenomenológico--filosófica de Edith Stein. A sua investigação pode ser reunida sob um título unitário que é, precisamente, o de uma antropologia filosófica de impostação fenomenológica que procura completamentos e sustentação na tradição metafísica antiga e medieval. Do outro lado, o interesse pelo ser humano tanto em relação à sua singularidade quanto em referência às produções culturais humanas é atestado pela escolha feita, desde os anos universitários, pelo estudo de disciplinas como a psicologia, a história e a literatura. Escavar internamente ao ser humano e, correlativamente, examinar as manifestações exteriores, essa é a tarefa que a pensadora considera mais urgente para compreender a natureza singular, única e irrepetível e, contemporaneamente, o significado das suas expressões e produções que têm um valor intersubjetivo.

Paradoxal é a situação do ser humano – como já Husserl tinha colocado em evidência –, o qual se apresenta contemporaneamente como sujeito e objeto da investigação, o único ser vivente que tem a capacidade de refletir sobre si mesmo; ao menos esse é o resultado de uma análise comparativa conduzida pelo fenomenólogo, sobretudo em referência ao mundo animal. Das lições husserlianas dedicadas à relação entre a natureza e o espírito (*Natur und Geist*) e da transcrição do segundo volume das *Ideias*, a sua discípula Edith Stein extrai o estilo da investigação e as linhas de fundo que lhe servirão para aprofundar sempre mais a escavação "ao interno" e a abertura "ao externo" do ser humano.

A correlação entre interioridade e exterioridade se manifesta justamente no desenrolar-se das suas análises e na sua trilogia fenomenológica, constituída pela Dissertação de láurea sobre o tema da entropatia *O problema da empatia* (1917), da sua investigação sobre a relação entre fenomenologia e psicologia, cujo terreno comum é, em grande parte, exatamente o da subjetividade humana aberta à intersubjetividade, investigação realizada em *Psicologia e ciências do espírito* (1922), e das suas propostas de leitura das formas associativas humanas, como a massa, a comunidade, a sociedade e, enfim, o Estado em *Uma investigação sobre o Estado* (1925).

A novidade dessa impostação consiste no ponto de partida da investigação. Como já foi indicado acima, Stein brevemente e eficazmente, já no início da sua Dissertação, julga que o primeiro passo a ser dado para começar uma reflexão que compreenda radicalmente, ou seja, essencialmente, o fenômeno que estamos observando, é a colocação entre parênteses de qualquer interpretação já dada e também de qualquer posição do ser que poderia ser colocada em dúvida, para fazer emergir a experiência vivida da coisa com o seu correlato, isto é, o fenômeno da coisa mesma. Isso permite a entrada na dimensão noético-noemática, ou seja, na dimensão das vivências, cujo correlato intencional se duplica no objeto em si mesmo existente e, portanto, transcendente em relação ao objeto mesmo. A consequência disso é a possibilidade de escavar na complexidade do mundo interior, um mundo não caótico, mas ordenado enquanto submetido a uma "legalidade", na qual estão presentes momentos e aspectos que devem ser investigados.

Husserl sublinhará nos anos 1930, quase no final do seu percurso intelectual, que a colocação entre parênteses, ou *epoché*, que deixa como resíduo a subjetividade, distante de ser uma operação simplificadora, é solicitada pelo interesse teorético e, por sua vez, solicita-o colocando uma imprevisível série de problemas e também de excepcionais dificuldades:

> Porque se trata efetivamente de um inteiro mundo – se pudéssemos identificar a ψυχή de Heráclito com essa subjetividade, valeria para ela as suas palavras: 'Qualquer estrada que se percorra jamais se chega a encontrar os confins da alma, tão profundo é o seu fundo'. Qualquer 'fundo' se alcance, esse remete efetivamente a outros fundos; qualquer horizonte se abra, este desperta outros horizontes; todavia, o todo infinito, na infinidade do seu movimento fluente, é orientado para a unidade de sentido, mas jamais é possível chegar a aferrá-lo e entendê-lo completamente.[17]

Essa é a razão pela qual a análise não pode ser feita de uma vez por todas. Somos obrigados a sempre recomeçar (*immer wieder*) na tentativa, aliás sempre falida, de dar uma estrutura definitiva. Se trata, no mais, de abordagens que, ora por um lado e ora por outro, se aproximam do fenômeno da interioridade do ser humano, colocando em evidência aspectos

---

17 HUSSERL, E. *Crises*, cit., p. 196.

válidos, encontrando estruturas, mas jamais exaurindo o conhecimento. Disso surge também a dificuldade de compreender os resultados mesmos aos quais chega Husserl, pois delinear um mapa completo desse território acidentado não é possível. Fala-se do ego, do ego puro, da consciência, da alma, da psique, do espírito; mas como organizar essas noções, a quais objetos elas correspondem? Indubitavelmente Edith Stein, com a sua capacidade "didática", nos ajuda muito mais do que o seu mestre, mas a leitura e a sistematização das suas análises também não é tarefa fácil.

Iniciou-se evidenciando o valor da *epoché* e da colocação em evidência dos atos do sujeito, atos, *Erlebnisse*, que indicam "isso que é por mim vivido", em primeiro lugar para Husserl e, na sua linha, para Stein; mas o que é por mim, por nós vivido? Recordemo-lo brevemente: o que vivemos se cinde no ato de perceber, de recordar, de imaginar e de pensar e assim por diante, e nos conteúdos de tais atos o percebido, o recordado etc. que por sua vez remete à coisa percebida e recordada como existente. Mas se nos interessa a análise da interioridade – e isso é afirmado tanto por Husserl quanto por Stein –, prescindamos para o momento da coisa existente e concentremos a atenção na relação perceber-percebido como vivente ao interno do sujeito, que o próprio sujeito encontra presente enquanto ato – por exemplo, o de perceber como possibilidade do próprio perceber – em outros sujeitos também, e isso graças a uma nova vivência, a da entropatia.

Aqui nota-se a necessidade, imposta pela coisa mesma que se está examinando, de seguir uma concatenação de atos e de vivências, que remetem um ao outro e que constituem a estrutura essencial do sujeito, entendido como ego, eu enquanto sujeito, mas também dos outros sujeitos, descobrindo desse modo os elementos de universalidade que tornam possível a comunicação. Mas quem é o "sujeito"? E o que significa sujeito? Paradoxalmente, como dito acima, é aquele que faz a análise, manifestando a própria atividade – é aquele que, em outras palavras, procede na investigação filosófica – mas é também aquele que sofre a análise e, nesse sentido, é verdadeiramente *subiectum*, tornando-se, portanto, um *obiectum* da própria investigação enquanto colocado-diante em relação a quem procede na indagação. Não se trata de papéis fixos, mas de possibilidades que dependem da assunção de pontos de vista.

1.1. A identidade do ser humano

Na tentativa de delinear um mapa relativo ao ser humano tomado na sua complexidade dos momentos constitutivos, pode-se iniciar, como fazem os fenomenólogos, justamente da consciência, não entendida como um "lugar", mas como uma modalidade – conforme a definição de Husserl já citada, mas que vale a pena recordar – uma nova região do ser "até agora não percebida na sua característica"; então "o ser por nós procurado – ele continua – não é nada mais senão aquilo que por motivos essenciais pode ser indicado como 'puras *Erlebnisse*', ' pura consciência' com os seus 'puros correlatos' e, por outro lado, o seu 'puro ego'" e conclui: "a expressão 'consciência' abraça (mas é pouco apropriada) todas as *Erlebnisse*".[18] Nas pegadas do mestre, Edith Stein escreve no seu livro *Einführung in die Philosophie,* cuja redação parece empenhá-la de 1919 a 1932: "a consciência não é uma caixa que reúne em si as vivências, mas essas mesmas vivências constituem, confluindo continuamente uma na outra, o fluxo da consciência".[19] O ser consciente não deve ser entendido como um ato da reflexão enquanto esse último é por si uma vivência, mas antes como "uma luz interior que ilumina o fluxo do viver e no seu defluir o ilumina para o ego vivente sem que este seja intencionado a isso".[20]

Pode-se observar que, tanto em Husserl quanto em Stein, é fundamental a correlação entre a consciência e o ego e, a propósito disso, é importante notar que se delineiam diversos aspectos do ego; em primeiro lugar, o ego puro, ego definido por Husserl como ego que prescinde da parte somática; esse é apreendido na correlação com os seus atos vividos, como

---

18 HUSSERL, E. *Idee*, p. 69.

19 STEIN, E. *Einführung in die Philosophie,* Werke, v. XIII. Friburgo: Herder, 1991 [*Introduzione alla Filosofia*. Trad. PEZZELLA, A. M. Roma: Città Nuova, 2001^2. Agora em ESGA 8, WULF, C. M. (org.). Friburgo: Herder, 2004].

20 *Ibidem*, p. 152.

o perceber, o recordar, o julgar, o sentir, o querer,[21] está em correlação com os objetos em modo diferente conforme os atos que realiza, e é possível a sua autoapreensão, a sua autopercepção. O fluir da consciência constitui, como é sabido, o momento último da temporalidade imanente e esta é a via a seguir se queremos apreender o significado da identidade. "O ego puro é (existe) enquanto identidade desse tempo imanente", escreve Husserl, entendendo que o ego permanece nesse ou naquele ato de consciência, mesmo não sendo um momento real ou uma parte constitutiva dele.[22]

A diferença entre o ego real e o ego puro é evidenciada fortemente por Husserl e é aquela que consente de aferrar a identidade do ego, a sua não dispersão, porque o ego ou o sujeito puro não se gera e não transpassa, pois de outro modo cairíamos no contrassenso já indicado por Descartes; de fato, seria necessário apreender através da pura intuição a possibilidade essencial do gerar-se e do transpassar. Por um lado, portanto, deveria permanecer idêntico na duração, por outro, deveria encontrar-se na condição de não ser ainda, se se gerasse, ou então de não encontrar-se por um certo tempo, se transpassasse. Ao contrário, então, o ego puro entra e sai de cena: entrar em cena significa realizar atos no sentido específico do *cogito* e "a essência desses atos consiste justamente no fato de serem 'realizados' pelo puro ego, de serem uma *Erlebnis* intencional".[23] A sua eventual ausência é somente uma latência.

Todavia, o tema da realidade não é deixado em disparte; pode-se dizer que o ego puro e a consciência são o espelho no qual se refletem as vivências que provêm das realidades da psique e do espírito. Isso é examinado com grande agudez por Edith Stein na análise contida em *Psicologia.* Husserl também fala dessa realidade, pois se o ponto de partida da investigação ocorre da parte da região do ser da consciência e do ego puro, enquanto dimensões de consciência que fornecem a possibilidade para uma investigação transcendental, o ser humano na sua estrutura real tem dimensões reais que devem ser reconhecidas enquanto tal.

---

21 HUSSERL, E. *Idee*, p. 494.

22 *Ibidem*, p. 449.

23 *Ibidem*, p. 500.

O segundo volume das *Ideias* de Husserl, transcrito por Stein, representa o momento de maior proximidade entre os dois fenomenólogos, cujas análises não podem ser lidas separadamente.

O interessante é encontrar se e em qual ponto ocorre realmente a separação entre os dois procedimentos analíticos; no que se refere a Stein, essa separação é caracterizada por um aprofundamento temático *sui generis*. A frequência junto ao pensamento medieval, empreendida pela fenomenóloga no final dos anos 1920, lhe permite dar maior espessura às análises já realizadas, cujos resultados não são recusados, mas integrados com novos contributos que servem para iluminar ulteriormente o terreno investigado. Mas não são só os filósofos medievais a solicitá-la: de grande importância é a leitura da obra *O castelo interior* de Santa Teresa d'Ávila. Isso pode deixar o leitor boquiaberto, pois pode-se perguntar como é possível que um livro considerado de "espiritualidade" tenha sido examinado pela pensadora em uma ótica diferente, uma ótica filosófica que pareceria totalmente estranha a ele. Se procedermos ao exame de alguns pontos significativos da obra de Stein, nota-se a compatibilidade entre as análises do ser humano levadas adiante do ponto de vista fenomenológico e as etapas do caminho interior percorrido por Santa Teresa.

1.2. O ego e a pessoa

Desenvolvendo a análise da estrutura "real" do ser humano através da mediação das vivências, o que é enucleado por Husserl já em *Ideias II*, é a relação entre o ego puro e o ego pessoal;[24] o ego pessoal é aquele que se delineia a partir da corporeidade, com uma base de dados prévios que se pode definir psíquica, mas que se configura como pessoa, realmente unitária em um sentido superior, enquanto sujeito de tomadas de posição da vontade, das ações e do pensamento: em uma palavra, como ego livre. O ego puro, então, é o espelho e, portanto, a via de acesso a uma realidade corpórea, psíquica e espiritual que constitui o ego pessoal.

---

24 *Ibidem*, p. 640-641.

Stein retoma essa análise na sua *Psicologia e ciências do espírito*, aprofundando-a ulteriormente, e chega a identificar um núcleo da personalidade, na qual reside "aquela consistência imutável do seu ser que não é o resultado do desenvolvimento, mas que, ao contrário, impõe ao desenvolvimento mesmo um certo andamento".[25] O núcleo, sendo o momento unitário do ser humano, tem uma conotação psíquica e uma espiritual, em correspondência com duas dimensões fundamentais das quais o ser humano mesmo é constituído. Edith Stein escreve que a vida espiritual de um indivíduo é determinada pela singularidade desse núcleo; todavia, o núcleo é alguma coisa de novo em relação à vida espiritual mesma e nem um conhecimento completo da vida espiritual ou da vida psíquica seria suficiente para apreendê-lo na sua incerteza.

O núcleo parece coincidir, no mais, com a alma, pois ambos, o núcleo da pessoa e o ser da alma determinado por esse núcleo, não demonstram alguma capacidade de desenvolvimento, ao passo que podem desenvolver-se tanto as capacidades psíquicas quanto as espirituais.

O tratado da alma é um dos mais complexos dentre os propostos por Stein e isso ocorre por diversas razões. Em primeiro lugar, é o termo mesmo *Seele* que é usado em uma multiplicidade de significados, indicando algumas vezes a psique e outras o conjunto de psique e espírito; outras vezes *Seele* conota uma dimensão totalmente autônoma, como foi visto acima. A análise alcança uma tal sutileza e é expressa em termos algumas vezes até mesmo líricos, que causam estupor e conquista. Leiam-se, de modo particular, as páginas relativas a esse argumento em *Psicologia e ciências do espírito* parte II, 2.3 c, dedicadas justamente a *As qualidades caracteriais específicas, "alma" e "núcleo da pessoa"*. Na tentativa de racionalizar e de organizar os resultados da investigação, pode-se citar um trecho que permite a entrada na problemática:

> Se é necessário renunciar a pensar em um desenvolvimento da alma, a uma formação ou transformação das

25 STEIN, E. *Psicologia*, p. 123.

> qualidades da alma, segundo a natureza da capacidade psíquica, não se deve, ao invés, renunciar ao pensamento de um incremento e de uma maturação da alma que se diferencia totalmente de um tal desenvolvimento.[26]

A distinção entre desenvolvimento da alma e maturação parece particularmente significativa para compreender o despertar ou a latência da alma e os diversos níveis de profundidade à qual pode viver, a sua possibilidade de ser absorvida pelas vivências periféricas ou de entrar nas profundidades; veremos a esse propósito como a imagem do castelo interior proposta por Teresa d'Ávila exprime validamente essa dinâmica. Todavia, o fato de permanecer à superfície das vivências não é sentido como uma carência, pois o ser humano não conhece as suas profundidades pessoais: esse conhecimento é possível só se o ego desce nas profundezas. Reaparece, a esse ponto, o papel importante e insubstituível do ego que explora esse "centro",[27] "esse lugar originário interior",[28] mas sobre isso voltaremos na sequência. Por enquanto, é oportuno insistir em alguns pontos da análise que, enquanto tal, não é certamente sintetizável, mas deve ser seguida no seu desenrolar-se. Essa é a característica da impostação fenomenológica.

Na impossibilidade de proceder analiticamente nessa sede, pode-se colocar a atenção sobre uma passagem que pode ser considerada, se não propriamente sintética, ao menos conclusiva de uma série de análises.

> A personalidade humana, observada na sua totalidade, apresenta-se a nós como uma unidade de características qualitativas formada por um núcleo, por um princípio formativo. Ela é constituída pela alma, corpo e espírito, mas a individualidade se imprime em modo totalmente puro, privado de qualquer mistura, somente na alma. Nem o corpo vivente material, nem a psique entendida como unidade substancial de todo o ser sensível e psíquico-espiritual, nem a vida

26 *Ibidem*, p. 250.

27 *Ibidem*, p. 252.

28 *Ibidem*, p. 253.

> do indivíduo são determinados integralmente pelo núcleo.[29]

Esse último é sumamente importante para aceder ao mundo dos valores, mas é necessário levar em conta outras forças ou capacidades, aquelas que são próprias da psique, das capacidades sensíveis, da memória, do intelecto e da vontade; naturalmente também as condições externas contribuem fortemente à formação da personalidade.[30]

1.3. O ego e o si mesmo

A estrutura da pessoa humana, que reúne as lições realizadas por Stein junto ao Instituto de Psicologia científica de Münster em 1932, representa a obra na qual se inicia de maneira explícita o confronto entre os resultados da análise fenomenológica e as reflexões filosóficas de São Tomás sobre o tema antropológico. Os primeiros nunca são colocados em questão, mas corroborados pelos segundos, com a intenção de estabelecer uma convergência não arbitrária, mas emergente do próprio confronto. Com grande honestidade intelectual ela procede sem pressupostos, nem ao menos aqueles ligados à sua formação fenomenológica e, poderíamos acrescentar, ao afeto e à estima pelo mestre, nem aqueles derivados da sua conversão ao catolicismo. O confronto é aberto, denso, original. A consequência é um trabalho no qual os três contributos, de Husserl, de Tomás de Aquino e da própria Stein, se amalgamam, dando vida a um novo composto, expresso com consciência crítica e com mão segura.

Stein, todavia, se confronta também com posições contemporâneas a ela, de modo particular com a leitura do *Dasein* proposta por Heidegger e com a psicologia do profundo, presumivelmente a de Jung, mesmo não estando expressamente citado. Essas interpretações são acuradamente avaliadas por ela e não recusadas preconceituosamente. As análises de Heidegger

---

29 *Ibidem*, p. 254.

30 *Ibidem*, p. 255.

não a convencem porque os seus existenciais permanecem à superfície do fenômeno "ser humano" sem penetrar suficientemente na sua profundidade;[31] no que diz respeito à contribuição da análise do profundo – e nessa direção ela elenca como precursores os Românticos e também os escritores russos Tolstói e Dostoiévski –, reconhece a ela o mérito de ter indagado a dimensão "inferior", o subsolo do qual falam os russos, deixada de lado pelo idealismo alemão, por Lessing, Herder, Schiller e Goethe.

Particularmente interessante é a relação que ela institui entre o ego e o si mesmo, enfrentando uma questão que tem ainda nos nossos dias uma notável relevância, pois a interpretação junguiana do ser humano representa um modelo cultural bastante difundido. O si mesmo é, no seu entender, identificável com as capacidades corpóreas e psíquicas do ser humano que são dadas, mas devem ser formadas. É exatamente a atividade espiritual que deve intervir no processo de formação e, portanto, o ego, enquanto pessoa espiritual e livre. E é aqui que podem-se utilizar os conceitos de matéria e forma propostos por São Tomás de Aquino. A análise, todavia, procede com andamento prevalentemente fenomenológico.

A questão, a qual está atraindo a sua atenção, é aquela que diz respeito à relação entre o ego e o si mesmo; eles são e não são a mesma coisa: são a mesma coisa vista a unidade do ser humano, diante da qual Stein se encontra exatamente no exame da realidade humana; não são a mesma coisa porque a unidade revela ao seu interno, como já foi indicado, uma complexidade que se manifesta na impossibilidade de reduzir um elemento ao outro. Então, o ego que forma o si mesmo, em que relação se coloca diante da corporeidade? Se encontra no corpo, mas não pode ser identificado com o corpo: "Tentou-se fazer no passado; mas, mesmo se a anatomia cerebral pudesse indicar uma parte determinada do cérebro cuja destruição comportasse uma diminuição da 'consciência do ego' e da inteira estrutura pessoal-espiritual, não poderíamos afirmar que o ego

31 *Idem*, *Martin Heidegger Existential philosophie,* Werke, v. VI. Friburgo: Herder, 1962 [*La filosofia esistenziale di Martin Heidegger*. Trad. PEZZELLA, A. M. In: *La ricerca della verità*. BELLO, A. Ales. (org.). Roma: Città Nuova, 1997²].

se encontre nesse ponto".[32] A prova de tudo isso consiste no fato de que o ego está ligado às vivências: "Posso ir em qualquer ponto do meu corpo vivente e estar presente nele, apesar de que algumas partes, por exemplo, a cabeça e o coração, me são mais próximas do que outras".[33]

Em termos tomistas, estamos aqui na raiz da unidade entre corpo vivente, ou seja, corpo psicofísico, *Leib* e alma espiritual. Mas a justificação da unidade da alma, a animal vivente e a espiritual, em relação ao ego, é proposta através de uma investigação absolutamente fenomenológica que parte de um exemplo que lembra aquele da folha de papel que está diante de mim quando escrevo, proposto por Husserl no § 35 das *Ideias*. Edith Stein, personalizando essa experiência, descreve uma situação cotidiana, aparentemente simples, que permite, porém, apreender a complexidade e a estratificação de camadas presentes no ser humano: estou escrevendo, estou concentrado em um problema, contemporaneamente escuto barulhos provenientes da rua, mas não presto atenção a eles, a tudo o que acontece na superfície; eu poderia no mesmo tempo, porém, sentir uma inquietação, uma preocupação que está ali "embaixo", mas nesse caso também não quero absolutamente fazê-la emergir. A atenção central do ego está no problema que enfrento, mas o que acontece na periferia? O ego puro, do qual tinha falado Husserl e que Stein continua considerando um aspecto importante na descrição, não é o bastante para aferrar aquela complexidade; aquilo que está no fundo da alma não é atingido por ele; por outro lado, se eu desse espaço àquilo que está no fundo, eu não poderia me concentrar no problema. O que interessa nesse ponto é o contraste entre superfície e profundidade com referência à espacialidade interior, a minha alma, e nela me sinto em casa, não no ego; de fato, somente o ego que tem uma alma pode sentir-se em casa.[34]

Pela descrição levada adiante em termos essenciais, se extrai a razão pela qual ela julga que uma visão equilibrada do ser humano seja aquela

32 *Idem*, *Persona*, cit., p. 130.

33 *Idem*.

34 *Ibidem*, p. 132.

que considera, como é de fato, tanto a superfície quanto a profundidade[35] e afirma que só a concepção do ser humano, proposta por aquilo que ela define no livro em exame "metafísica cristã", justifica os diversos níveis presentes no ser humano mesmo, acrescentando às considerações filosóficas, tendentes a indicar o ideal de perfeição em uma perspectiva puramente imanente, uma finalidade mais alta, pois, se é verdade que se encontra uma originária bondade no ser humano, é necessário reconhecer também os seus lados obscuros.

Com a expressão "metafísica cristã" – a qual Stein não usará mais na sequência e que será substituída por "filosofia cristã" – ela compreende, na realidade, a visão de mundo oferecida pelo cristianismo a quem procede no caminho filosófico. Exemplificando em relação à questão antropológica que estamos examinando aqui, nota-se que a evidenciação mesma dos dois níveis, o da profundidade e o da superfície, consente o uso do conteúdo da Revelação para compreender melhor o ser humano. E isso sem proceder a uma justaposição, mas com grande simplicidade e coerência de desenvolvimento. Note-se como os dois grandes pilares da revelação hebraico-cristã, o pecado original e a encarnação de Cristo, são utilizados na passagem seguinte:

> Chegamos, assim, àquilo que a antropologia cristã tem em comum com as concepções modernas que reconheceram o caráter superficial da consciência (ou seja, o ideal de perfeição). Ela também reconhece a profundidade da alma e os lados obscuros da existência humana, que não representam para ela uma novidade, mas realidade com a qual sempre tirou as somas, pois as compreendeu nas suas raízes. O homem *era* bom em origem, senhor dos seus instintos pela força da sua razão, orientado livremente para o bem. Mas, por causa do distanciamento do primeiro homem em relação a Deus, a natureza humana decaiu: o instinto se rebelou contra o Espírito, o intelecto obnubilou-se e a vontade enfraqueceu. A partir do primeiro homem, a natureza humana corrompida se transmitiu a todo o gênero humano.[36]

35 *Ibidem*, p. 40.

36 *Ibidem*, p. 46.

Apesar de ser dotado de razão, vontade e liberdade, a luta contra as "potências obscuras" é ímpar: "o ser humano não tem algum poder sobre as forças do profundo e não consegue encontrar sozinho a estrada para o céu. Uma estrada, todavia, está preparada para ele. Para salvar a sua natureza e restituir-lhe a supremacia sobre ela, a qual lhe tinha sido determinada da eternidade: Deus mesmo tornou-se homem".[37]

1.4. Psique, alma e espírito

"Ego, alma, espírito, pessoa – eles estão evidentemente em estreita relação, mas cada um destes termos tem um significado especial, que não coincide exatamente com o dos outros". Com essas palavras começa o § 3,4 do capítulo *A imagem da Trindade na criação* contido em *Ewiges und endliches Sein*.[38]

Aqui se procede, por parte da autora, a uma última e definitiva delineação do mapa relativo à interioridade humana, e os vários níveis que o constituem são ulteriormente indicados e conexos em um quadro unitário. Pode-se notar, de um ponto de vista metodológico, como a investigação se desenrolou desde as primeiras obras através de um andamento concêntrico, cujos círculos tendem sempre mais a alargar-se em amplidão e a dispor-se em profundidade.

A centralidade do ego é reafirmada; levando ao completamento a união somática e substancial entre os resultados das análises fenomenológicas e as contribuições do pensamento medieval, ela chega à seguinte definição: o ego é ente cujo ser é vida. Ele habita no corpo e na alma e está presente em cada ponto do corpo e da alma, mas, não esquecendo a lição fenomenológica, parece compartilhar a proposta de Alexander Pfänder, conforme a qual o ego reside propriamente atrás dos olhos no centro da cabeça – se poderia fazer uma aproximação com o terceiro olho presente na tradição oriental – e isso emerge do fato de que não só os olhares dos

37 *Ibidem*, p. 47.

38 *Idem*, *Essere finito e Essere eterno*, p. 399.

seres humanos se dirigem para esse ponto, mas também os de alguns animais. Esse ego, consciente de si, percorre a alma desde a superfície até a profundidade e se manifesta como vivente, pessoal e espiritual.[39]

Seguindo o fio condutor da profundidade-superfície, nesse texto Stein especifica que se o eu é o centro dos atos livres, conforme a definição acima recordada que ela deu em *Psicologia,* e se isso está alinhado com a posição husserliana, é necessário levar em consideração as "raízes do ego a partir do fundo do qual sobe".[40]

A realidade psíquica e espiritual, da qual Husserl tinha falado nas *Ideias II,* é ulteriormente especificada. De tal modo, com linguagem tomada de Tomás de Aquino, o ego se torna a forma que precisa de uma "matéria", de uma "plenitude", e a plenitude é constituída pelas forças que se encontram em estado de dormência na sua alma e a sua vida é a atualização das suas forças – nota-se aqui a passagem da potencialidade à atualidade, por outro lado já utilizada frequentemente também por Husserl.

"Esse ser estranhamente discorde (*zwiespältige*)",[41] como o define a autora – definição que lembra a imagem do camaleão proposta por Pico della Mirandola –, é o ser humano, e na parte mais interior da alma se manifesta o 'espírito' e é aqui, nessa profundidade, que se revela a sua semelhança com Deus. A tradição agostiniana é retomada potentemente; Agostinho e Tomás de Aquino não são colocados em contraste, mas harmonizados na base da contribuição dada a algumas questões de fundo: se é verdade que o ser humano é matéria e forma, a parte interior é a mais espiritual e mais longe da matéria, que informa a matéria mesma,[42] o lugar no qual Deus já está presente, o lugar no qual se pode acolher a sua palavra, a sua revelação. O núcleo, que já tinha intuído a presença, se especifica e manifesta toda a sua potencialidade.

"Superfície" e "profundidade" constituem o fio condutor da investigação que leva em conta as contribuições da psicologia do profundo, dos resultados

---

39 *Ibidem*, p. 396.

40 *Ibidem*, p. 398.

41 *Idem*.

42 *Ibidem*, p. 399.

da análise fenomenológica, das intuições de Santa Teresa d'Ávila; psicologia, filosofia e mística convergem na delineação do mapa na interioridade humana, cada uma contribuindo para acrescentar uma peça. Quem deve acolher essa herança complexa, esclarecê-la e meditar sobre ela? Aquele ou aquela que se dedica à investigação filosófica; a filosofia, de fato, é sempre e profundamente, para Edith Stein, o lugar privilegiado da tomada de posição consciente.

O ser humano, que cultiva a investigação filosófica e que no seu interior descobre a presença de Deus e acolhe a sua revelação, é capaz de iluminar ulteriormente tudo aquilo que vem também do saber humano e dos testemunhos extraordinários dos místicos, através da contribuição do desvelamento de algumas verdades, operado diretamente por Deus. Aí está como se delineia a ideia madura de uma filosofia cristã em Stein, e esse é o motivo pelo qual não deve causar espanto o fato de que a sua obra *Ser finito e Ser eterno* seja ornada por dois apêndices aparentemente estranhos pelo seu conteúdo, ou seja, a análise de Heidegger relativa ao Ser-aí, às características do ser humano, contida em *Ser e tempo* e a análise do castelo interior, dos seus aposentos até o último, a morada de Deus, conduzida por Teresa d'Ávila: superfície e profundidade aqui se encontram e se desencontram: não se trata de falsidade e verdade, pois qualquer contribuição pode ser válida; se trata de avaliar em que grau de profundidade pode chegar.

2. As ligações intersubjetivas: da entropatia à solidariedade

Entre o final do século XIX e os primeiros decênios do século passado, no clima pós-positivista que ia difundindo-se na Europa, configuram-se as assim chamadas ciências do espírito, com a intenção de tirar a investigação sobre o ser humano do âmbito da filosofia por ser considerado insuficiente à compreensão do mundo social.

A fenomenologia husserliana já tinha se inserido no debate pró e contra esse empreendimento, por um lado, reafirmando a autonomia daquelas ciências em relação ao modelo representado pela investigação físico-matemática – e nessa operação estava de acordo com outros filósofos: Dilthey, Weber, Simmel e, em geral, com os expoentes do neokantismo – por outro lado, reivindicando a prioridade da investigação filosófica, em particular aquela de impostação fenomenológica, no tratamento do tema do ser humano considerado na sua singularidade e na dimensão comunitária.

Esse não tinha sido certamente um tema de investigação secundária para Husserl, que estava aperfeiçoando o seu método exatamente em relação à compreensão do sujeito e do seu mundo. Entre as vivências presentes no fluxo de consciência, Husserl tinha identificado, como foi indicado acima, já nos primeiros anos do século passado uma peculiar modalidade de abordagem ao outro, uma vivência específica que tinha denominado *Einfühlung*, entropatia.

Não é por acaso que Stein, no momento de escolher a sua tese de láurea, se oriente em direção a esse tema, ou seja, a descrição fenomenológica do modo pelo qual os sujeitos humanos se reconhecem reciprocamente como tais, vale dizer, sujeitos e não objetos, como as coisas do mundo físico ou os produtos humanos, mas também diferentes dos animais. Já no direcionamento da investigação juvenil de Stein, podemos constatar o seu interesse pelo mundo humano, a abertura à compreensão do outro, a atenção pela comunidade, atitudes que ela, em seguida, julgará – apesar de não se referir explicitamente a si mesma – características do aspecto feminino do ser humano.

A análise da entropatia quer responder à pergunta: o que significa "dar-se conta" da experiência vivida de outrem?[43]

Trata-se de uma espécie de atos experienciais *sui generis* que Stein analisa servindo-se seguidamente de exemplos tirados da nossa vida cotidiana. Se alguém que vejo, que encontro, sente alegria ou dor, eu posso entender o que está experimentando; certamente não experimento a sua alegria ou a sua dor, mas tenho uma vivência, uma *Erlebnis* da alegria e da dor, dou-me conta de não viver essas experiências em primeira pessoa –

43 *Idem*, *Empatia*, p. 72.

por isso elas não são para mim "originárias" –, mas é para mim originário o fato de sentir que a pessoa está vivendo essas experiências. Gostaria de dar particular relevância a esse ponto crucial.

Sobre a questão da originariedade ou não originariedade das vivências, é necessário esforçar-se para entender o que está acontecendo. Portanto, pode-se distinguir o ato originário do dar-se conta que o outro experimenta alegria, da alegria experimentada pelo outro, que se torna para mim um conteúdo do ato, mas não é vivenciado originariamente. Não se trata de alegrar-se junto, isso pode também acontecer, mas sim de constatar a presença de um ato, que é um "sentir" o que o outro está experimentando, mas sem que possa acontecer uma identificação que talvez seria a meta auspiciada no encontro, a qual é inalcançável; esse ato se distingue da simpatia, que é uma vivência ulterior que pode acompanhar ou não a entropatia, identificada quase por via negativa, através de uma série de distinções operadas por meio da evidenciação de outros atos.

No ato de individuar a vivência da entropatia, prescindindo de qualquer conotação afetiva que, em todo caso, pode acompanhá-la – posso sentir a alegria de outra pessoa e, portanto, alegrar-me com ela ou sentir inveja –, Edith Stein submete à crítica algumas interpretações do fenômeno ligadas ao nome de Lipps ou de Scheler, afirmando que não se trata nem de associação, nem de analogia por inferência, nem de imitação e o resultado não é nem a unipatia nem a simpatia reflexa como eles tinham proposto, mas estamos diante de um ato autônomo que está à base de todos aqueles indicados e que comporta uma clara distinção entre os sujeitos. Compreende-se, desse modo, porque os seres humanos mantêm a sua individualidade, ligada também profundamente à sua corporeidade, apesar de poderem reconhecer-se mutuamente e comunicar-se.

Partindo exatamente da corporeidade, já na sua Dissertação, Stein prossegue na análise da constituição do ser humano – que ela desenvolverá mais amplamente no artigo de 1922 citado anteriormente – assinalando a presença da esfera psíquica e da espiritual e as possibilidades de comunicação intersubjetiva relativas a tais dimensões. Em primeiro lugar, é necessário notar, segundo a autora, que a percepção externa nos dá unicamente o corpo físico, enquanto o indivíduo como tal, como ser psicofísico, se constitui mediante atos de entropatia. O movimento de compreensão e de reconhecimento não tem, porém, uma direção unívoca, ou seja, de mim ao outro, mas é recíproco; de fato, a constituição do indivíduo estranho a si é a condição da constituição do indivíduo próprio; ao mesmo tempo que capto o corpo de um outro como meu semelhante, capto também a mim mesmo como semelhante a ele; assim, a nível psíquico me coloco no seu ponto de vista para olhar a minha vida psíquica, adquirindo a imagem que o outro tem de mim.[44]

Com muita acuidade ela distingue o papel do sujeito filosofante e refletidor, que pode ser definido fenomenologicamente "Eu puro", a partir do qual inicia a reflexão sobre os atos e sobre a constituição dos seres humanos, pelo encontro concreto desses seres, no qual não se privilegia um ponto de partida subjetivo. Ao contrário, examinando a questão geneticamente, se apreende bem a correlação-distinção recíproca entre os indivíduos, razão pela qual, na concreta gênese do sujeito, o ponto de partida poderia ser até mesmo a alteridade. Entretanto, isso não significa que o outro me determina socialmente como ego, pois ao contrário, suscita em mim a comparação com o que me é dado na percepção interna, consentindo-me a adquirir sempre mais a consciência de mim mesmo através de uma contínua referência, que pode ter também uma função de corretivo de eventuais autoenganos.[45]

O papel importante da entropatia se manifesta na compreensão entre as pessoas em nível espiritual; esse nível, conectado já àquele precedente, se apresenta em toda a sua amplidão no âmbito da vontade:

> O ato volitivo não tem diante de si somente um correlato objetivo – o objeto desejado –, mas ele, ao mesmo tempo que desprende de si a ação, confere uma realidade ao objeto desejado, tornando-se criativo. O nosso inteiro "mundo da cultura", tudo aquilo que a "mão do homem" formou, todos os objetos

44 *Ibidem*, p. 190-191.

45 *Ibidem*, p. 192.

> de uso, todas as obras artesanais, técnicas, artísticas são correlatos do espírito que tornou-se realidade.[46]

Enfrenta-se, desse modo, a questão das ciências do espírito, segundo Stein. Nota-se que elas se fundam não em "...uma explicação causal, mas na compreensão pós-vivência",[47] de fato, é só a nível espiritual que se configura a "pessoa", seja no que diz respeito ao indivíduo na comunidade (*Gemeinschaft*), a qual pode ser considerada como análoga a uma personalidade individual.

O seu tratado relativo às estruturas da vida associada é desenvolvido em um longo apêndice do ensaio de 1922, dedicado à psicologia e às ciências do espírito, intitulado *Indivíduo e comunidade* (*Individuum und Gemeinschaft*) e é completado, como já foi indicado, por uma cuidadosa investigação sobre o Estado, publicada em 1925, da qual falaremos em seguida.

Ela reexamina alguns conceitos fundamentais, recorrentes no âmbito da sociologia – pense-se a Ferdinand Tönnies, autor do livro *Gemeinschaft und Gesellschaft* (*Comunidade e sociedade*) (1887), por ela citado nas pegadas de Husserl – e da reflexão filosófica sobre a política, discutidos já em âmbitos idealísticos: o de comunidade e o de sociedade. Aqui também o critério-guia da investigação reside no exame global do fenômeno associativo, que ela capta na pluralidade dos seus aspectos, mas também nas suas conexões profundas.

O fato associativo humano é substancialmente ligado a uma visão personalista que, descoberta a nível individual, é redescoberta depois nos liames intersubjetivos ou interpessoais. Uma segunda característica que emerge da análise diz respeito à capacidade de considerar e, portanto, justificar o plano dos dados fatuais em todos os seus momentos positivos e negativos e, contemporaneamente, as indicações éticas de um dever ser que nunca é abstrato, mas se apresenta como uma possibilidade, uma indicação ideal.

O tipo de análise diante do qual nos encontramos está conexo indubitavelmente às investigações de Max Scheler por um lado e de Husserl por

46 *Ibidem*, p. 196.

47 *Ibidem*, p. 197.

outro. De fato, não só esses pensadores são seguidamente citados por E. Stein, mas também o fundo problemático e a impostação da investigação lembram as investigações destes pensadores. O elemento novo e pessoal se manifesta na atenção particular voltada à totalidade que, no entanto, não deve ser entendida em sentido idealístico – de fato, mesmo que o fenômeno associativo, como veremos, seja fundamentalmente ligado ao espírito, este último não é interpretado em sentido objetivo-metafísico –, mas como totalidade e organicidade da pessoa, a qual se torna emblemática para compreender a "personalidade" das organizações de grau superior, nas quais ela não perde a própria individualidade, mas pode, aliás, afirmá-la e dilatá-la.

O que é indagado, portanto, é substancialmente a relação indivíduo-associação humana, sobre a qual muito foi dito e escrito, e o que emerge, através de uma análise minuciosa e não condicionada por nenhum pressuposto, é precisamente a posição paradigmática do indivíduo tomado singularmente. O ser humano, mesmo não vivendo em modo isolado, representa, de fato, um microcosmos, mas um microcosmos aberto e na abertura encontramos ainda um dos traços fundamentais dessa investigação que não torna absoluto nem a particularidade nem o todo, sabendo dosar a presença e a importância do indivíduo em um contexto mais amplo.

O primeiro nível da vida associada que se apresenta para ser considerado é o da comunidade e o paralelismo que se pode indicar entre o individual e a comunidade consiste em descobrir na associação humana não uma mera agregação; isso não significaria, de fato, tantos aspectos e fenômenos secundários conexos à presença dos liames intersubjetivos. Para completá-los, ao contrário, é necessário reconhecer que existe um caráter orgânico também na comunidade, que deve ser remetido à força vital que é de ordem psíquica. Esta não é, todavia, entendida como alguma coisa de supraindividual, independente dos indivíduos; aliás, se constata a presença de uma relação de intercâmbio mútuo entre os dois momentos. De fato, a força vital é dos indivíduos que contribuem a formar a comunidade, mas, uma vez objetivada, ela pode servir de estímulo a um indivíduo no âmbito de uma particular comunidade e, além do mais, o indivíduo pode pertencer também a comunidades diferentes, dando e recebendo delas sem exaurir a sua força vital.[48]

Como no indivíduo a força psíquica é intimamente ligada à espiritual, a mesma situação se deve constatar a respeito das comunidades em geral, bem como a respeito daquelas comunidades por excelência que são os povos. É possível encontrar povos que permanecem improdutivos no plano cultural, mas normalmente a vida dos povos se manifesta a nível espiritual, dando espaço a formações que podem variar de maneira notável pela qualidade e intensidade.[49]

Em todo caso, para compreender o que acontece a nível objetivo, comunitário, é necessário retornar às manifestações subjetivas da espiritualidade e examinar os influxos, as contribuições dos indivíduos; na verdade, o intercâmbio entre os indivíduos se realiza através de atos sociais. Pode-se falar de atos sociais quando eles são realizados por uma pessoa e dizem respeito à tomada de posição que pode ser positiva ou negativa; são atos sociais não só o amor, a confiança, o reconhecimento, mas também a desconfiança, o ódio, a antipatia. A positividade ou a negatividade de tais atos é constatável somente nos seus efeitos: o amor é uma forma produtiva, ao passo que o ódio é destrutivo e a positividade se torna um valor não em sentido abstrato, mas enquanto ligado indissoluvelmente ao ser da pessoa: "No momento em que eu tomo posição positivamente ou negativamente em relação a uma pessoa, me coloco aos seus olhos como um valor ou um desvalor".[50]

Chega-se, desse modo, ao ponto central da investigação, que se refere à vida associada; de fato, é justamente nesta atitude de disponibilidade diante dos outros, assumida pelo ser humano a respeito dos outros, que se funda a solidariedade. Tal atitude é altamente construtiva em sentido comunitário e se atua "(...) onde os indivíduos são 'abertos' uns para os outros, onde as tomadas de posição de um não permanecem sem efeito sobre o outro, mas o solicitam e desenvolvem a sua eficácia: nisso consiste

48 *Idem*, *Psicologia*, p. 223.

49 *Ibidem*, p. 221.

50 *Ibidem*, p. 230.

a vida comunitária. Então, ambos os membros são uma totalidade e sem essa relação intercambiável a comunidade não é possível".[51] Isso consente o manifestar-se de uma força vital comunitária, ou mais incisivamente, o surgimento de uma personalidade unitária supraindividual.

Já Husserl tinha falado da comunidade em termos de personalidade.[52] Edith Stein retoma esse tema desenvolvendo-o em todos os seus aspectos, psíquicos e espirituais, demonstrando que a simples agregação não pode justificar a existência de grupos que se configuram unitários justamente na sua vida coletivamente intensa. O que lhes une não se manifesta, porém, como uma entidade supraindividual em sentido metafísico, segundo a resposta de Hegel, por exemplo, mas é a conexão profunda que nasce da força psíquica ou espiritual individual, a qual interage com a dos outros; pela qualidade da interação nasce a possibilidade ou impossibilidade da comunidade, que pode ser, obviamente, sempre ameaçada pela desagregação e pelo contraste.

A comunidade, de fato, se desfaz quando os membros se esquivam dela ou quando exploram uns aos outros como objetos. A relação recíproca gera, portanto, uma comunidade que pode ser considerada como uma unidade pessoal, mas, uma vez constituída, tal unidade não se refere a cada membro em particular como se fosse uma pessoa. O amor à pátria por parte do indivíduo, por exemplo, não pode influir diretamente sobre a comunidade, mas só indiretamente, como estímulo para os outros, e ser eficaz nesse sentido.

Constata-se, aliás, uma relação recíproca entre as comunidades que pode ser ela também de amor ou de ódio e, até mesmo, de "neutralidade" de um país, que às vezes é mais prejudicial do que o ódio, mesmo se não se exprime através de operações bélicas. Tudo isso é o resultado de uma análise que é conduzida em relação aos sujeitos, examinando os sentimentos e as atitudes dos membros de uma comunidade.[53]

Encontra-se, porém, também uma dimensão "objetiva". Para a constituição de uma comunidade não é suficiente a força que provém dos

51 *Ibidem*, p. 232.

52 HUSSERL, E. *Zur Phänomenologie der Intersubjektivität (Per la fenomenologia dell'intersoggettività)*, cit., n. 9, *Gemeingeist (Espírito comunitário) I;* n. 10, *Gemeingeist II.*

53 STEIN, E. *Psicologia*, p. 230.

sujeitos, ou seja, o momento "subjetivo", mas é necessário admitir a existência de fatores e condições objetivas, ligadas às características espaço-temporais em que as comunidades se encontram colocadas e entre essas é necessário enumerar não só a família, mas, em particular modo, os povos; portanto, as condições externas influem sobre a mentalidade de um povo e sobre os sentimentos vitais. Também o mundo dos valores no qual ele vive é muito importante: valores éticos, estéticos, religiosos são motivos, ou seja, fatores diretivos para o comportamento de grupos humanos.[54] Portanto, a natureza e a cultura constituem os dois momentos essenciais para compreender uma comunidade.

Para esclarecer melhor as características da comunidade e para entender a sua centralidade para a vida associada, podemos proceder fazendo uma comparação entre os conceitos de "massa" e de "sociedade".

A massa não tem um caráter próprio e uma massa não consegue se distinguir de outra; ela é um aglomerado de indivíduos que se comportam todos do mesmo modo, sem uma unidade interna e uma vida comum. É necessário, por isso, prestar atenção quando se define uma massa – o termo, observa Stein, seguidamente é usado na linguagem política em modo impróprio. Quando se fala de vontade das massas, por exemplo, se diz alguma coisa de não suficientemente meditado, pois justamente a vontade é estranha à essência da massa, sendo ela caracterizada por um modo de reagir coletivo fundado na excitabilidade da psique individual.

Isso demonstra que a massa não tem uma vida espiritual, mas puramente psíquica. Então, entre os indivíduos que compõem uma massa se desenvolve uma espécie de "contágio" de "sugestão", que pode prevalecer também na sua dimensão espiritual e subjugá-la. Por isso a massa precisa de um guia e, às vezes, pode também ser arrastada por uma ideia, mas o guia é exterior a ela e a ideia não nasce no seu interior; falta, portanto, a motivação e uma tomada de posição consciente.[55]

---

54 *Ibidem*, p. 235-236.

55 *Ibidem*, p. 258-270.

Contra a massa se delineia aquela possibilidade de união pessoal e espiritual específica que é a sociedade; os indivíduos que a formam são ligados a uma finalidade. A sociedade tem uma vida, ou seja, inicia e termina, possui uma estrutura e os seus membros desempenham um papel ao seu interno; são, por exemplo, operários ou membros de um partido e assim por diante. A sociedade, de fato, é caracterizada pela racionalização das relações: um indivíduo em relação ao outro é um "objeto", no sentido que se coloca em modo objetivo. Ao contrário, na comunidade cada membro é e permanece um sujeito.[56]

Apesar de ter as suas conotações, a sociedade não pode prescindir da comunidade. Essa última permanece o ponto de referência primário, pois também na sociedade os membros devem considerar-se como sujeitos para depois estabelecer entre eles relações objetivas.[57]

Uma ulterior diferença entre sociedade e comunidade pode-se encontrar no fato de que, se a sociedade é fundada na racionalização das relações, ela não tem uma história ou uma tradição; pode subsistir apesar da troca dos seus membros, enquanto de um ponto de vista geral, se é considerada globalmente, compreende todos os membros que a ela pertenceram e não coincide somente com a comunidade dos viventes, como afirmava Scheler.[58]

Se examinarmos, além do mais, a questão da gênese da sociedade, descobre-se que na base da mesma não se encontra uma desconfiança recíproca que induz à racionalização das relações entre os indivíduos. Ainda uma vez, contra a opinião de Scheler, considera-se que o pressuposto para a constituição da sociedade seja uma base comunicativa. Isso permite afirmar que a sociedade não é uma degeneração da comunidade, assim como não é a sua realização. Stein conclui com a observação segundo a qual, se queremos compreender de maneira essencial a sociedade, é necessário pressupor algumas formas de comunidade.[59]

---

56 *Ibidem*, p. 272-273.

57 *Ibidem*, p. 274.

58 *Ibidem*, p. 275.

59 *Ibidem*, p. 276.

Reafirma-se, desse modo, a centralidade da comunidade; dada a sua natureza orgânica, a sua gênese se atua quando se estabelece uma relação recíproca entre os indivíduos no nível da comunicação, da ação, dos sentimentos, em sentido positivo ou negativo; e visto que se reconhece a contribuição do indivíduo, admite-se também que as personalidades mais influentes possam imprimir uma mudança de direção, ou um caráter típico a todo um grupo.[60]

Se o influxo recíproco entre os indivíduos é um elemento caracterizante, o que conota essencialmente uma comunidade é um objetivo e um escopo comum. Nesse sentido pode-se falar do caráter pessoal da própria comunidade, que emerge quando os indivíduos vivem como membros da comunidade, ou seja, com um escopo comum.[61] Pode-se dizer, então, que uma comunidade tem uma alma (*Seele*) e um espírito (*Geist*), quando existe uma recíproca abertura dos membros e quando se estabelece uma unidade em sentido qualitativo: ter uma alma significa levar em si mesmos o ponto focal do próprio ser; ter um espírito quer dizer serem configurados como personalidades em si.[62]

Voltamos, desse modo, ao ponto de partida; de fato, se "(...) todas as genuínas realidades supraindividuais são espirituais",[63] ou seja, realmente e validamente realizadas, então o conhecimento dessas realidades é definível como ciências do espírito e o momento cultural deve ser reconduzido àquelas expressões vitais que constituem a unidade em sentido qualitativo dos grupos humanos.

2.1. A essência do Estado

A análise acima recordada torna-se a base para uma reflexão sobre a associação política, examinada nas suas estruturas mestras; é possível,

60 *Ibidem*, p. 248.

61 *Ibidem*, p. 288.

62 *Ibidem*, p. 289-291.

63 *Ibidem*, p. 312.

desse modo, estabelecer uma continuidade entre o ensaio, no qual examina-se a fundamentação filosófica da psicologia, e aquela do Estado, *Uma investigação sobre o Estado;* o fio condutor é representado exatamente pela descrição da comunidade e da sociedade.

Como já tinha sido indicado a propósito do nascimento da sociedade, Edith Stein não está de acordo com as teorias que consideram as associações humanas como um simples agregado de indivíduos. Contra uma interpretação contratualista do Estado, ela julga que à base dele está a comunidade ou a sociedade;[64] não se trata nem ao menos de admitir em sentido idealístico uma espécie de dialética do espírito que vê no momento mais alto, aquele do Estado, a realização do indivíduo e das associações humanas inferiores a ele. Nos termos das doutrinas políticas, pode-se afirmar que a sua teoria se aproxima a uma espécie de liberalismo, revisto em alguns pontos importantes, que dizem respeito à superação do conceito de indivíduo em favor do de pessoa – pelo qual a sua concepção pode ser considerada personalista –, e a natureza orgânica das associações humanas; todavia, ela aceita do liberalismo a convicção do papel não globalizante, não totalizante do Estado.

Partindo da análise das comunidades mais restritas, como a família e os laços de amizade, e remontando àquelas mais complexas, como a tribo, o povo e os diversos tipos de associações, comunidades religiosas e assim por diante, pode-se chegar à comunidade de todos os indivíduos como comunidade espiritual. Entre os dois polos, aquele das comunidades mais limitadas e aquele da comunidade espiritual que compreende todos, coloca-se o Estado, a comunidade estatal que se estende até onde chega a autarquia, compreendida em sentido aristotélico, isto é, a soberania, caracterizada pelo fato de que as formas da vida estatal não devem ser determinadas por nenhuma força externa.

Se essa concepção da soberania do Estado parece aproximar a posição de Stein àquela de Hegel, para o qual a soberania não é do povo, como tinha afirmado Rousseau, mas do Estado, a função não globalizante do

64 *Idem*, *Lo Stato*, cit., p. 23.

Estado faz compreender os limites, apesar de assegurar a sua validade.[65] Portanto, a sua ideia é equidistante tanto da visão de um Estado universal, que compreende toda a comunidade humana, quanto da anarquia que se instaura quando as comunidades mais circunscritas – famílias, partidos, organizações profissionais – tomam o domínio da situação.

Na verdade, a análise que ela conduz deveria prescindir nas suas intenções das questões a respeito da divisão dos poderes legislativo e executivo, ou a representação, confiada a um ou mais cidadãos, pois o objetivo em sentido fenomenológico é o de estabelecer qual é a estrutura ôntica do Estado e não tratar a formação do Estado ideal.[66] Essa questão não é de secundária importância, pois contribui a esclarecer o tipo de investigação aqui empreendida, reafirmando em que consiste o ponto de vista fenomenológico, e, mostrando a aplicação de uma análise essencial, consente a distinção entre momento ideal e a essência do conceito de Estado. De fato, para confirmar isso, a autora sustenta que o âmbito ôntico, que ela mostra, pode ser o pressuposto cognitivo para o sentido e a possibilidade de um Estado ideal, enquanto se descreve o que é o Estado em si mesmo.

A tarefa indicada conota o modo original da investigação fenomenológica. Para compreender o ponto de vista aqui assumido e como confirmação de quanto foi dito, é oportuno retomar o que Adolf Reinach quis fazer na sua investigação sobre o direito, *Os fundamentos a priori do direito civil*, ou seja, delimitar um campo de análise no tocante às entidades jurídicas, as quais "(...) possuem um ser do mesmo modo que os números, árvores e casas";[67] esse ser é independente de qualquer direito positivo, o qual deve reconhecer que não gera os seus conceitos, mas os encontra já prontos.

A análise converge, então, para estes conceitos já prontos que constituem a matéria (*Sache*) do direito, isto é, o objeto ou a coisa que é preciso

65 *Ibidem*, p. 24-25.

66 *Ibidem*, p. 26-27.

67 REINACH, A. *Die apriorischen Grundlagen des bürgerlichen Rechts*. Munique: Philosophia Resources Library, 1989 [*I fondamenti a priori del diritto civile*. Trad. FAL CIONI, D. Milão: Giuffrè Editore, 1999, p. 4].

investigar. Chega-se, assim, a entidades que existem *a priori* no sentido de que a aprioridade não se refere à conhecimento de proposições nem de juízos, mas do estado de coisas (*Sachverhalt*) avaliado ou conhecido.

Do mesmo modo, Heidegger, em *Ser e tempo,* indica o lugar da investigação em sentido ôntico referindo-se à pergunta sobre aquele ente (*ein Seiendes*) que é o ser-aí (*Dasein*).[68]

Essas referências são importantes para determinar o ponto de vista assumido e, portanto, a originalidade da investigação fenomenológica em relação às outras; trata-se da individuação de um plano até agora ignorado, apesar de estar presente, que Reinach considera independente do reconhecimento dele, operado pela reflexão humana, mesmo não sendo assimilável a um mundo das ideias de tipo platônico, enquanto não possui uma consistência metafísica em si.

Colocando-se em um ponto de vista muito próximo àquele de Reinach, Edith Stein pode proceder à análise de algumas questões essenciais que dizem respeito ao Estado, como: a relação entre Estado e povo, entre Estado e indivíduo, entre Estado e direito e outros fatores que concorrem à formação do Estado, o qual deve ser analisado também sob o perfil histórico, no que se refere à função política, ao território, aos limites de sua força e às razões da sua gênese e da sua decadência. Não é possível, por outro lado, ignorar a questão do valor do Estado e do seu relacionamento com as normas éticas e jurídicas e, enfim, com a religião.

Como pode-se notar, a análise se mostra muito ampla e articulada tentando fazer, na primeira parte do ensaio dedicada à individuação das estruturas do Estado, um exame da sua essência na base da distinção com outros conceitos importantes, como o de povo, nação, comunidade, sociedade, e, na segunda parte, procedendo a uma avaliação, tanto em referência ao indivíduo singularmente quanto à comunidade.

Uma vez individuada a soberania como elemento caracterizante do Estado, esse é distinto do povo enquanto é uma estrutura social, ao passo

---

68 HEIDEGGER, M. *Sein und Zeit*. Tubinga: M. Niemeyer, 1972, § 4.

que o povo é uma personalidade: tem, portanto, um caráter orgânico, do mesmo modo que a nação está na linha da comunidade enquanto comunidade do povo e enquanto consciência da sua unidade e tradição. O Estado, portanto, pode ter – apesar de que isso não é estritamente necessário –, aliás, deveria ter, sendo oportuno para o bom funcionamento dele, uma comunidade de povo como seu fundamento, mas não uma nação; mesmo que essa última poderia ser uma ulterior garantia de estabilidade, não é indispensável para a sua estrutura.[69]

No que diz respeito ao papel do indivíduo, observa-se que ele é "portador" (*Träger*) da vida do Estado, mas o Estado não é a finalidade da sua vida; isso vale também para o monarca, que se apresenta como um servidor do Estado e não o usa para os seus interesses como faz o déspota. Ao longo dessa linha de investigação é possível aprofundar o significado das diversas formas de organização estatal, já discutidas na filosofia grega e, em particular, naquela platônico-aristotélica: a aristocracia, a democracia e as suas formas degenerativas, a oligarquia e a demagogia.[70]

Nas relações entre Estado e direito reemerge o que foi observado a propósito de Reinach: o que se quer investigar é o direito puro, o qual prescinde de todo o direito positivo. Como o direito se refere às relações entre pessoas, é necessário, em primeiro lugar, perguntar-se sobre como a pessoa pode ser fonte de direito.

Somos remetidos, nesse caso, à questão dos atos livres sob o perfil ético, aos quais fez-se referência falando da pessoa; o ato em questão se refere à proposição voluntária como ato livre, que tem uma natureza peculiar enquanto se refere à esfera social. Isso significa, mais em geral, que o Estado não pode constituir-se senão no âmbito das pessoas, mas, por outro lado, essas últimas, quando agem para o Estado ou em nome do Estado, realizam atos que têm relevância naquele contexto e não são atos que se referem à sua pessoa.[71]

---

69 STEIN, E. *Lo Stato*, p. 36-38.

70 *Ibidem*, p. 42-46.

71 *Ibidem*, p. 50-55.

Pode-se notar que essa distinção é importante para individuar as duas esferas do privado e do público e evitar a sua sobreposição; nesse sentido dizia-se acima que de tal descrição emergem características do Estado, que se encontram em uma perspectiva liberal. Por outro lado, o Estado não é uma associação qualquer entre pessoas, enquanto a sua fundação é um ato que implica que a pessoa ou o grupo queira se tornar órgão do Estado. Não se trata, porém, de aceitar a teoria contratualista para justificar a origem do Estado e tampouco é considerada válida a teoria jusnaturalista que afirma o possesso de direitos fora do Estado, provenientes "da natureza", dos quais os indivíduos privar-se-iam reconhecendo o Estado. Se a doutrina contratualista tem razão em reconhecer que o Estado é composto por pessoas, segundo Edith Stein, tal doutrina erra quando julga que os indivíduos têm a possibilidade de despir-se da sua liberdade através de um ato livre.[72]

Como a *Sache* a ser descrita é o Estado, é necessário encontrar as suas características essenciais. Já notou-se que a soberania é o primeiro elemento determinante; é reafirmado, de fato, que ela é a *conditio sine qua non* do Estado e isso a prescindir do tipo de organização, tanto a monarquia absoluta quanto a democracia; o conceito de soberania deve ser entendido em conexão com a liberdade dos indivíduos que constituem o fundamento do Estado. A soberania é para o Estado o que a liberdade é para o indivíduo[73] como fonte de atos espontâneos e, portanto, como personalidade; por isso compreende-se que ele pode ser considerado uma pessoa, mas não pode ser um povo, que é, no mais, uma comunidade de pessoas.[74]

Como toda pessoa que realiza atos livres, o Estado é uma pessoa jurídica e, portanto, uma realidade jurídica e possui uma vontade jurídica, é fonte subjetiva de direito puro e direito positivo – esse último se distingue do primeiro porque pode ser conferido também para quem não é fonte de direito puro.[75]

---

72 *Ibidem*, p. 58.

73 *Ibidem*, p. 71.

74 *Ibidem*, p. 72.

75 *Ibidem*, p. 76-77.

É possível, além do mais, individuar nos atos do Estado um certo "espírito" (*Geist*), que ele revela no seu agir político e que exprime o *ethos* do povo, o qual constitui o âmbito da sua soberania; somente esse espírito pode fazer compreender se os seus representantes se afastaram dele na sua política, isto é, se os seus atos são pseudo-estatais.[76]

Coloca-se, portanto, a questão referente à relação do Estado com a comunidade ou com a sociedade: do exame realizado conclui-se que ele abrange, de maneira mais ou menos racionalizada ou, o que é equivalente, através de elementos que têm estrutura societária, uma comunidade. O seu nascimento, então, não pode ser atribuído a um contrato; como já foi notado, ele tem origem através de um processo espiritual que se atua quando são dadas condições particulares, consistentes na atividade e na capacidade de iniciativa por parte de quem se constitui como guia e, por parte dos indivíduos que o compõem, na disposição de ordem psíquica direcionada a um tal comportamento em modo de permitir uma organização durável; em todo caso, podem existir associações que não se constituem como Estados.[77]

Notou-se que o Estado é comparável a uma pessoa e que, na sua visão orgânica, é identificado tanto o aspecto espiritual quanto o psíquico. Não foi encontrado, porém, o momento da corporeidade. Através de uma ulterior análise, identifica-se também esse último aspecto, o qual se encontra no vínculo que se estabelece com um território, de modo que se pode afirmar que o Estado precisa de um solo como um indivíduo precisa de um corpo. De fato, os cidadãos necessitam de um lugar para viver.[78]

A visão orgânica do Estado, na sua distância de toda a forma de contratualismo, invoca as concepções de Platão e aquelas idealísticas de Fichte, ao menos do segundo Fichte e de Hegel. Tal invocação também é explícita por parte da autora, relativamente a alguns pontos de contato com as posições dos pensadores citados, todavia, as divergências são notáveis.

---

76 *Ibidem*, p. 100.

77 *Ibidem*, p. 107.

78 *Ibidem*, p. 120-121.

No que se refere a Platão, Edith Stein discute a questão fundamental do nascimento do Estado, entendendo que justamente o filósofo grego insistiu na necessidade de ajuda recíproca dos sujeitos humanos como fundamental para a gênese do mesmo e, além do mais, na divisão dos papéis, das classes (*Stände*), que ela entende em um modo mais aderente à sociedade germânica da idade contemporânea. Identificam-se, portanto, a classe dos militares, os quais devem defender a soberania do Estado, e a classe dos empregados, que representam, juntamente com a primeira, o esqueleto do Estado mesmo. O restante da população constitui a terceira classe, representando o material para a sua concreta formação. Portanto, a necessidade de uma organização que possa livrar os indivíduos das necessidades está à base da fundamentação do Estado e da configuração dos papéis recobertos pelos seus membros; ele é, então, uma comunidade que se especifica justamente em relação às tarefas das classes nas quais se articula.

A vida econômica, confiada em termos platônicos ao terceiro estado, e a vida cultural, se não regulam a si próprias de maneira autônoma finalizadas à organização estatal, devem ser controladas, a fim de que possam funcionar no seu âmbito; isso é necessário por causa da exigência de autarquia, da qual fala Aristóteles no VI e VII livro da *Política*.[79]

Nas intenções de Stein isso não significa dar um poder extraordinário ao Estado e, portanto, colocar em crise a relação entre esfera pública e privada, diferenciadas anteriormente, mas ter em mente concretamente uma harmonia entre as diferentes componentes, sem a qual a sua vida mesma é colocada em perigo. Pode-se evidenciar que é justamente o motivo da harmonia que emerge da descrição da essência do Estado; esse último, mesmo sendo algo de unitário, tem em si mesmo uma multiplicidade de partes e de aspectos que devem ser todos voltados a um único fim; nisso consiste a visão orgânica que emerge através da análise conduzida.

Como se trata de uma análise essencial, não nos baseamos em precisas situações de fato, apesar de que não faltam referências a concretos contextos históricos – ao Medievo ou à situação da Alemanha dos tempos da autora –

---

79 *Ibidem*, p. 128-129.

e a algumas fundamentais teorizações no âmbito das doutrinas políticas. Na realidade, como foi evidenciado, o objetivo da autora não é o de encontrar qual é o Estado melhor, mas o que significa para uma organização humana ser um Estado; nesse sentido, das suas análises emerge que o tipo de investigação proposto por Aristóteles é por ela considerado exemplar, enquanto considerado o mais convincente.

3. Fé e filosofia

Como para Hedwig Conrad-Martius – e isso será mostrado em seguida – os resultados da investigação científica contemporânea, a ontologia e a Revelação hebraico-cristã se apresentam com uma tal continuidade que torna possível uma leitura unitária do universo, assim é a questão para Stein, que se coloca desde um ponto de vista teorético e diz respeito ao peso da Revelação na delineação desse grande afresco.

Erich Przywara, no seu ensaio *Entre metafísica e cristianismo* (*Zwischen Metaphysik und Christentum*) contido no número especial do *Philosophisches Jarhbuch der Görres-Gesellschaft* (*Anuário filosófico da Sociedade Görres*) dedicado a Conrad-Martius, de 1958, evidencia não só uma conexão natural entre fenomenologia e metafísica na autora, mas também uma construção da metafísica sob a influência da Revelação, com particular referência aos *Diálogos Metafísicos* (*Metaphysische Gespräche*) de 1921. Stein não parece ser do mesmo parecer; de fato, nas cartas escritas à amiga, ela a impulsiona nessa direção, porque não lhe parece que isso apareça de modo explícito nas obras de Conrad-Martius.[80]

Pode-se tentar dirimir essa questão interpretativa, evidenciando que, na verdade, para ambas as pensadoras não se trata de elaborar uma metafísica ou uma ontologia. Partindo da verdade revelada, de fato, elas têm bem presente a distinção entre teologia e filosofia. Trata-se, no mais, de constatar

80 *Idem*, *Briefe an Conrad-Martius mit einem Essay über Edith Stein* (*Lettere a Conrad-Martius con un saggio su Edith Stein*). CONRAD-MARTIUS, H. (org.). Munique: Kösel, 1960, carta de 13.11.1932, p. 13 [*La ricerca della verità*. Trad. PEZZELLA, A. M., cit., p. 119].

uma confirmação, um acordo, uma continuidade entre o que a compreensão racional, de tipo filosófico ou científico, consente em apreender e os conteúdos da revelação. Certamente se coloca a questão da possibilidade de erro, de uma falsa ou insuficiente leitura da realidade.

A atitude fenomenológica, à qual são ligadas, deveria ajudá-las a resolver tal problema na raiz, enquanto a garantia da validade da investigação reside na escrupulosidade, com a qual nos deixamos guiar pela descrição dos fatos, das coisas, aos quais não se deve sobrepor nada; todavia, jamais algum fenomenólogo iludiu-se de ter, de tal modo, radicalmente evitado qualquer possibilidade de erro, reconhecendo sempre a limitação da investigação humana. Não é por acaso que a insistência de Husserl em relação ao *immer wieder*, sobre a necessidade de recomeçar cada vez a investigação do início, nasce justamente dessa consciência.

Se nos seus escritos de impostação mais decididamente fenomenológica Edith Stein seguiu o critério da evidência para uma confirmação da validade das suas análises, permanecendo, de tal modo, no sulco husserliano e, sempre mais insistentemente, depois da conversão colocou-se a questão da verdade e dos critérios que podem garanti-la. Isso aparece pela primeira vez explicitamente no ensaio de 1929, no qual, confrontando o pensamento de São Tomás e a fenomenologia de Husserl, ela sublinha a impostação teocêntrica do primeiro e a antropocêntrica do segundo em relação ao tema da verdade.[81]

Indubitavelmente, a diversidade dos itinerários espirituais de Conrad-Martius e de Edith Stein marca também o seu diferente modo de entender as relações entre a fé e a investigação filosófica. Poderia-se indicar que, ao menos em nível teórico, Conrad-Martius nunca indicou explicitamente na Revelação o critério último da validade da investigação, mesmo que sempre tenha tido em mente nas suas investigações a doutrina da fé, mas o que é problemático é justamente o significado dessa presença.

Pode-se dizer que, em modo natural, ou seja, sem esforço, e dentro da razoabilidade, ou seja, com substancial continuidade lógica, Conrad-Martius

---

81 *Idem*, *Husserls Phänomenologie und die Philosophie des heiligen Thomas von Aquin*, p. 280.

sempre indicou nos seus escritos a compatibilidade entre fé e razão e o seu acordo, se a investigação é levada adiante com honestidade intelectual. Ela demonstrou mover-se em um horizonte de fé enfrentando as grandes questões metafísicas, mas não teorizou uma filosofia cristã, mesmo se talvez, de fato, a tenha elaborado com sua originalidade.

A conversão de Edith Stein (1922), a ser entendida mais propriamente como recuperação da dimensão religiosa, da qual tinha se afastado, em uma perspectiva cristã-católica, marcou profundamente o seu caminho, induziu-a a tomar posição sobre a questão da filosofia cristã e conduziu--a a repercorrer sistematicamente o itinerário da especulação medieval.[82] Na verdade, são estes os pontos de "divergência", se assim se pode dizer, que emergem do epistolário de Edith Stein a Conrad-Martius. Compreende-se, de tal maneira, porque, como notou-se, Edith Stein exprime a convicção segundo a qual a metafísica nasce do encontro entre filosofia e teologia e convida a amiga a uma leitura de São Tomás. Isso não significa, porém, que ela não sinta a influência dos escritos de Conrad-Martius, aliás, utiliza para a sua redação tanto de *Potência e ato* quanto de *Ser finito e Ser eterno* alguns ensaios e livros da amiga, mas sempre com uma atitude crítica, avaliando os conteúdos segundo a sua perspectiva.[83]

Stein, por um lado, sublinha que no fundo da investigação de Conrad-Martius existe uma ontologia que ainda, porém – estamos nos anos 1930 –, ela não elaborou completamente; por outro, admite o interesse da amiga pela Escolástica medieval e, em particular, por São Tomás, por isso lhe envia a sua tradução das *Quaestiones disputatae de Veritate*, pedindo um parecer. Ela afirma, com modéstia, que a obra que está preparando, redigida nos anos 1935-36 enquanto se encontrava já no Carmelo de Colônia – justamente sobre o Ser finito e o Ser eterno –, é somente uma tentativa de

82 *Idem*, *Ser finito e Ser eterno*. Introdução: O problema do ser, § 4.

83 Do epistolário publicado por Conrad-Martius extrai-se que E. Stein leu o ensaio *Bemerkungen über Metaphysik und ihre methodische Stelle*, *Philosophische Hefte*, III, 3/4, 1932; o conhecimento dos *Diálogos Metafísicos* e da *Alma das plantas* é confirmada pelo longo comentário contido no cap. VI de *Potência e Ato;* o ensaio *Ontologia Real* e o livro sobre *O tempo* são citados em *Ser finito e Ser eterno.*

escrever uma "pequena" ontologia e é sua intenção que esta seja ancorada na tradição filosófica, em particular a medieval. Esse não é certamente o projeto de Conrad-Martius e nunca será a sua intenção, mesmo se aperfeiçoando sempre mais a sua investigação ontológica com contínuas referências à filosofia do passado; é necessário, por outro lado, observar que toda a tentativa de confronto entre as duas pensadoras deve levar em conta o fato de que a especulação de Conrad-Martius continuará por outros trinta anos até 1966, ano da sua morte, e que ela elaborará uma própria ontologia na obra intitulada *O Ser* (*Das Sein*),[84] talvez também sob o incentivo da amiga.

Em todo caso, fixando a atenção sobretudo na produção das duas filósofas na década de 1930 e considerando neste cenário o pensamento integral de ambas, pode-se notar que, de um ponto de vista teórico, os dois projetos são diferentes, enquanto na sua realização se aproximam mais do que elas mesmas admitem. Refiro-me em particular à questão da filosofia cristã, à conexão entre teologia e filosofia e entre a investigação racional e a experiência de fé.

A aceitação do catolicismo impulsiona Edith Stein não só a levar em consideração a relação entre experiência religiosa e investigação filosófica, mas, como já foi notado, a examinar como essa relação configurou-se historicamente. Para esse confronto histórico o clima cultural era particularmente favorável, justamente por causa das discussões que estavam se desenvolvendo em ambiente francês sobre a possibilidade de uma filosofia cristã. Etienne Gilson e Jacques Maritain tendiam a demonstrar, como é conhecido, que não só na idade medieval houve uma especulação filosófica ladeada por aquela teológica, mas que justamente a Revelação hebraico-cristã tinha permitido ampliar os confins do conhecimento humano e alcançar algumas verdades das quais, depois, a reflexão teria partido para um desenvolvimento autônomo. Por isso, na opinião desses pensadores, a experiência religiosa, longe de ser um freio para a investigação racional, representa um estímulo potente.

---

84 CONRAD-MARTIUS, H. *Das Sein* (*O ser*). Munique: Kösel, 1957.

Stein parece compartilhar teoricamente esta tese. Na verdade, o que ela aceita é somente a referência ao pensamento medieval, pois a sua sensibilidade a conduz, de fato, a rever em alguns pontos fundamentais as posições dos filósofos franceses.[85] A filosofia não parte, segundo Edith Stein, de algumas verdades de fé para depois desenvolver uma reflexão racional, como afirma Gilson;[86] ela entende a tarefa da filosofia de maneira mais ampla: é o lugar da reflexão humana em que são harmonizadas, pelo fato de se reconhecer uma conveniência razoável para fazer isso, entre investigação e experiências várias, é o lugar no qual se estabelece uma continuidade entre a experiência religiosa, a sua sistematização teórica, ou seja, a teologia, e a investigação confiada às capacidades intelectuais humanas, aquela que tradicionalmente é chamada filosofia. Essa é a tarefa que ela julga atual para a investigação, pois responde a uma exigência pessoal e também a um apelo epocal, enquanto não se pode eliminar o fato de que a cultura europeia é profundamente marcada pela presença da tradição hebraico-cristã; tal realidade fora vivida de modo imediato e ao mesmo tempo de forma aguda na Idade Média.

A idade moderna subestimou tal presença no mais das vezes, mas, ao contrário de Gilson e Maritain, Edith Stein não condena todo o pensamento moderno e contemporâneo, reconhecendo a positividade de algumas tentativas e, primeira entre todas, a da fenomenologia, de retomar a questão da validade da investigação humana, ou seja, a questão da "filosofia perene". Ela deseja acrescentar a essa análise, a qual dá ótimos resultados para alguns campos do saber e permite à mente humana o exercício das suas potencialidades em modo autônomo, o conteúdo da fé, que amplia os horizontes e contribui fortemente a não perder a orientação na busca pela verdade. O reconhecimento da necessidade de tal abertura é um reconhecimento racional. A filosofia, desse modo, pode refletir sobre o valor de si mesma, dos seus próprios procedimentos e de outras coisas que fogem do seu campo de ação, como, por exemplo, o conteúdo da Revelação e a investigação teológica. O

85 BELLO, A. Ales. *Apresentação à tr. it. de* E. Stein, *Essere finito e Essere eterno.* Roma: Città Nuova, 1999.

86 GILSON, E. *L'esprit de la philosophie médiévale.* Paris: J. Vrin, 1932, Parte I, cap. I e II.

objetivo é, de fato, a busca da verdade; então, qualquer instrumento é útil, qualquer sugestão é válida, nenhuma preclusão é admissível.[87]

Nota-se, nessa atitude, uma grande sensibilidade em acolher qualquer fonte de saber e em unificar todas, sensibilidade que pode ser considerada característica do ânimo feminino. Edith Stein sabe identificar em algumas experiências do passado e, em particular, nas grandes *Summae* medievais, uma síntese operada racionalmente, entre dimensões e âmbitos diversos de investigação, não retrocedendo em uma crítica atuada em modo rígido e restritivo, excluindo – como acontece nos casos extremos e menos inteligentes de alguns setores da investigação moderna e contemporânea – tudo aquilo que não entra em um esquema já definido.

Deseja-se evidenciar aqui a importância que a experiência religiosa e a investigação teológica têm para Edith Stein, mas também indicar que a investigação filosófica mantém um andamento prevalentemente fenomenológico na sua perspectiva e em um duplo sentido: em primeiro lugar, como descrição dos aspectos da realidade que são acessíveis à investigação humana, como, por exemplo, a investigação sobre o ego e sobre a intersubjetividade, levada adiante sempre com atitude descritiva essencial e, em segundo lugar, como disponibilidade a acolher experiências e conteúdos culturais diversos, os quais devem ser avaliados e compreendidos, mas que não devem ser eliminados preconceituosamente.

A operação da colocação entre parênteses, que caracteriza o método fenomenológico, parece ser contrastante com o que aqui é indicado, mas ela tem, na verdade, o único escopo de evitar uma aceitação acrítica, no sentido de que, se enfrentarmos a questão da experiência religiosa, precisa dar-se conta em profundidade do que estamos avaliando; o mesmo vale para a teologia ou para a especulação do passado. A aceitação ou não dos seus conteúdos passa sempre através da sua maior ou menor capacidade de esclarecimento de questões reais; por exemplo, se o cristianismo responde a algumas perguntas, resolve alguns problemas, deve ser aceito e se deve ser reconhecida a sua contribuição à ampliação do saber.

87 STEIN, E. *Essere finito e Essere eterno, Introdução,* § 4.

Esse motivo me parece que acomuna substancialmente as duas pensadoras para além das suas afirmações teóricas. Se é verdade que Edith Stein escreve a Hedwig Conrad-Martius que a metafísica é filosofia e teologia, com isso ela quer dizer que a doutrina da fé pode servir ao esclarecimento da realidade; por outro lado, isso tinha sido também proposto por Conrad-Martius, basta recordar as suas reflexões sobre a criação do universo.

Se Stein julga que a sua amiga não tenha ainda "dado forma" à sua ontologia, entende dizer, na verdade, que não escreveu ainda um tratado, o qual possa ser considerado uma *Summa*; por isso ela é inclinada ao pensamento medieval, com o intuito de encontrar um modelo de investigação, o modelo que ela mesma redescobriu e que entende seguir na elaboração do seu livro.

De fato, em muitos pontos desse último livro, pode-se encontrar de maneira concreta como a investigação pode usar "harmonicamente" fontes diferentes. Paradigmático nessa direção é o parágrafo 12 do capítulo III dedicado ao *Ser essencial e o Ser eterno*, o qual tem um andamento, primeiramente, puramente filosófico, ligado a uma investigação sobre a relação entre o ego e a temporalidade e sobre a superação da temporalidade mesma para a compreensão do significado do próprio ser e, depois, vai em direção à meditação do Novo Testamento, das passagens famosas do início do evangelho de João – "No princípio era o Verbo" – e da carta aos Colossenses de Paulo – "Ele existia antes de todas as coisas" (1, 17). Edith Stein comenta:

> Evidentemente esses dois textos da Sacra Escritura nos levam muito mais longe de quanto nos mostra o intelecto na sua investigação. Mas talvez o significado filosófico do *Logos*, ao qual estamos voltados, pode nos ajudar a compreender o significado teológico e, por outro lado, a Verdade revelada pode, por sua vez, nos ajudar nas dificuldades filosóficas.[88]

Tudo isso ocorre com a consciência da limitação do conhecimento humano e também da obscuridade da fé; essa consciência é a filosofia:

88 *Ibidem*, tr. it. p. 101.

> A realização plena daquilo que a filosofia mira, como aspiração pela sabedoria, é unicamente a própria sabedoria divina, aquela visão simples mediante a qual Deus abraça a si mesmo e toda a criação. A mais alta realização alcançável por um espírito criado – certamente não com as próprias forças – é a *visão beatífica*, que Deus lhe doa quando o une a si: ele vem a participar do conhecimento divino, participando da própria vida divina. Durante a vida terrena, a máxima aproximação a essa altíssima meta é a *visão mística*.[89]

À análise desse tipo especial de conhecimento ela dedicará um estudo que tem como ponto de partida as obras de dois santos, João da Cruz e Teresa d'Ávila, os quais constituem o ponto de referência fundamental da Ordem carmelitana reformada, à qual ela passa a pertencer nos últimos anos da sua vida.

4. A análise fenomenológica da mística

Pode-se mostrar o tema da mística internamente à escola fenomenológica através das duas estudiosas que se interessaram ativamente com o objetivo de justificar a legitimidade da sua existência e de indicar os percursos que a caracterizam: as duas pensadoras são Gerda Walther e Edith Stein. Se é bastante conhecido o fato de que a última se interessou na experiência mística, sobretudo durante a sua permanência no Carmelo, talvez seja menos conhecido que um verdadeiro tratado de fenomenologia da mística foi escrito por Gerda Walther em 1923.[90]

89 *Ibidem*, tr. it. p. 28.

90 WALTHER, G. *Phänomenologie der Mystik*. Halle: Max Niemeyer, 1923. (Já fiz referência à complexa personalidade de Walther no meu livro *Fenomenologia dell'essere umano – Lineamenti di una fenomenologia al femminile*, Roma: Città Nuova, 1992 e no artigo "L'analisi della mística in Edith Stein e in Gerda Walther". In: *Filosofia e mistica – Itinerari di un progetto di ricerca*, Studia Anselmiana, n. 125, 1997; coloquei em evidência que três almas vivem nela: aquela orientada para os problemas políticos – de fato, tinha se dedicado ativamente à vida política militando na juventude no partido social-democrático alemão –, aquela voltada às investigações filosóficas e psicológicas – foi discípula

Antes de fixar-me a ilustrar os resultados das análises realizadas por Edith Stein, gostaria de fixar a atenção justamente em Edmund Husserl para notar em qual modo ele abriu a estrada às análises que conduzem a evidenciar o significado da mística. Não fez tudo isso conscientemente, aliás, o termo "mística" é por ele usado, como algumas vezes também por Stein antes da conversão ao catolicismo, em sentido pejorativo de um conhecimento não esclarecido e não investigado, portanto confuso e inconsistente. Todavia, a sua investigação sobre a interioridade permite identificar o terreno no qual pode-se justificar a experiência mística.

Para compreender isso, é oportuno examinar de novo alguns pontos fundamentais contidos no primeiro volume da obra *Ideias*. Nela, Husserl delineia o seu método de investigação que consiste em dois passos: a redução eidética – ou seja, a colocação em evidência da possibilidade por parte do ser humano de apreender intuitivamente a essência das coisas (*Sachen*) – e a aplicação do conhecimento essencial ao âmbito da subjetividade. Inicia, desse modo, um trabalho de escavação, como enunciado acima, que Husserl compara seguidamente àquele do arqueólogo e que tem como momento fundamental a evidenciação de atos que são vividos pelo ser humano (*Erlebnisse*), dos quais tem-se consciência.[91] Delineia-se, portanto, a esfera pura da consciência como resíduo fenomenológico, que constitui o novo campo de investigação. Nesse campo pode-se aferrar na sua essência pura, por exemplo, as vivências da percepção, da recordação e da imaginação. Tais vivências se apresentam na sua concreta conexão em um fluir na corrente de consciência e remetem intencionalmente, enquanto momento noético, àquilo que é percebido, lembrado e imaginado, também conteúdos da consciência e que constituem o aspecto noemático, mas ulteriormente podem-se referir àquilo que transcende a consciência mesma, como, por exemplo, o objeto real enquanto percebido. Tudo isso

---

de Edmund Husserl e de Alexander Pfänder –, e, enfim, aquela religiosa – inicialmente ateia, abraçou em seguida a fé católica. O meu último artigo é "The Sense of the Mystical Experience According to Gerda Walther". In: *Gerda Walther's Phenomenology of Sociality, Psychology and Religion*. CALCAGNO, A. Dordrecht: Springer, 2018, p. 135-147.)

91 HUSSERL, E., *Idee*, p. 69.

diz respeito tanto ao conhecimento do mundo físico quanto do mundo interior, que pode reflexivamente ser colocado em relevo.

Todavia, a análise não pode parar em uma dimensão imanente; como já mostrado, abrem-se estradas que ultrapassam a consciência e conduzem à transcendência. Já foi dito acima que existem, em especial, dois pontos na obra que se está examinando, nos quais Husserl, partindo da análise das correntes de consciência, é obrigado a admitir a transcendência, não só do mundo, mas a de Deus: presença de Deus na consciência, mas sua transcendência num sentido totalmente diferente da transcendência do mundo, portanto, transcendente em relação ao mundo e à consciência. Trata-se, desse modo, de colocar em relevo a existência de um absoluto anunciado na consciência, mas totalmente diferente da consciência mesma e do mundo.[92]

O que interessa remarcar a essa altura é que, partindo da análise da corrente de consciência e das vivências, admite-se que exista uma espécie de imanência de Deus na consciência, mas exclui-se que possa ser concebida como imanência no sentido das vivências e, portanto, devem existir outros modos para a anunciação da transcendência divina e "notícias intuitivas, em base às quais o pensamento teórico poderia racionalmente tornar inteligível a potência unitária do suposto princípio teológico".[93] A forma verbal ao condicional "poderia" e o adjetivo "suposto" justificam-se com o fato de que Husserl não procede, naquele momento, concretamente a uma análise nesse terreno, sobre o qual também foi conduzido, aliás, ele continua observando que "nosso alvo imediato não se direciona à teologia, mas à fenomenologia, por quanto essa possa ter indiretamente uma grande importância para aquela".[94]

Na verdade, Husserl retoma em outros lugares e momentos esse tema, fornecendo algumas soluções,[95] mas o que nos interessa nesse momento é que se pode extrair das suas afirmações que o divino está presente em

92 *Ibidem*, p. 112.

93 *Idem*.

94 *Idem*.

95 Tratei em vários lugares esse tema; remeto ao meu livro *Husserl – Sul problema di Dio*, cit., e ao § 5.2 *infra*.

todas as consciências e em todas as almas e se revela como essencialmente pessoal. Tudo isso induziu James Hart, um dos poucos estudiosos desse aspecto das análises husserlianas, como foi indicado acima, a encontrar uma convergência com a tradição platônico-agostiniana e até mesmo com o misticismo ocidental.[96] Não acredito que possam existir explícitos liames com a mística, mas a presença de Deus na alma, entendida como pessoa que estabelece com a criatura uma relação de amor e que lhe indica o fim ao qual tendia, é indubitavelmente afirmada por Husserl com insistência.

É interessante notar que uma tomada de posição de Husserl sobre o tema da mística se extrai do esboço da carta pensada como resposta a uma missiva de Gerda Walther de 18 de maio de 1920.[97] Trata-se de um escrito de sete páginas dedicado ao aprofundamento da relação passividade e atividade da consciência e da gradual passagem da atualidade da consciência a uma não atualidade que, todavia, conserva o que é conhecido, mantendo-o; por outro lado, se estabelece uma gradualidade entre o que é percebido e apercebido passivamente e a capacidade de julgar e querer ativamente. Nesse contexto, se inserem algumas conclusões finais, que aludem a uma escavação no profundo da interioridade. Por um lado, existe uma tipicidade da experiência, um *habitus,* que é igual em cada sujeito em sentido estrutural, mesmo cada um tendo o seu modo particular, com as suas particulares profundidades; por outro, coloca-se a hipótese da plenitude de possíveis experiências, que abrem novas estradas e novas perspectivas, estabelecendo um duplo movimento de descida na "profunda profundidade" e de subida a partir daquilo que é mais profundo: "in tiefen Tiefen bewegt, aber auch aus tiefsten Tiefen kommt".[98]

Pode-se perguntar se tudo isso tem a ver com a experiência mística. Em todo o caso, Gerda Walther, na sua introdução à nova edição de *Fenomenologia della mistica* de 1956, remete à opinião de Husserl sobre o seu

---

96 HART, J. *Op. cit.*

97 HUSSERL, E. "Entwurf eines Briefes als Antwort gedacht an Frl. Walther". *Ms. transc. A V 21.*

98 *Ibidem*, p. 7.

trabalho e sobre a mística em geral, dizendo que, segundo o mestre, se trata de "possibilidades ideais" e que a única coisa real é a experiência do místico, mas que é extremamente subjetiva e não se pode estabelecer a realidade do "objeto" experimentado. Husserl, portanto, não colocaria em discussão o aspecto subjetivo da experiência mística, mas duvida que se possa mostrar que ela coloque o ser humano realmente em relação com a divindade.

Enquanto a experiência do mundo é uma experiência certa e é também a experiência de Deus colhida através da via religiosa e filosófica, se pode duvidar da validade do contato com a divindade que provém da união mística.

Ao contrário, as duas fenomenólogas, Gerda Walther e Edith Stein – e se poderia também acrescentar Hedwig Conrad-Martius, que encorajou Walther a republicar as suas análises sobre a mística[99] –, são convictas da validade objetiva desse tipo de experiência e da sua especificidade em relação às outras experiências e conhecimentos. Ambas afirmam que não estão descrevendo uma própria experiência mística, mas que estão sendo atraídas pelos testemunhos dos místicos, em primeiro lugar, da mística carmelitana e, sobretudo, por Santa Teresa d'Ávila, considerada a fonte primária para ambas e, depois, Meister Eckhart e Martin Buber para Walther e São João da Cruz para Stein.

A sua intenção é de analisar os escritos dos místicos para apreender o lado subjetivo e objetivo desse especial tipo de visão. Visto que, para quem diz ter tido esse tipo de experiência, se trata de um encontro pessoal, é necessário apreender o lugar do encontro e as modalidades. Aí está o motivo pelo qual a análise da interioridade é o terreno privilegiado para mostrar, porém, que não se trata de uma projeção por parte do ser humano, mas de uma extraordinária "invasão" do seu território pessoal por parte de uma potência que o supera. O próprio Husserl dizia que devem existir correntes de *Erlebnisse* diversas em relação àquelas que consentem em conhecer o mundo físico para caracterizar a dimensão religiosa. Trata-se, então, de identificar tais correntes e de vê-las operando, em que uma absoluta alteridade, que

99 A notícia é contida na Introdução de Walther à sua obra *Phänomenologie der Mystik*, que foi republicada em 1956 em edição ampliada (Friburgo: Walter Verlag, 1955).

em todo o caso, em alguma medida, habita no ser humano e irrompe em toda a sua plenitude. Sigamos brevemente a descrição das modalidades de tal irrupção fornecidas por Edith Stein.

4.1. Análise fenomenológica da mística carmelita

As conotações de fundo da interioridade, imersas na análise fenomenológica, servem a Edith Stein para compreender o fenômeno da mística que a tinha atraído desde a sua conversão, aliás, que talvez tivesse até mesmo determinado essa conversão. A leitura da autobiografia de Santa Teresa d'Ávila confirma e amplia o que emerge da descrição essencial conduzida pela jovem fenomenóloga, mas também São João da Cruz pode ser compreendido usando essa chave interpretativa. Trata-se, por um lado, da escavação na interioridade e, por outro, de remontar do ponto mais profundo à abertura para a transcendência. Transcendência e imanência encontram uma justificação ulterior exatamente através do testemunho dos místicos. A esse ponto, pode-se constatar um interessante entrelaçamento na posição de Stein entre a fenomenologia husserliana e a contribuição do pensamento de Agostinho. Por um lado, Agostinho, lido em perspectiva fenomenológica, e, por outro, o estudo da interioridade realizado pela fenomenóloga como suporte e confirmação dos resultados alcançados por Agostinho.

Gostaria de fixar a atenção em dois momentos centrais dos escritos dos dois santos carmelitas, isto é, a descrição do *Castelo interior de Santa Teresa d'Ávila* e a *Escada de amor*, da qual fala São João da Cruz. Eles encontram uma confirmação e, por sua vez, confirmam, segundo a autora, a validade da descrição da interioridade proposta por ela mesma nas análises contidas em *Psicologia e ciências do espírito* e reafirmadas em *Ser finito e Ser eterno.*[100]

100 "Esse também é um ponto sobre o qual devemos constatar que existe um acordo entre a nossa concepção e os testemunhos da santa: como a alma é uma realidade espiritual pessoal, o seu íntimo, a sua particularidade intrínseca, enfim, a sua essência de onde brotam as suas forças e a interação da sua vida não são somente uma coisa ignota que nós admitimos como dado para explicar os fatos espirituais experimentáveis, mas são também algo que pode tornar-se claro e tangível para nós mesmos per-

Tanto o percurso desde os muros do castelo até o centro da alma, quanto a ascensão da escada até a visão de Deus, implicam as três dimensões colocadas em evidência por Stein através da análise das vivências, ou seja, a corporeidade, o aspecto psíquico e a espiritualidade.

> O corpo representa para ela os muros do castelo – escreve Stein –, os sentidos e as potências espirituais (memória, inteligência e vontade) são por ela vistos ora como vassalos, ora como guardiões, ou simplesmente como habitantes.[101]

E cita o texto da Santa Madre que diz:

> vocês devem voltar o seu olhar ao centro, onde está situado o apartamento ou o palácio no qual mora o rei, e imaginá-lo como o miolo do palmito andaluz, o qual tem muitas folhas a serem tiradas, a fim de que se possa chegar à parte comestível. E assim também ao redor dessa morada e acima dela existem muitas outras. Nós devemos sempre considerar as coisas da alma com amplidão de visão, dotadas de amplidão e grandeza, sem medo de exagerar, pois a capacidade da alma ultrapassa toda a imaginação humana.[102]

Tudo isso confirma a complexidade da estrutura interior, evidenciada por Husserl e por Stein. E, partindo deste último ponto, pode-se recordar ainda uma vez o que Husserl escreve na *Crise das ciências europeias*, citando o fragmento de Heráclito: "Qualquer estrada que você percorra, nunca chegará a encontrar os confins da alma, tão profundo é o seu fundo".[103] Por outro lado, Edith Stein, como foi dito, tinha colocado em relevo a existência de um núcleo, de um *Kern* que é o ponto mais profundo da alma. E o

---

manecendo sempre misterioso" (STEIN, E. "Il castello interiore". In: *Natura Persona Mistica – Per una ricerca cristiana della verità.* BELLO, A. Ales. Roma: Città Nuova, 1997, p. 145-146).

101 *Ibidem*, p. 118.

102 *Ibidem*, p. 118-119.

103 HUSSERL, E. *Crise*, § 49, p. 196.

termo "alma" é só um termo complexo para uma pluralidade de aspectos e momentos, como foi colocado em relevo precedentemente, assim como as seis moradas que conduzem à última, ao centro, representam em ato a obra dessas múltiplas dimensões.

A primeira morada coincide com a individuação do instrumento mais apropriado para proceder com a análise do território privilegiado por Husserl, o da subjetividade, ou seja, a autoconsciência. Mas, para sermos solicitados a prosseguir nessa direção, é necessário sermos atingidos pelos apelos de Deus, que entram da parte exterior, como as palavras de um discurso, as passagens de um livro, as doenças ou outros convites que são filtrados através daquelas vivências que remetem, por sua vez, à dimensão corpórea (escuta), à psíquica (emoções e reações, tomadas de posições espontâneas) e à espiritual (decisão de realizar algumas ações).

Os apelos tornam-se sempre mais interiores à medida que se passa a estados de ânimo sempre mais refinados: as consolações (terceira morada), as doçuras (quinta morada), cuja fonte se revela sempre mais distinta em relação à alma mesma, motivo pelo qual aquelas que a santa Madre chama de potências da alma são guiadas por uma força que as supera; o pensamento e o intelecto não devem cessar de agir, mas a reflexão deve colocar-se de lado para preparar a quinta morada, ou seja, a oração de união. A dimensão afetiva segue poderosamente esse processo: daí emerge o tema do amor e, ligados a ele, os temas caros à mística esponsal dos dois santos carmelitas: o noivado e o matrimônio, imagens que servem para comunicar o que acontece na sexta e sétima morada. Mas tudo isso que acontece é registrado pelas próprias potências da alma; elas, mesmo não agindo, são vigilantes e também o intelecto o é, aliás, é justamente na sétima morada que a visão intelectual consente de compreender, com absoluta certeza, que as Três Pessoas são uma só essência, uma só potência, uma única ciência e uma só divindade. Aqui o Senhor mostra-se à alma no seu ponto central não com uma visão imaginária, mas sim em uma visão intelectual", assim se exprime Santa Teresa d'Ávila, e acrescenta: "Aquilo que Deus revela à alma nesse momento é um mistério tão grande, uma graça tão sublime que enche a alma de uma alegria tão extraordinária que eu não posso compará-la a nada, exceto à glória do céu, que Deus quer revelar naquele momento de maneira superior a qualquer outra visão ou doçura espiritual.[104]

Como se percebe, o ponto de chegada não é o êxtase entendido como perda de si, mas, ao contrário, uma espécie de potenciação de si, que não acontece com as próprias forças espirituais, mas por causa de uma extraordinária intervenção.

O mesmo itinerário é descrito através da escada de amor proposta por São João. Aqui a ascensão é vista sobretudo em relação à ligação de amor, mas ficam envolvidas também as outras potências da alma. Para o santo também o décimo grau é aquele da clara visão, da participação, da total assimilação, não entendida, porém, no sentido de que "a alma abraça tudo como Deus, o que é impossível, mas porque tudo o que a alma é, torna-se semelhante a Deus".[105]

Em concordância com a posição de Gerda Walther, segundo a qual a identidade do sujeito humano permanece fortemente e, ainda, segundo a qual não ocorre uma perda de si mesmo no sentido da anulação (*keine Selbsterlösung*), também Stein, comentando os textos de São João à luz daqueles de Santa Teresa, segundo o seu parecer mais perspicaz, evidencia as conexões com a análise do ser humano proposta por Santo Agostinho. A mística confirma a não habitação de Deus na alma no sentido de que a experiência mística indica que Deus se revela naquele ponto profundo da alma, na qual já existe a não habitação de Deus, e, ainda, que as potências da alma, em particular a memória, o intelecto e vontade, são suspensas no encontro místico, colocadas em disparte, não ativas em modo natural, mas não suprimidas, assim como não são suprimidas a liberdade e o ego.

Na base da leitura dos textos da mística carmelitana, Edith Stein investiga a especificidade da visão mística que tem características próprias e não pode ser confundida com a não habitação de Deus na alma por graça: "Tudo

---

104 STEIN, E. *Il castello interiore*, cit., p. 137-138.

105 *Idem*, *Scientia crucis*. Trad. DOBNER, C. Roma: Edizioni OCD, 2002, p. 164.

isso alude a alguma coisa que está fora dos *normais cominhos da graça*: uma união transitória, que oferece um antecipado sabor da permanente".[106]

A distinção entre a não habitação por graça e a vocação mística consente também a Stein, como a Gerda Walther, de considerar esse tipo de visão realizável bem como em experiências religiosas diferentes da cristã; esse tema está presente de maneira explícita em Walther também a propósito das experiências místicas hinduístas, mas tem um interessante aceno de Stein, ligado precisamente à distinção entre graça e mística: "Pode ser devido a uma pessoa totalmente irreligiosa como despertar para a fé e como preparação para receber a graça santificante".[107]

As observações solicitadas pela breve análise que conduzimos se referem ao fato de que o encontro entre fenomenologia e mística se apresenta como eficaz para um aprofundamento recíproco. Aquilo que de extraordinário e misterioso é contido na visão mística não pode ser apreendido e compreendido com a pretensão de um absoluto esclarecimento, mas é lícito tentar analisar em sentido filosófico os traços essenciais e a possibilidade mesma da experiência mística. Nesse trabalho de esclarecimento, a fenomenologia consegue egregiamente que, individuando o lugar do qual partir para proceder na análise, o sujeito humano apresente-se nesse caso como sujeito e objeto da investigação no que diz respeito àquilo que acontece na interioridade. Todavia, isso não é suficiente: é necessário admitir que a interioridade se abre a algo mais e que é preciso constatar a irrupção da alteridade nela. A reflexão racional, aquela filosófica, coloca em luz o significado do encontro entre o que está dentro e o que está fora, notando, porém, e aqui se percebe a grande lição agostiniana, que o que está fora transcende certamente a interioridade, mas, em certa medida, habita nela, de outra maneira não poderíamos nem ao menos reconhecê-lo. De tal modo, a filosofia se mostra como instrumento indispensável de levantamento de sentido e a filosofia como fenomenologia realiza pontualmente

106 *Ibidem*, p. 197.

107 *Ibidem*, p. 203.

o seu trabalho de descrição essencial do fenômeno da mística, colhendo a fundamental relação entre o sujeito humano e a Alteridade divina e as múltiplas e peculiares modalidades dessa relação, entre as quais se pode elencar a visão mística.

BIBLIOGRAFIA

OBRAS DE EDITH STEIN

Obras na edição *Edith Stein Werke*

Zum Problem der Einfühlung. Halle: Buchdruckerei des Waisenhauses, 1917 [*Il problema dell'empatia*. Trad. COSTANTINI, E. Prefácio de A. Ales Bello. Roma: Studium, 1998[2]; NICOLETTI, M. Milão: Franco Angeli, 1986].

Beiträge zur philosophischen Begründung der Psychologie und der Geisteswissenschaften in *Jahrbuch für Philosophie und phänomenologische Forschung*, v. V, Halle, 1922 [*Psicologia e scienze dello spirito - Contributi per una fondazione filosófica*. Tubinga: M. Niemeyer, 1970; Trad. PEZZELLA, A. M. Prefácio de A. Ales Bello. Roma: Città Nuova, 1999[2]].

Eine Untersuchung über den Staat. nello Jahrbuch, v. VII. Halle, 1925. [Foi republicado juntamente com o ensaio *Beiträge ect*. Tubinga: M. Niemeyer, 1970; *Una ricerca sullo Stato*. Trad. BELLO, A. Ales. Roma: Città Nuova, 1999[2]].

"Husserls Phänomenologie und die Philosophie des heiligen Thomas von Aquin". In: *Jahrbuch Husserl zum 70 Geburtstag*, 1929 [La fenomenologia di Husserl e la filosofia di san Tommaso d'Aquino". Trad. BELLO, A. Ales. *Memorie Domenicane*. Pistoia: 1976; agora em STEIN, Edith. *La ricerca della verità - Dalla fenomenologia alla filosofia cristiana*. BELLO, A. Ales (ed.). Roma: Città Nuova, 1997[2]].

"Der Intellekt und die Intellektuellen". *Das Heilige Feuer*. Paderborn, 1931 [*L'intelletto e gli intellettuali*. Trad. MANGIAGALL, M. *Rivista di Filosofia Neoscolastica*, LXXV, 1983].

La Phénoménologie, Journée de la Sociéteé Thomiste. Juvisy, *12 sept. 1932.* Paris: Èdition du Cerf, 1932 [*La ricerca della verità.* STEIN, Edith. cit.].

"Wege der Gotteserkenntnis". *Tijdschrift voor Philosophie.* 8, 1946 [*Vie della conoscenza di Dio.* Trad. BETTINELLI, C. Pádua: Il Messaggero di Pádua, 1983].

Kreuzeswissenschaft. Studie über Joannes a Cruce, Werke I. Lovaina: Nauwelaerts, 1950. [Trad. DOBNER, Cristiana. Roma: Edizioni OCD, 2002].

Des hl.Thomas von Aquin Untersuchungen über die Wahrheit, v. 2. In: *Edith Steins Werke, III e IV.* Friburgo: Herder, 1955.

Endliches und ewiges Sein. Versuch eines Aufstiegs zum Sinn des Seins, Werke, II. Friburgo: Herder, 1950. [*Essere finito e Essere eterno.* Trad. VIGONE, L. Revisão e Apresentação de A. Ales Bello, 4. ed. Roma: Città Nuova, 1999].

Die Frau. Ihre Aufgabe nach Natur und Gnade, Werke V. Friburgo: Herder, 1959 [*La donna - Il suo compito secondo la natura e la grazia.* Trad. NOBILE, O. Prefácio de A. Ales Bello, 5. ed. Roma: Città Nuova, 1999].

Briefe an Conrad-Martius mit einem Essay über Edith Stein (*Lettere a Conrad-Martius con un saggio su Edith Stein*). CONRAD-MARTIUS, H. (ed.). Munique: Kösel-Verlag, 1960.

Welt und Person. Beitrag zum christlichen Wahrheitstreben, Werke VI. Friburgo: Herder, 1962. (Contém diversos ensaios que foram publicados em Edith Stein, *La ricerca della verità etc.*, cit.: *Che cosa è la fenomenologia?, Il significato della fenomenologia come visione del mondo, La fenomenologia trascendentale di Husserl, La filosofia esistenziale di Martin Heidegger, La crisi delle scienze europee e la fenomenologia trascendentale,* tr. it. de A. M. Pezzella e em Edith Stein, *Natura Persona Mistica - Per una ricerca cristiana della verità,* Roma: Città Nuova, 1997; *Natura e soprannatura nel Faust di Goethe.* Trad. FRANZOSI, T. *La struttura ontica della persona;* Trad. D'AMBRA, M. *Il castello interiore,* revisão de A. M. Pezzella).

Briefauflese 1917-42 mit einem Dokumentenanhang zu ihrem Tode. Köln Friburgo: MONASTERO DELLE CARMELITANE DI MARIA VON FRIEDEN, 1967 [*La scelta di Dio - Lettere (1917-1942).* Trad. STEIN, E. Roma: Città Nuova, 1973].

Selbstbildnis in Briefen (Autoritratto epistolare). Erster Teil 1916-34; Zweiter Teil 1934-42, Werke VIII-IX. Friburgo: Herder, 1976 e 1977.

Aus dem Leben einer jüdischen Familie - Das Leben Edith Steins: Kindheit und Jugend, Werke VII. Friburgo: Herder, 1985 [*Storia di una famiglia ebrea - Lineamenti autobiografici: l'infanzia e gli anni giovanili.* Trad. VENTURI, B. Roma: Città Nuova, 1999[3]].

Verborgenes Leben - geistliche Texte (Vida escondida - Textos de espiritualidade), Werke XI. Friburgo: Herder, 1987.

Ganzheitliches Leben - Schriften zur religiosen Bildung. Friburgo: Herder, 1990 [*La vita come totalità - Scritti sull'educazione religiosa.* Trad. FRANZOSI, T. Roma: Città Nuova, 1999[2]].

Einführung in die Philosophie (Introdução à filosofia). Posfácio de H. B. Gerl, Werke XIII. Friburgo: Herder, 1991 [*Introduzione alla filosofia.* Trad. PEZZELLA, A. M. Prefácio de A. Ales Bello. Roma: Città Nuova, 2001[2]].

Briefe an Roman Ingarden 1917-1938 (Cartas a Roman Ingarden 1917-1938). Introdução de H. B. Gerl; notas de M. A. Neyer. O.C.D. Werke XIV. FRIBURGO: Herder, 1991. [*Lettere a Roman Ingarden.* Revisão e integração de A. M. Pezzella, Apresentação de A. Ales Bello. Vaticano: Libreria Editrice Vaticana, 2001].

Erkenntnis und Glaube (Conhecimento e fé), Werke XV. Friburgo: Herder, 1993.

Der Aufbau der menschlichen Person, Werke XVI. Friburgo: Herder, 1994 [Trad. D'AMBRA, M. Apresentação de A. Ales Bello. Roma: Città Nuova, 2000].

Was ist der Mensch? Eine theologische Anthropologie (O que é o ser humano? Uma antropologia teológica), Werke XVII. Friburgo: Herder, 1994.

Potenz und Akt, Werke XVIII. Friburgo: Herder, 1998 [*Potenza e Atto.* Trad. CAPUTO, A. Prefácio de A. Ales Bello. Roma: Città Nuova, 2003].

Obras na nova edição *Edith Stein Gesamtausgabe*

Selbstbildnis in Briefen: Erster Teil: 1916-1933, v. 2. Friburgo: Herder, 2000.

Selbstbildnis in Briefen: Zweiter Teil: 1933-1942, v. 3. Friburgo: Herder, 2000.

Selbstbildnis in Briefen. Briefen an R. Ingarden, v. 4. Friburgo: Herder, 2001.

Die Frau. Fragestellungen und Reflexionen, v. 13. Friburgo: Herder, 2002 [*La donna. Questione e riflessioni*. Trad. PEZZELLA, A. M.; ZANET, L. M.; GRUBER, G.; PAOLINELLI, M.; BELLO, A. Ales; PAOLINELLI, M. (orgs.). Roma: Città Nuova, 2010].

Aus dem Leben einer jüdische Familie und weitere autobiografische Beiträge, v. 1. Friburgo: Herder, 2002 [*Dalla vita di una famiglia ebrea e altri scritti autobiografici*. Trad. D'AMBRA, M.; BELLO, A. Ales; PAOLIELLO, M. (eds.). Roma: Città Nuova, 2007].

Bildung und Entfaltung der Individualität. Beiträge zum christlichen Erziehungsauftrag, v. 16. Friburgo: Herder, 2002 [Trad. PEZZELLA, A. M.; TOGNI, A; BELLO, A. Ales; PAOLINELLI, M. (orgs.). Roma: Città Nuova, 2017].

Übersetzung von John Henry Newman, Briefe und Texte zur ersten Lebenshälfte (1801-1846), v. 22. Friburgo: Herder, 2002.

Wege der Gotteserkenntnis. Studien zu Dionysius Aeropagita und Übersetzung seiner Werke, v. 17. Friburgo: Herder, 2003.

Einführung in die Philosophie, v. 8. Friburgo: Herder, 2004.

Der Aufbau der menschlichen Person, v. 14. Friburgo: Herder, 2004 [*La struttura della persona umana. Corso di antropologia filosófica*. Trad. D'AMBRA, M.; PEZZELLA, A. M.; PAOLINELLI, M.; BELLO, A. Ales; PAOLONELLI, M. (orgs.). Roma: Città Nuova, 2013].

Übersetzung von John Henry Newman, Die Idee der Universität, v. 21. Friburgo: Herder, 2004.

Übersetzung von Alexandre Koyre, *Descartes und die Scholastik*, v. 25. Friburgo: Herder, 2005.

Potenz und Akt. Studien zu einer Philosophie des Seins, v. 10. Friburgo: Herder, 2005.

Was ist der Mensch? Theologische Antropologie, v. 15. Friburgo: Herder, 2005.

Endliches und ewiges Sein. Versuch eines Aufstiegs zum Sinn des Seins, v. 11/12. Friburgo: Herder, 2006.

Eine Untersuchung über den Staat, v. 7. Friburgo: Herder, 2006.
Kreuzwissenschaft, v 18. Friburgo: Herder, 2007[3].
Geistliche Texte II, v. 20. Friburgo: Herder, 2007.
Übersetzung: Des Hl. Thomas von Aquino Untersuchungen über die Wahrheit – Quaestiones disputatae de veritate, 1, v. 23. Friburgo: Herder, 2008.
Übersetzung: Des Hl. Thomas von Aquino Untersuchungen über die Wahrheit – Quaestiones disputatae de veritate, 2, v. 24. Friburgo: Herder, 2008.
Geistliche Texte I, v. 19. Friburgo: Herder, 2009.
Beiträge zur philosophischen Begründung der Psychologie und der Geisteswissenschaften, v. 6. Friburgo: Herder, 2010.
Übersetzung: Thomas von Aquin, Über das Seiende und das Wesen - De ente et essentia - mit den Roland-Gosselin-Exzerpten, v. 26. Friburgo: Herder, 2010.
Miscellanea Tomistica, v. 27. Friburgo: Herder, 2013.
"Freiheit und Gnade" und weiter Beiträge zu Phänomenologie und Ontologie, (1917-1937), v. 9. Friburgo: Herder, 2014.
Neuaufgefunden Texte und Übersetzungen VII, 28. Friburgo: Herder, 2020.

ESTUDOS CRÍTICOS (BIBLIOGRAFIA ESSENCIAL)

AA.VV. *The life and Thought of Edith Stein.* SULLIVAN, J. (ed.). Washington, D. C.: Carmelite Studies, 1987.
______. *Ein Leben für die Wahrheit. Zur geistigen Gestalt Edith Stein.* Fridingen: Börsig, 1991.
______. *Edith Stein: mistica e martire.* BORRIELLO, L. (org.). Vaticano: Libreria Editrice Vaticana, 1992.
______. *Studien zur Philosophie von Edith Stein.* A cura di R. L. Fezt, M. Rath e P. Schulz. *Phänomenologische Forschungen,* 26/27, 1993.
______. *Die menschliche Gewalt, Edith Stein Jahrbuch 1995,* v. I. MURILLO, José Sanchez de (org.). Würzburg: Echter, 1995.
______. *Das Weibliche, Edith Stein Jahrbuch 1996,* v. II. MURILLO, José Sanchez de (org.). Würzburg: Echter, 1996.
______. *Das Judentum, Edith Stein Jahrbuch 1997,* v. III. MURILLO, José Sanchez de (org.). Würzburg: Echter, 1997.

AA.VV. *Edith Stein, Testimone per oggi Profeta per domani. Atti del Simposio Internazionale, Teresianum.* Vaticano: Libreria Editrice Vaticana, 1998.

______. *Das Christentum, Edith Stein Jahrbuch 1998*, v. IV. MURILLO, José Sanchez de (org.). Würzburg: Echter, 1998.

______. *Das Christentum II, Edith Stein Jahrbuch 1999*, v. V. MURILLO, José Sanchez de (org.). Würzburg: Echter, 1999.

______. *Metamorfosi e musica in fenomenologia.* DI PINTO, L. (org.). Bari: Giuseppe Laterza Editore, 2002.

______. *Edith Stein. Lo spirito e la santità.* D'AMBRA, M. (org.). Roma: Editrice ODC, 2007.

AUCANTE, V. *De la solidarité. Essai sur la pèhilosphie politique d'Edith Stein.* Paris: Parole et Silence, 2006.

AVITABILE, L. *Per una fenomenologia del diritto nell'opere di Edith Stein.* Roma: Editrice Nuova Cultura, 2006.

______. *Interpretazioni del formalismo giuridico.* Prefácio de B. Romano. Torino: Giappichelli, 2012.

BASEHEART, M. C. *Person in the World: Introduction to the Philosophy of Edith Stein.* Dordrecht: Kluwer Academic Publishers, 1997.

BELLO, A. Ales. *Fenomenologia dell'essere umano - Lineamenti di una filosofia al femminile.* Roma: Città Nuova, 1992.

______. "L'analisi della mistica in E. Stein e G. Walther, Filosofia e mística". Roma: *Studia Anselmiana*, 1997.

______. "Psicologia, fenomenologia, scienze umane in E. Stein". *Aquinas*, XL, 1, 1997.

______. "Dio nella prospettiva fenomenológica". In: *Dio e il senso dell'esistenza umana.* Roma: Armando, 1999.

______. *Edith Stein, invito alla lettura.* Cinisello Balsamo: San Paolo, 1999.

______. "La donna nell'antropologia Cristiana". In: *La Donna: memoria e attualità*, v. I. Vaticano: Libreria Editrice Vaticana, 1999.

______. *Edith Stein Patrona d'Europa.* Casale Monferrato: Piemme, 2000.

______. "La mistica nell'analisi fenomenologica di Edith Stein". In: AA. VV. *Gesù speranza del mondo.* SANNA, Ignazio (ed.). Roma: Mursia--Pontificia Università Lateranense, 2000.

BELLO, A. "Edith Stein, Intima scientia". In: AA. VV. *Esistenza e libertà. Agostino nella filosofia del Novecento,* a cura di L. Alici, R. Piccolomini, A. Pieretti. Roma: Città Nuova, 2000.

______. "Edith Stein e il male politico". In: AA.VV. *Il male politico. La riflessione sul totalitarismo nella filosofia del Novecento.* GATTI, R. (ed.). Roma: Città Nuova, 2000.

______. "Empatia e diálogo: un'analisi fenomenológica". In: AA.VV. *Dialogo Silenzio Empatia,* a cura di A. Dentone. Foggia: Bastoni, 2000.

______. *Il teismo nella filosofia contemporanea: Edmund Husserl e Edith Stein a confronto.* In: AA.VV. *Pensare Dio a Gerusalemme. Filosofia e monoteismi a confronto.* Milão: Mursia- Pontificia Università Lateranense, 2000.

______. "Ontologia, metafisica, vita". In: AA.VV. *Il filo(sofare) di Arianna. Percorsi del pensiero femminile nel Novecento.* BELLO, A. Ales; BREZZI, F. (orgs.). Milão: Mimesis, 2001.

______. "Edith Stein's Contribution to Phenomenology". In: *Phenomenology World Wide. A Guide for Research and Study.* TYMIENIECKA, A. T. (ed.). Dordrecht: Kluwer, 2002.

______. "Edith Stein: Phenomenology, the State and Religious Commitment". In: *Phenomenology World Wide, A Guide for Research and Study.* TYMIENIECKA, A. T. (ed.). Dordrecht: Kluwer, 2002.

______. "L'intelletto e gli intellettuali: un saggio di Edith Stein". In: *La sentinella di Seir – Intellettuali nel Novecento.* SINDONI, P. Ricci (ed.). Roma: Studium, 2004.

______. *Sul femminile – Scritti di antropologia e religione.* D'AMBRA, M. (org.). Troina: Città Aperta, 2004.

______. "Lineamenti di una filosofia al femminile in Occidente". In: *Il femminile fra Oriente e Occidente – religioni letteratura storia cultura.* BELLO, A. Ales; PEZZELLA, A. M. (orgs.) Roma: Città Nuova, 2005.

______. "The spiritual Life and its Degrees according to Edith Stein". *Listening,* v. 41, 2006, p. 152-170.

______. "Genesi della Persona. Edmund Husserl, Edith Stein, Hedwig Conrad-Martius". In: *Fenomenologia e personalismo. Le fonti tedesche del personalismo francese*. BUCARELLI, M.; D'AMBRA, M. (orgs.). Prefácio de A. Ales Bello. Roma: Editrice Nuova Cultura, 2008.

BELLO, A. *Edith Stein o dell'Armonia. Esistenza Pensiero Fede*. Roma: Studium, 2009.

______. *Introduzione: Il percorso intellettuale di Edith Stein*. SHAHID, M.; ALFIERI, F. (orgs.). Bari: Giuseppe Laterza Editore, 2009.

______. *Edith Stein, Hedwig Conrad-Martius. Fenomenologia Metafisica Scienze*. ALFIERI, F.; SHAHID, M. (orgs.). Bari: Giuseppe Laterza Editore, 2010.

______. *Edith Stein, Hedwig Conrad-Martius, Gerda Walther. Fenomenologia della Persona, della Vita e della Comunità*. SHAHID, M.; ALFIERI, F. (orgs.). Bari: Giuseppe Laterza Editore, 2011.

______; MANGANARO, P. (eds.). *...e la coscienza? Fenomenologia Psico-patologia Neuroscienze*. Bari: Giuseppe Laterza Editore, 2012.

______. *Edith Stein e a Psicologia –Teoria e Pesquisa*. MAHFOUD, Miguel; MASSIMI, Marina (orgs.). Belo Horizonte: Artesã Editora, 2013.

______. *Edith Stein. A Paixão pela Verdade*. Trad. QUEIROZ, José J.; FERNANDES, Marcio (org.). Apresentação de Jacinta Turolo Garcia, Marcio Fernandes, Clelia Peretti. Curitiba: Juruá Editora, 2014.

______. "Contribuição de Edith Stein à psicologia". In: *Fenomenologia e Psicologia, Conferências do II Congresso Internacional de Psicologia Existencial*. Trad. GARCIA, Aparecida Turolo. Belo Horizonte: FEAD, 2014.

______. *Pessoa e Comunidade – Comentários: Psicologia e Ciências do Espírito de Edith Stein*. Prefácio de Miguel Mahfoud. Belo Horizonte: Artesã, 2015.

______; BASTI, G.; PEZZELLA, A. M. *Comunicazione interattiva – Intersoggettività, comunicazione, educazione*. Vaticano: LUP, 2015.

______. "L'Einfühlung fra Edmund Husserl e Edith Stein". In: *Fenomenologia dell'Einfühlung. Studi su Edith Stein* (*Le Forme del Discorso*, 7). SALATO, N. (org.). Campobasso: Diogene Edizioni, 2016.

______. "O pensamento de Edith Stein – escritos críticos". RUIZ, Emerson Marcel; FILHO, Juvenal Savian (eds.). *Teologia em Questão*, 30, 2016.

BELLO, A. *Il senso dell'umano. Tra fenomenologia, psicologia e psicopatologia* (*Le navi*). Roma: Castelvecchi, 2016.

______. "As raízes husserlianas da antropologia fenomenológica de Edith Stein". In: *Ética e subjetividade*. CESCON, E. (org.). Petrópolis (RJ): Vozes, 2016.

______. "Gênese e desenvolvimento da empatia: da criança à comunidade". In: *Diálogos com Edith Stein: Filosofia, Psicologia, Educação*. MAHFOUD, M.; FILHO, J. Savian (orgs.). São Paulo: Paulus, 2017.

______. "La persona in Edith Stein". In: *Maestri perché testimoni. Pensare il futuro con John Henry Newman e Edith Stein. Atti del Convegno internazionale: Istituto Universitario Salesiano – Venezia, 19-20 gennaio 2017* (*Saggi e Proposte*, 28). MANGANARO, P.; MARCHETTO, M. (orgs.). Roma: Las – Lateran University Press, 2017.

______. "Il cammino della vita. Dalla nascita biologica alla rinascita spirituale". In: *Nascita e Ri-nascita. L'elogio della vita'. Intersoggettività – Comunicazione – Educazione*. BELLO, A. Ales; PEZZELLA, A. M. (orgs.). Vaticano: LUP, 2017.

______. "Voci". In: *Edith Stein Lexikon*. KNAUP, M.; SEUBERT, H. (orgs.). Friburgo: Herder, 2017.

______. "Edith Stein: Between Husserl and Thomas Aquinas: Phenomenology and Christian Philosophy". In: *Listening to Edith Stein. Wisdom for a New Century. A Collection of Essays*. HANEY, K. (ed.). Washington: Carmelite Studies 12, 2018.

______. "The Sense of the Mystical Experience According to Gerda Walther". In: *Gerda Walther's Phenomenology of Sociality, Psychology and Religion*. CALCAGNO, A. (ed.). Dordrecht: Springer, 2018.

______. "L'antropologia duale come imago Dei". *Memorandum: Memória e História em Psicologia*, 35, 2018.

______. "The Role of Psychology according to Edith Stein". In: *Oxford Handbook of Phenomenological Psychopathology*. Oxford: Oxford University Press, 2019.

______. "Dual Anthropology as the Imago Dei in Edith Stein". *Open Theology on line*, 1, v. 5, 2019.

BELLO, A. "A questão do 'outro': Partindo de Edmund Husserl". In: *O gesto fenomenológico. Corpo, Afeto e Discurso na Clínica.* LESSA, Maria B. M. F.; FEIJOO, Ana M. L. C. C. (orgs.). Rio de Janeiro: Edições IFEN, 2019, p. 37-51.

______. "As Contribuições da Fenomenologia 'clássica' de Edmund Husserl e de Edith Stein para a Fundamentação qualitativa das Ciências Humanas". In: *Leituras em Pesquisa Qualitativa.* BICUDO, M. A.; COSTA, A. P. (orgs.). São Paulo: Livraria da Física, 2019.

______. *Edith Stein tra passato e presente.* Roma: Castelvecci, 2019.

______. "Intrapersonale e interpersonale. Lineamenti di un'antropologia filosofico – fenomenológica". In: *L'avventura educativa – Antropologia, Pedagogia, Scienze.* BELLO, A. Ales; BASTI, G.; PEZZELLA, A. M. (orgs.). Vaticano: LUP, 2013.

______. "Edith Stein: identità del soggetto e Rivelazione". In: *Identità cristiana e filosofia.* FERRETTI, G. (org.). Torino: Rosenberg & Sellier, 2002.

BETTINELLI, C. "L' antropologia steiniana". *Aquinas,* XLI, 2, 1998.

______. "Luce che mi inondi e rischiari l'oscurità del mio cuore in Edith Stein". In: *Persona, Logos, Relazione. Una fenomenologia plurale. Scritti in onore di Angela Ales Bello.* D'AMBRA, M.; MANGANARO, P.; PEZZELLA, A. M. (orgs.). Roma: Città Nuova, 2011.

______. *Il pensiero di Edith Stein.* Milão: Vita e Pensiero, 1975.

BOELLA, L. *Cuori pensanti: H. Arendt, S. Weil, E. Stein, M. Zambiano. Lezioni di Asola*. Mântua: Tre Lune, 1998.

______; BUTTARELLI, A. *Per amore di altro. L'empatia a partire da Edith Stein.* Milão: Cortina Editore, 2000.

BRIGANTI, C. *Amo dunque sono. L'esperienza femminile tra filosofia e testimonianza.* Milão: Franco Angeli, 2002.

CALCAGNO, A. *The Philosophy of Edith Stein.* Pitsburgo: Dusquene University Press, 2007.

CALLIERI, B. "Interpersonalità e intersoggettività". *Aquinas,* XL, 1, 1997.

COSTANTINI, E. *Il problema dell'intersoggettività.* Roma: Incontri Culturali, 1978, p. 43-44.

COSTANTINI, E. *Einfühlung und Intersubjektivität bei Edith Stein und bei Husserl*. In: *The Great Chain of Being and Italian Phenomenology*, Hursseliana XI. BELLO, A. Ales (ed.). Dordrecht: Springer, 1981.

COURTOIS, R. *Fille d'Israel Edith Stein*. In: *Convertis du XXe siécle*. Bruxelas: Casterman, 1951.

DI PINTO, L. *Il respiro della filosofia in Edith Stein*. Bari: Laterza Giuseppe Edizioni, 1999.

D'IPPOLITO, B. M. "L'analisi fenomenologica dell'anima". *Aquinas*, XL, 1, 1997.

DURST, M. "E. Stein: un confronto con la psicologia filosofica contemporânea". *Aquinas*, XL, 1, 1997.

GABORIAU, F. *Edith Stein philosophe*. Paris: FAC, 1989.

GASTON, A. "Psiche, Individuo, Comunità". *Aquinas*, XL, 1, 1997.

GERL, H. B. *Unerbittliches Licht. Edith Stein - Philosophie, Mystik, Leben*. Mainz: Grünewald, 1991.

GRAEF, H. C. *The Scholar and the Cross*. Nova Iorque: Green and C., 1954 [*La philosophe et la Croix*. Trad. TARDIEU, M. Paris: du Cerf, 1956].

GUILEAD, R. *De la Phénoménologie a la Science de la Croix - L'itinéraire d'Edith Stein*. Paris: Beatrice Nauwelaerts, 1974.

INGARDEN, R. "Edith Stein on her Activity as Assistant of Husserl". *Philosophy and Phenomenological Research*, 23, 1962.

______. "Über die philosophische Forschung Edith Steins". *Freiburgischer Zeitschrift fuer Philosophie und Theologie*, 26, 1979.

LA MACCHIA, A. *Edith Stein - Filosofia e senso dell'essere*. Bari: Ecumenica, 1989.

LOBATO, A. *La pregunta por la mujer*. Salamanca: Sigueme, 1976.

MASSIMI, M. *História da Psicologia fenomenólogica*. PERES, S. Passafaro (org.). São Paulo: Edições Loyola, 2019.

MIRIBEL, E. *Comme l'or purifié par la feu*. Paris: Plon, 1984 [Trad. STEIN, E., prefácio de FABRO, C. Milão: Paoline, 1987].

MONJARAZ, P. *Ser Persona Humana: Ser en Relación. Una aproximación fenomenologica según Edith Stein*. Madri: Sindéresis, 2019.

OESTERREICHER, J. M. *Walls are crumbling: Seven Jewish Philosophers Discover Christ*. Nova Iorque: Devin-Adair Company, 1952.

PANCALDO, D. *L'amore come dono di sé nel pensiero di Edith Stein*. Pistoia: Edizioni Ora Insieme, 2002.

PAOLINELLI, M. *Ragiona salvata. Sulla "filosofia cristiana" di E. Stein*. Milão: Franco Angeli, 2001.

PEZZELLA, A. M. *Edith Stein fenomenologia*. Roma: Pontificia Università Lateranense, 1995.

______. "Il problema educativo nella filosofia di E. Stein". *Per la filosofia*, 39, 1997.

______. "Edith Stein e la questione antropológica". *Per la filosofia*, 49, 2000.

______. *L'antropologia filosofica di Edith Stein – Indagine fenomenologica della persona umana*. Prefácio de A. Ales Bello. Roma: Città Nuova, 2003.

POSSELT, T. R. *Edith Stein - Das Lebensbild einer Karmelitin und Philosophin*. Nuremberga: Glock und Lutz, 1948 [Trad. STEIN, Edith; CARMELITAS DESCALÇAS DE AREZZO (ed.). Brescia: Morcelliana, 1952].

PRZYWARA, Erich e LEROUX, H. "Edith Stein et Simone Weil - Essentialisme, existentialisme, analogie". *Les Etudes Philosophique*, 3, 1956.

ROVIGHI, S. Vanni. "La figura e l'opera di Edith Stein". *Studium*, 1954.

______. "Rileggendo alcuni testi husserliani sull'intenzionalità". In: *Studi in onore di Gustavo Bontadini*. Milão: Vita e Pensiero, 1975.

SCHLEICHER, W. "Edith Stein". In: *Enciclopedia Filosofica*, ed. II, v. VI, 1967.

SCHULZ, P. *Edith Steins Theorie der Person. Von der Bewußtseinsphilosophie zur Geistmetaphysik*. Friburgo: Alber, 1994.

SECRETAN, Ph. "The Self and the Other in the Thought of Edith Stein". In: TYMIENIECKA, A. T. (ed.). Husserliana, ed. VI. Dordrecht: Reidel, 1977.

______. "Essence et Personne - Contribution a la connaissance d'Edith Stein." *Friburgoer Zeitung*, 26, 1979.

______. *Edith Stein on the "Order and Chain of Being"*. In: *Analecta Husserliana*, XI. Dordrecht: Springer, 1981, p. 113-123.

SECRETAN, Ph. *Edith Stein, De l'Etat*. Friburgo: Cerf, 1989.

______. *Erkenntnis und Aufstieg. Einführung in die Philosophie von E. Stein*. Wurtzburgo: Tyrolia, Echter, 1992.

SINDONI, P. Ricci. *Filosofia e preghiera mistica nel Novecento: E. Stein, S. Weil, A. von Speyr*. Bologna: Edizioni Dehoniane, 1997.

TILLIETTE, X. "Le souvenir d'Edith Stein". *Les Etudes Philosophique*, 1956.

______. "Edith Stein et la philosophie chrétienne". *Gregorianum*, 71, 1990.

______. "Edith Stein: la dottrina degli angeli". *Aquinas*, XXXIV, 1991.

BIOGRAFIAS

AA.VV. *Edith Stein: vita, dottrina, testi inediti.* ANCILLI, E. (org.). Roma: Ed. O.C.D., 1987.

COSTANTINI, E. *Edith Stein - Profilo di una vita vissuta nella ricerca della verità.* Vaticano: Libreria Editrice Vaticana, 1987.

GERL, H. B. *Edith Stein. Vita, filosofia, mística.* Bréscia: Morcelliana, 1998.

GRANT, C. *Edith Stein, Philosopher, Convert, Carmelite, Victim of the Nazis.* Londres: Catholic Truth Society, 1961.

HERBSTRITH, W. *Edith Stein - vita e testimonianze.* Roma: Città Nuova, 1990.

SALVARANI, F. *Edith Stein. La grande figlia d'Israele della Chiesa, del Carmelo.* Posfácio de Angela Ales Bello. Milão: Edizioni Ares, 2009.

SANCTO, Theresia Renata de Spiritu. *Edith Stein.* Trad. CARMELITANAS DESCALÇAS DE AREZZO. Morcelliana, 1959.

ANTOLOGIAS

STEIN, E. *Phénoménologie et philosophie chrétienne.* SECRETAN, Ph. (org.). Friburgo: Cerf, 1987.

______. *"Stare davanti a Dio per tutti" - vita, antologia, scritti.* CROCE, Giovanna della. (org.). Roma: Ed. OCD, 1991.

______. *La ricerca della verità - dalla fenomenologia alla filosofia Cristiana.* BELLO, A. Ales (org.). Roma: Città Nuova, 1997².

STEIN, E. *Nel castello dell'anima – Pagine spiritual.* DOBNER, Cristiana (org.). Roma: Edizioni OCD, 2004.

______; WALTHER, G. *Incontri possibili. Empatia, telepatia, comunità, mística.* BELLO, A. Ales; PELLEGRINO, M. P. (orgs.). Roma: Castelvecchi, 2014.

HEDWIG CONRAD-MARTIUS

A natureza entre ontologia e ciência

O aspecto mais original da pesquisa de Hedwig Conrad-Martius, o campo no qual ela fornece um contributo pessoal, é representado pela sua interpretação da natureza. Não por acaso os poucos estudos sobre o seu pensamento dizem respeito a tal problemática. O seu interesse pela natureza está ligado também à sua experiência pessoal, pois o marido, Theodor Conrad, o qual reconhecia as qualidades especulativas de Hedwig, mas se dava conta das dificuldades de inserção de uma mulher na docência universitária nas primeiras décadas do século XX, a encorajou a se dedicar à sua paixão pelo cuidado das plantas, comprando para ela um pomar, do qual Hedwig se ocupou em tempo integral por um certo período.

Hedwig Martius nasceu em Berlim em 1888, filha de um médico e diretor da clínica universitária de Rostock. Após completar os estudos em Berlim, ingressou na Universidade de Munique, onde, entre 1909 e 1912, cursou disciplinas de filosofia, psicologia e história da arte, transferindo-se, depois disso, a Gotinga para frequentar as aulas de Husserl. Se formou em Munique em 1912, sob a orientação de Alexander Pfänder, e se casou no mesmo ano com Theodor Conrad. Em 1916 começou a colaborar com o *Jahrbuch für Phänomenologie und phänomenologische Forschung*, dirigido por Husserl. Por não conseguir uma colocação na carreira universitária, muito difícil para as mulheres naquele tempo, se transferiu a Bad

Bergzabern, onde se dedicou ao cultivo de um pomar e continuou o seu trabalho de pesquisa, que se concretizou em ensaios e conferências até o ano de 1934, no qual aparece o seu original contributo, fruto da experiência pessoal, o escrito "A alma das plantas".

No ano de 1937 se transferiu a Munique, onde se aplicou ao aprofundamento de temas científicos relacionando-os à investigação filosófica. Nascem assim os seus trabalhos de caráter científico-filosófico. No ano de 1949 começou a ensinar Filosofia da Natureza na Universidade de Munique, onde se tornou professora ordinária em 1951. Seguem a esse período muitas obras significativas no campo da metafísica e da antropologia, cujas edições foram organizadas por Eberhard Avé-Lallemant, discípulo de Hedwig, o qual também cuidou do arquivo a ela dedicado na Universidade de Munique na Baviera. A autora morreu em Munique em 15 de fevereiro de 1966.

O seu ponto de vista dentro da escola fenomenológica é muito importante, porque ela desenvolveu temas que tratam prevalentemente de questões cosmológicas, além de antropológicas. Poderíamos sublinhar que da vastidão das análises husserlianas, do seu mover-se em diversas direções, Conrad-Martius e Edith Stein escolheram dois aspectos diferentes e complementares, acentuando, não obstante a amplitude das duas propostas, uma o tema da natureza física e a outra o tema do ser humano. Isso não significa que essas autoras tenham se dedicado somente a esses aspectos da realidade, mesmo que os tenham tratado de modo particularmente amplo. Suas posições filosóficas são convergentes, acomunadas por um contínuo referir-se à pesquisa daquilo que se pode definir metafísica, como lugar justificativo seja da natureza seja do ser humano.

1. A fenomenologia realística

A posição de Conrad-Martius se apresenta bastante distante da investigação husserliana, no entanto é necessário observar que esse distanciamento do mestre aconteceu progressivamente. Se é verdade que as discussões entre Reinach e Husserl remetem ao ano de 1913, também é verdade que em 1923

Martius publicou um longo ensaio no *Jahrbuch*, dirigido por Husserl, ensaio este dedicado à Ontologia real, no qual sustenta que a sua é uma análise essencial no sentido da eidética de Husserl. De outro lado, o momento da consciência não é subvalorizado, antes, o objetivo é justamente aquele de explicitar como aquilo que é entendido em modo imediato e ingênuo se configura num modo essencial na consciência.[1]

Não obstante a promessa de fidelidade com relação a Husserl, de fato a análise se delineia em modo tal que em numerosos pontos se afasta do estilo de investigação do mestre, ainda que os resultados dessa possam ser, ao menos em grandes linhas, compatíveis com aqueles obtidos por ele. As diferenças dizem respeito, em primeiro lugar, à insistência sobre o momento da essência, no qual a indagação é feita de modo a evidenciar uma gradação e aspectos muito mais complexos do que aqueles indicados por Husserl. Além disso, a pesquisa de Conrad-Martius difere também na atenção dirigida a recuperar o aspecto da existência e, assim, em última instância, ao reconhecimento da centralidade da pergunta metafísica: "Por que o ser e não antes o nada?", pergunta a qual Husserl não tinha se colocado de modo tão direto e radical. Certamente o desenvolvimento de tal questão metafísica não é assimilável àquele de muitas filosofias do passado, de modo que Conrad-Martius se dedica a uma análise que se mantém num âmbito fenomenológico.

Isso pode ser constatado, na verdade, também nas posições de Reinach e de Hering, cujas perspectivas são distintas de outras documentadas na história da filosofia. Trata-se não só de um genérico alargamento da pesquisa que recupera uma descrição essencial, retomando temáticas próprias da especulação metafísica, mas do delineamento de um procedimento particular, isto é, do fato de se "pôr a atenção" sobre aspectos e dimensões do real, que são colhidos assim como se apresentam, sem que o interesse seja fixado no aspecto factual, mas no aspecto essencial, que é o que mais interessa e o que deve ser pesquisado. Desse modo, é possível

1 CONRAD-MARTIUS, H. "Realontologie". In: *Jahrbuch für Philosophie und phänomenologische Forschung*, v. VI, 1923, p. 159.

recompor, através de análises dos âmbitos parciais do ser, portanto por meio de "ontologias", os traços de uma totalidade inexaurível.

O "realismo" dessa posição nasce justamente do desejo de "seguir" o dar-se das "coisas", em lugar de impor a elas categorias conceituais que as enquadram e as determinam. Nisto reside a atitude fenomenológica, que se torna concretamente operante através da investigação que se desenvolve por sucessivos aprofundamentos.

Esta é a novidade e a originalidade da perspectiva que estamos indagando. Vale à pena, por isso, seguir mais de perto algumas passagens fundamentais da pesquisa que podem esclarecer em que consiste tal novidade.

Se examinarmos o longo ensaio de Conrad-Martius publicado em 1923, se nota que já o título "Ontologia real" é indicativo do objeto da investigação e do ponto de vista assumido. Trata-se de aprofundar uma problemática de tipo cognoscitivo, isto é, perguntar-se em que modo e até que ponto podemos estar seguros de que este ou aquele objeto que se apresenta é real ou não. Se nós nos perguntamos o que é a consciência, Conrad-Martius constata que o filósofo solipsista a identifica com o seu eu, o positivista com um complexo de sensações, o metafísico com Deus ou o Absoluto. Todavia, a pergunta sobre a realidade de cada âmbito parcial implica o significado de toda a realidade. De fato, se quisermos individuar o âmbito do ser submetido à investigação – numa abordagem inicial podemos entender assim o termo "ontologia" –, tal âmbito não é parcial, mas coincide com a realidade. Então a pergunta se radicaliza imediatamente: o que é a realidade em si? E, portanto, por que o ser e não antes o nada? Examinando-se em termos essenciais, vemos que se trata de analisar a relação entre essência (*Essenz*) ou essencialidade – do latim *quidditas*[2] (*Washeit*) – e a existência ou as formas de existência que desta se distinguem.[3]

Neste ponto se abre uma análise sutil, à qual Conrad-Martius dá a própria contribuição, mas que interessou e envolveu inúmeros outros discípulos

2 N. T. – O termo Quididade é utilizado neste texto como sinônimo de essência. Trata-se de um termo derivado do latim *quidditas*, quididade é o caráter essencial da coisa, que faz com que (*quid*) algo seja aquilo que é.

3 CONRAD-MARTIUS, H. *Op. cit.*, p. 162.

de Husserl. Trata-se, de um lado, de analisar o significado a ser atribuído ao termo existência e, de outro, a sua conexão com o momento essencial. Sem dúvida, isso poderia ser considerado um tema ligado à tradição escolástica; na verdade a abordagem é feita do ponto de vista de uma gnoseologia descritiva, tal como proposta por Husserl. A análise a que fazem referência tanto Conrad-Martius como também, em seguida, Edith Stein é aquela conduzida por Jean Hering no seu ensaio "Observação sobre a essência, a essencialidade e a ideia",[4] o qual tinha o olhar mais voltado para a filosofia grega, particularmente platônico-aristotélica, do que à escolástica.

Não é fácil indicar os resultados da mencionada investigação, como não o é, de modo geral, para todas as análises fenomenológicas porque tais análises deveriam ser seguidas, para que se possa reconhecê-las como válidas, em suas passagens e desenvolvimentos internos. Aceitar destas somente os seus resultados pode nos levar à objeção de superficialidade ou pressuposição. Essa é a razão pela qual falar de fenomenologia é completamente diferente de conduzir uma análise fenomenológica, como já mencionamos outras vezes. Neste trabalho o ponto de vista assumido não é de quem faz uma análise, mas de quem mostra como foi feita uma certa investigação, já que segui-la significaria percorrer o caminho passo a passo com quem a fez e isso seria demasiado longo, o que nos constringe, portanto, a somente indicar o itinerário e os resultados alcançados.

Por isso, é possível somente esquematizar aquilo que Hering deduz da sua pesquisa. Ele sustenta que cada objeto tem somente uma essência (*Wesen*), que é a plenitude do caráter distintivo que o constitui (*Eigenart)* e essa é individual no sentido de que dois objetos individuais podem ter essências semelhantes, mas não idênticas. Por isso, se é legítimo falar de uma essência de todas as coisas semelhantes, e, portanto, em termos de universalidade (a essência de todos os "a"), esta pressupõe sempre a essência individual. Usando a expressão aristotélica pode-se dizer, segundo Hering, que a essência é o *to ti en einai*, esta responde à pergunta relativa ao

4 HERING, J. *Bemerkungen etc. Op. cit.*, p. 496.

poion einai, isto é, à identidade formal de um objeto (*c*). É legítimo, além disso, perguntar-se, como já o fizera Aristóteles, sobre o "que é", isto é, a realidade (o *ti*, ou *was*, caso no qual se fala de *Washeit* ou *Washaftigkeit* e se individua, assim, uma forma, *morfé*, de um determinado objeto.[5] Se tal objeto for considerado em si mesmo, não como o ser cavalo relativamente a um cavalo, mas como o ser cavalo em si, é possível falar de essencialidade (*Wesenheit*) ou de *eidos*, que constitui, segundo Hering (o que foi contestado por Stein)[6] a *prote ousia*, ou seja, a substância primeira. Não se deve confundir essa esfera dos objetos ideais, que deve ser considerada como substância segunda, *deutera ousia*: o vermelho como objeto ideal é determinado segundo o seu *ti einai* através da essencialidade.

Quando a substância primeira e a substância segunda são pensadas em referência a um objeto empírico, captamos melhor o resultado da análise. De fato, é possível falar de uma singularização para os dois casos, ainda que resguardadas as diferenças entre cada um. Enquanto a singularização do objeto ideal equivale ao objeto empírico mesmo, não se pode dizer isso referindo-se à essencialidade, porque neste caso a sua realização é a forma do objeto. Portanto, o objeto real é somente um "realizador" da essencialidade, já o objeto ideal, ao contrário, não pode ser indicado como um "realizador" ou uma concretude, porque o objeto empírico em si é a realidade.[7]

Depois de ter feito a distinção entre essência, essencialidade e objeto, Hering não considerava ter concluído sua investigação, ao contrário, afirmava que restava fora uma esfera particularmente importante, que é aquela da ideia. As ideias não representam uma classe especial dos entes ao lado dos objetos ou das essencialidades, mas participam das diferentes esferas

5 *Ibidem*, p. 509.

6 E. Stein retoma em muitos pontos do seu *Ser finito e Ser eterno* o tratado do tema da *ousia*. Ela sustentava que Hering não usou a expressão em senso aristotélico, enquanto sustentava ser oportuno seguir as indicações do pensador grego "... a *ousia* no sentido mais estreito e próprio, aquilo que no fundo importava a Aristóteles, é a substância, isto é, um real fundado em si que contém em si a própria essência e a desenvolve" (tr. it., p. 304).

7 HERING, J. *Op. cit.*, p. 514.

do ente, porque existem ideias de objeto, de *eidos* e assim por diante, as quais podem ser individuadas e estudadas como uma esfera particular dos objetos.[8] Importante a esse respeito é precisar o uso do termo objeto, o qual, por seu amplo significado, requer que sempre seja especificado como objeto real, empírico ou ideal, por exemplo.

É exatamente nesse ponto que é possível identificar a diferença de posição entre Husserl e a de Hering, o ponto onde este último insere a sua crítica, que entende ser apenas um aprofundamento e um acréscimo àquilo que Husserl sustentava no volume *Ideias*. Afirmava Hering que há anos Husserl distinguia, nas suas aulas, uma dupla natureza das ideias: nas coisas e em si mesmas. Na ideia, o objeto tem já um *hic et nunc*, ainda que não determinado; em outros termos, "esta lâmpada", isto é, a ideia desta "lâmpada", é algo como uma representação espaço-temporal, mesmo se a ideia em si, enquanto ideia, não exista nem aqui nem agora.[9]

A ideia é caracterizada por ser algo indeterminado, que se distingue da essencialidade, a qual é, segundo Hering, completamente determinada. Consequentemente, para este último a intuição eidética husserliana pararia na individuação da ideia (ato ideativo ou ideação),[10] sem captar a distinção entre essencialidade, como classe do ente, e a ideia, como instrumento necessário para individuar as classes do ente.

Faz-se necessário, a este ponto, retomar uma distinção terminológica que não é puramente formal, mas serve para clarificar mais a fundo a questão: na verdade, no livro *Ideias* Husserl usa a expressão *eidos* intencionando dizer o momento essencial e não utiliza mais a palavra "ideia", como o fizera em *Investigações Lógicas*, porque esta última palavra tem, também para ele, um significado regulador em sentido kantiano. Hering reconhece que Husserl individuou o ato particular através do qual se nos apresenta a ideia indicando-o como ato ideante ou ideação,[11] mas sem o

---

8 *Ibidem*, p. 526.

9 *Ibidem*, p. 530.

10 *Ibidem*, p. 527.

11 *Idem*.

desenvolvimento, julgado importante, da distinção entre essência particular e universal, essencialidade come classe do ente e ideia como instrumento para individuar as classes do ente. Portanto, não considera equivalentes os termos *eidos* e *Wesen*, como pensa Husserl.[12]

Pela mesma estrada aberta por Hering, seguindo-o em algumas das linhas de pensamento traçadas por ele e distanciando-se em pontos significativos, encontramos Conrad-Martius e Edith Stein, as quais desenvolveram suas pesquisas assumindo sempre mais decisivamente um procedimento ontológico, no que diz respeito à primeira, e ontológico-metafísico, ainda que *sui generis*, como visto anteriormente, em relação à segunda.

Conrad-Martius, no seu ensaio sobre a Ontologia real, se remete à análise de Hering para enfrentar a importante questão da distinção entre existência real e ideal. Na verdade, segundo Conrad-Martius, podemos falar de existência seja no caso de um dado real, seja no caso de um dado ideal, e, naquilo que diz respeito ao momento do *was* "o quê" (que coisa), a *Washeit* (essencialidade), como prefere chamá-la, está presente seja na dimensão real, seja na ideal. No primeiro caso, nos encontramos diante de uma configuração material do ser, no segundo, diante de uma configuração formal. Sustentando isso, ela se considera dentro da perspectiva de Hering e, referindo-se explicitamente ao ensaio supra analisado, afirma que a distinção por ele operada entre essencialidade, ideia e objeto ideal deriva do fato de que uma determinada essência (*Washeit*) pode ser colocada em forma (*gestaltet*) de ideia e, portanto, ser considerada do mesmo modo que um objeto realmente concretizado, enquanto a essencialidade contém a essência (*Essenz*) relativa à sua pura entidade material. Isso explica porque para Hering a essencialidade é a substância primeira, como "mãe" material, sempre em sentido essencial, de todos os objetos e suas possibilidades.[13]

Um outro ponto a ser preliminarmente esclarecido, segundo Conrad-Martius, refere-se ao modo segundo o qual uma existência ideal, por

---

12 *Ibidem*, p. 533.

13 CONRAD-MARTIUS, H. *Op. cit.*, p. 162.

exemplo poética (como *Hamlet*, de Shakespeare) ou geométrica, possa diferir da existência factual e real. A resposta é, em um primeiro momento, peremptória: se trata de dois tipos de existência, um "subjetivo" e outro "objetivo". Mas, remetendo-se a um escrito anterior, "Por uma ontologia e uma doutrina do mundo no qual aparece o mundo externo",[14] se explicita que "subjetivo" e "objetivo" têm uma pluralidade de significados a depender do ponto de vista assumido, naquilo que diz respeito à autonomia ou à relatividade do ente. Certamente uma alucinação tem valor subjetivo, já que tem uma autonomia de formação (*Gebilde*), efetiva ou real. Todavia, se é verdade que a realidade em si e por si tem uma precisa determinação e não podemos confundi-la com aquilo que é fruto da invenção, é também verdade que *Hamlet*, uma vez concebido, é independente de toda representação humana, e, nesse sentido, pode-se falar de sua objetividade porque tornou-se uma formação, um produto atemporal. Sua existência possui, portanto, um caráter absoluto maior que o real.

Tudo isso remete, ainda, a uma terceira consideração, relativa ao mundo real concebido como determinado espaço-temporalmente. Em primeiro lugar, é preciso notar que algo não é real porque existe espaço--temporalmente, mas ao contrário, existe espaço-temporalmente porque essencialmente pertence ao mundo da realidade determinada.[15]

Delineia-se aqui um direcionamento da investigação na direção de uma atuação realística. Propondo novamente a modalidade da realidade existente (dado) em carne e osso (*leibhaft*), que Husserl tinha introduzido para indicar as condições de legitimidade de um conhecimento justamente naquilo que ele chamava de "o princípio de todos os princípios", Conrad--Martius se orienta sempre mais decisivamente na direção de uma análise da existência na sua facticidade, recuperando em termos reais aquilo que Husserl tinha indicado em termos cognoscitivos.[16]

14 *Ibidem*, v. III.

15 *Ibidem*, §7.

16 *Ibidem*, §8.

Ao retomar a teoria do conhecimento, Conrad-Martius se pergunta o que distingue a alucinação da existência real. Para quem tem uma alucinação, a coisa é subjetivamente dada "em carne e osso", ainda que não seja dada factualmente. Faz-se necessário, assim, distinguir aquilo que se entende como "dado em carne e osso" do "ser em carne e osso da existência real": por exemplo, a cadeira que está no quarto ao lado não me é "dada em carne e osso", mas em si mesma existe e devemos considerá-la como tal.[17] Em que consiste, então, o ser "em carne e osso"?

Introduz-se aqui a tese de que aquilo que caracteriza a realidade é a existência de um "substrato" (*Träger*) carregado de uma essência [*quidditas*] (*Washeit*), de modo que uma entidade real é a totalidade dos dois momentos.[18]

O significado de substrato pode ser indicado com o termo grego *upocheimenon*, mas não representa algo de subjacente, pois o substrato e a essência constituem uma unidade. E porque a existência se distingue em ideal e real, é possível dizer, por exemplo, que o número três é o substrato formal de uma essência (*quidditas*) que determina o número três como número três.[19] O substrato ideal é constituído de modo conteudístico pela sua essência (*quidditas*), enquanto o substrato real toma para si factualmente aquilo que o determina essencialmente. Portanto, são entes reais inclusive aqueles que não se configuram factualmente.

Pode-se sustentar, em termos gerais, que a realidade é dada quando um substrato determinado essencialmente e algo determinado em modo existencial se comportam como um verdadeiro substrato e uma quididade (essência) "carregada".[20]

Dos resultados da análise realizada e aqui resumidamente apresentada, é possível extrair a intenção geral da ontologia de Conrad-Martius. Segundo o seu ponto de vista, o papel da ontologia é a descoberta da constituição

---

17 *Ibidem*, § 9.

18 *Ibidem*, § 11.

19 *Ibidem*, § 12.

20 *Ibidem*, § 14.

fundamental daquilo que é determinante para o mundo do real em todas as suas configurações, com as quais e nas quais este mundo torna-se antes de mais nada possível. Esse ponto de vista, que se contrapõe ao subjetivismo de Kant em virtude da objetividade presente na investigação de Martius, resulta numa ontologia distinta da posição kantiana, numa ontologia que podemos chamar de "real", que descobre a constituição do ser real em todas as suas configurações.

O distanciamento de Kant implica uma aproximação com a Escolástica, sobretudo em relação à efetividade daquilo que é real. E porque aquilo que é real (*das Reale*) é o "realizador" em modo positivo e pessoal da sua própria essência (*quidditas*), pode-se falar de realidade como efetividade (*Wirklichkeit*) ou atualidade (*Aktualität*), da mesma forma como se faz na escolástica. Todavia, Conrad-Martius quis estender e aprofundar a própria concepção de realidade por entender que o conceito escolástico de realidade (*Wirklichkeit*) esteja ligado a entidades reais naturais, enquanto ela considerava importante ontologicamente distinguir entidades reais naturais de entidades reais *tout court*, compreendidas entre estas o Estado, a casa etc. Por outro lado, aquilo que distingue mais profundamente a perspectiva escolástica daquela de Martius é o uso metódico da intuição, ou seja, o tipo de visão utilizada, o tipo de análise que tende ao fenômeno primário, originário (*Phaenomenon*) da realidade, sem interessar-se pela realização factual no mundo existente.[21]

Uma questão que emerge é o que nos leva a adotar tal abordagem e como podemos compreendê-la. Por um lado, a própria autora nos fornece indicações para a colocação da sua análise dentro da tradição filosófica: as referências a Kant e à Escolástica representam os polos de oscilação, mas também de delimitação do âmbito problemático, enquanto a evocação ao método intuitivo estabelece o contato, ou melhor, a assunção da prospectiva analítica fenomenológica. Por outro lado, essa posição não consiste em reassumir uma posição realística ingênua, nem mesmo desenvolve através da análise da subjetividade aquela dimensão transcendental que Husserl se indagava.

21 *Ibidem*, p. 174.

É justamente tal núcleo, que até agora individuamos por via da exclusão de outras posições filosóficas, que é necessário analisar para compreender o significado da fenomenologia realista. E não é uma tarefa fácil. Da análise fenomenológica husserliana se aceita o método descritivo, intuitivo, que tende a evidenciar essencialmente o significado das questões, dos fatos, em uma palavra, da coisa (*Sache*), que é o objeto da análise, e a *Sache* é a realidade: é a este ponto que inicia a diferenciação de Husserl.

No fundo, mesmo para Husserl a *Sache* é a realidade, mas tal como se apresenta. E, portanto, os meios e os modos desse dar-se da coisa são o objeto da análise, por isso se é levado a examinar as estruturas do sujeito, para o qual a realidade é realidade. Por tal motivo, a partir de um certo ponto de vista, torna-se necessário tomar em consideração a posição de Kant.

Nos ensaios de Conrad-Martius que foram citados aqui, emerge um significado de fenomenologia que se refaz às primeiras "Investigações lógicas" e que Husserl reviu e aperfeiçoou, a seu modo, já nas *Ideias* de 1913. Por quais motivos, então, em 1923, passados dez anos dessa revisão de Husserl, de sua guinada em sentido transcendental, a Autora ainda se refere a ele sem levar isso em consideração? Na verdade, é preciso lembrar que justamente na abertura do estudo sobre a Ontologia real, Conrad--Martius delimitou a referência ao mestre indicando a intenção de proceder a uma análise essencial no sentido da eidética de Husserl, ou seja, no que diz respeito aos dois momentos da redução, o eidético e o transcendental, ela aceita somente o primeiro. Por outro lado, que nesse texto uma polêmica direta com Husserl não tenha sido feita é algo compreensível, não porque ela não se dava conta do seu progressivo distanciamento dele, mas se pode observar que a publicação do ensaio na revista dirigida por Husserl demonstra duas coisas: em relação a este último, a disponibilidade de Husserl no que diz respeito ao desenvolvimento dado à análise fenomenológica; e em relação a Conrad-Martius, que ela vê tal desenvolvimento como legítimo no quadro metodológico oferecido pelo mestre e, talvez, possa ser considerado um convite a confrontar-se com uma outra possibilidade oferecida pela assunção dos mesmos critérios de fundo e dos mesmos princípios que ele tinha indicado.

O delineamento consciente e autônomo da fenomenologia realística encontra-se, de fato, na análise que Conrad-Martius fez nos seus quase trinta anos de pesquisa. Se vê agora a contraposição teórica cada vez mais explícita no confronto com a fenomenologia husserliana, mas também a insistência sobre se tratar de uma lide em família, antes, uma lide que diz respeito ao melhor modo de conduzir uma análise que possa ser realmente definida como fenomenológica.

1.1. A redução fenomenológica

No período compreendido entre o final do ano de 1955 e início de 1956, Conrad-Martius conduziu dois seminários de estudo dedicados à essência da essência (*Über das Wesen des Wesen*), isto é, a uma reflexão radical sobre o significado da essência. Isso no quadro de um clima cultural caracterizado pela forte presença da temática da existência, seja na vertente da analítica existencial de Martin Heidegger, seja naquele mais declaradamente existencialista de Maurice Merleau-Ponty ou Jean-Paul Sartre, para citar alguns nomes representativos. Nesse cenário cultural Conrad-Martius repropôs a questão do início do filosofar, partindo da atenção voltada "àquilo que se dá", momento de partida da análise fenomenológica segundo Husserl.

Sabe-se que o tema do *es gibt*, do dar-se, está na base da investigação de Heidegger, o qual acusava Sartre de tê-lo reduzido aos termos da banal contraposição entre essência e existência, compreendendo-o simplesmente como o "*il y a*".[22] Mas era exatamente essa contraposição que Conrad-Martius considerava fundamental; não se trata de discutir como a existência deva ser entendida, seguindo a analítica de Heidegger ou o existencialismo de Sartre, se trata, ao invés, de compreender esse dar-se, esse estar ao alcance da mão *(Vorhandenheit)* em sentido mais amplo.

Na verdade, estão "ao alcance da mão" não somente o mundo real com todas as suas determinações psíquicas e espirituais, mas também todos os

22 HEIDEGGER, M. *Brief über den Humanismus*. Frankfurt: Klostermann, 1974 (*Lettera sull'umanismo*. Trad. BIXIO, A. e VATTIMO, G. Torino: S.E.I., 1975).

atos da consciência, todas as datidades intersubjetivas e intencionais, categoriais, dimensionais e formais, todas as datidades ideais e eidéticas, as objetualidades matemáticas e lógicas, todos os objetos em sentido estrito, mas também os relacionamentos, as relações, os estados das coisas. E ainda, estão ao alcance da mão as situações factuais, os objetos individuais ou gerais, as ideias, os transcendentais, e ainda o ser, a essência e até mesmo o nada, portanto o irracional, o imaginário, o negativo. Em resumo, tudo aquilo que possui um *quod* e do qual é possível falar de forma clara.

Se considerarmos, então, a totalidade daquilo que se dá, delimitamos um cosmo, que não deve ser visto como mundo real, natural ou mesmo sobrenatural, ou seja, não deve ser pensado como sendo de ordem física, nem psíquica, nem terrestre, celeste ou divina. Se trata do mundo ideal, ontológico, do cosmo noético, a ser entendido como a totalidade de sentido do ser. E a análise dos objetos contidos nesse cosmo, feita de modo que se possa colher o sentido em modo claro, conduz à sua essência. Se o cosmo noético é a estrutura conforme o *logos* enquanto tal, o estudo desse cosmo é, mais uma vez, ontologia, isto é, a ciência do ente segundo o seu sentido de ser ou essência.

Se a questão da relação entre o mundo real e o cosmo noético for colocada, constata-se que o segundo não contém em si o primeiro, mas o compreende na sua inteligibilidade, não relativamente ao seu ser, mas à sua idealização. É aqui que entra o recurso à redução fenomenológica de Husserl. Não é possível, de fato, colher o cosmo noético nem a sua relação com o mundo real se nosso comportamento é aquele prático, comum da cotidianidade, ou mesmo se adotamos a simples atitude teorético-científica. Esse modo de colocar-se no mundo é ingênuo, é a aceitação acrítica da qual Husserl sustenta que é preciso fugir para encontrar um outro tipo de datidade, aquela essencial.

Como percebemos do exposto acima, quanto à redução fenomenológica existem, segundo Husserl, dois níveis de datidade. Um desses níveis é aquele que concerne o mundo que nos é dado como conjunto dos "fatos", os quais compreendem as coisas do mundo físico, as situações práticas, as elaborações científicas. A tarefa da análise fenomenológica, nesse caso, é aquela de pôr a questão do sentido de tais fatos, não, porém, como fruto de uma elucubração mental, mas como resultado de uma visão, de uma intuição, de um determinado modo de dar-se, justamente porque é um dar-se do sentido, da essência. Conrad-Martius considerava ter respeitado, desse modo, o espírito da redução eidética de Husserl, mais ainda, considerava tê-la feito como única aplicação correta.

1.2. Os desenvolvimentos da fenomenologia: a questão da existência

Em ocasião do centenário de seu nascimento, Husserl foi recordado na coluna *Phaenomenologica* com um volume dedicado a ele. Conrad-Martius participou da comemoração com um ensaio intitulado "A fenomenologia transcendental e a fenomenologia ontológica",[23] no qual retrata com precisão as correntes de pesquisa que se desenvolveram, colhendo a oportunidade para indicar quais as ligações existentes entre a fenomenologia transcendental e a ontológica.

No final dos anos 1950, os nomes presentes no âmbito das pesquisas fenomenológicas eram aqueles de Eugen Fink, Ludwig Landgrebe e, naturalmente, o de Martin Heidegger. Em relação a esses nomes, Conrad-Martius individua duas correntes, aquela considerada por ela mais próxima às intenções de Husserl, representada por Fink e Landgrebe, e aquela de matriz heideggeriana, que Martius considera a mais distante do mestre. Haveria ainda uma terceira corrente, na qual ela mesma se coloca, que poderia ser definida como Escola de Munique-Gotinga, pois de fato muitos dos discípulos de Husserl do período em que ele ensinou em Gotinga eram provenientes de Munique, dentre os quais Conrad-Martius, e que em seguida retornaram a *Mônaco di Baviera* para assumir posições acadêmicas na universidade da cidade. Na opinião da fenomenóloga, esta

23 CONRAD-MARTIUS, H. "Die transzendentale und die ontologische Phänomenologie". In: *Edmund Hurssel, 1859-1959, Phaenomenologica* 4. Haia: Nijhoff, 1959, reeditado em *Schriften zur Philosophie* (Escritos de filosofia), sob os cuidados de E. Avé-Lallemant. Munique: Kösel, 1965, aos quais se faz referência nas indicações textuais.

foi a escola de Husserl propriamente dita. De fato, ela observa que com a transferência deste para Friburgo começou um processo de distanciamento dos discípulos de Husserl e, portanto, o seu isolamento, como foi testemunhado pelo próprio Husserl na Apostila às *Ideias*, escrito em 1930.

Com a marca da sua experiência pessoal, Conrad-Martius repercorreu, no citado ensaio, os acontecimentos do período de Gotinga: a desilusão dos discípulos por ocasião da publicação das *Ideias I* no confronto com uma pesquisa que muito prometia, mas que não mantivera a impostação das *Investigações lógicas I* – já o segundo volume dessa mesma obra, de fato, preanunciava aquilo que aconteceria posteriormente: se tratou de um "incompreensível retorno" ao transcendentalismo, ao subjetivismo e até mesmo, talvez, ao psicologismo.[24]

Se nos colocamos do ponto de vista de Husserl, vemos que as acusações de Conrad-Martius são indubitavelmente muito fortes, pois ele, com certeza, não compreendia sua pesquisa transcendental como um subjetivismo ou, pior ainda, como um psicologismo. Em todo caso, é possível compreender a crítica da fenomenóloga se considerarmos que as "Investigações lógicas" foram marcadas por um forte chamado à objetividade pura. A autora deixa a entender, nas entrelinhas, que de primária importância foi a influência do neokantismo, isto é, do assim chamado idealismo crítico, representado por Paul Natorp, Heinrich Rickert e outros que, na verdade, muito tinham apreciado a mudança de posição de Husserl na direção de uma pesquisa que dava centralidade à questão da consciência, ainda que não compartilhassem dos resíduos de *ontologismo* e de *intuicionismo* que ainda – por sorte, observa Conrad-Martius – permaneceram na posição husserliana.[25]

A autora sustenta que nos seminários de Gotinga foi debatida a questão da virada transcendental da fenomenologia – o que está de acordo com o testemunho de Hering, recordado anteriormente, no que diz respeito às discussões entre Husserl e Reinach –, ainda assim Conrad-Martius considera que, não obstante essas concessões relativas ao objeto da análise, representado

24 *Ibidem*, p. 395.

25 *Idem*.

cada vez mais pelo campo da subjetividade, Husserl não tenha nunca se distanciado do estilo de pesquisa que distingue a fenomenologia, qualquer que seja o objeto que a acompanha, estilo este que consiste em não aceitar nada que não seja dado pela evidência e no evitar toda pura construção.

Coloca-se então a questão: qual é o ponto teorético distintivo entre a fenomenologia husserliana e a de Conrad-Martius? Se nota que tudo gira em torno da realidade do mundo (*die Wirklichkeit der Welt*). Encontramos aqui a pergunta radical, com a qual a autora havia iniciado a sua investigação na "Ontologia real": o que é realmente a realidade? Conrad-Martius sustenta explicitamente, ao fazer o balanço crítico no ensaio por ocasião do centenário de Husserl, ao qual aludimos, que este autor nunca negou ou duvidou da realidade do mundo, da natureza ou mesmo do sobrenatural. A problemática gira em torno, na verdade, da questão da validade do conhecimento.

Como a investigação essencial da consciência evidencia a relação intencional entre o momento noético e o momento noemático (por exemplo, o momento noético do "ver" o livro tende para o mesmo livro enquanto "visto"), põe-se a questão de se o mundo, entendido em sentido noemático, é verdadeiramente o mundo real (*wirklich*). Trata-se aqui de uma pressuposição do ser do mundo ou da realidade na sua efetividade (*wirkliche Wirklichkeit*)?[26] Conrad-Martius constata uma ambiguidade em Husserl, uma falta de clareza. Ela admite que não está em questão a negação do mundo, como já notamos a propósito da relação entre Descartes e Husserl, mas o que deve ser estabelecido é se a realidade, *Wirklichkeit*, se refere ao momento noemático em si mesmo como correlato do momento noético, ou se a realidade do momento real noemático transcenda a consciência.

Em um ensaio do ano de 1957, intitulado "Fenomenologia e Especulação",[27] Conrad-Martius indica que a discussão é concernente à centralidade do fenômeno mundo. A redução de Husserl conduz a uma posição transcendental-idealística, uma vez que, colocando entre parêntesis a realidade do mundo

26 *Ibidem*, p. 396.

27 *Idem*, "Phänomenologie und Spekulation". In: *Schriften zur Philosophie*. AVÈ-LALLEMANT, E. (ed.). Munique: Kösel, 1965.

(como indica a concessão feita por Husserl a Descartes no livro *Ideias*), o fenômeno "mundo" na sua totalidade é "destruído" relativamente ao seu centro. De fato, como a realidade do ser "pertence" à essência do mundo, a questão de se um tal mundo real seja verdadeiramente dado não é respondida.[28]

Conrad-Martius se dá conta perfeitamente – e esse é o seu mérito teórico – de que a redução é o elemento que caracteriza a abordagem fenomenológica. O seu esforço é, pois, o de manter essa aproximação ao problema sem que isso a faça chegar às consequências indicadas por Husserl nas *Ideias*, ou seja, sem considerar o mundo somente como noema da consciência. Sabe-se que o próprio Husserl julgou, na obra *Crise*, a assim chamada *via cartesiana* como sendo apressada, da maneira como está apresentada nas *Ideias*, e por isso tentou outras vias da redução fenomenológica,[29] estando consciente do paradoxo de um eu que está no mundo e ao mesmo tempo fala do mundo. Em todo caso, para ele foi sempre fundamental resolver a questão do sentido do mundo para nós, enquanto sujeitos que se encontram no mundo e para os quais o mundo se dá. Este dar-se deve, com efeito, conduzir às modalidades do dar-se, e os modos do dar-se são, pois, as vivências da consciência na sua valência intersubjetiva.

Conrad-Martius, tendo presente a redução tal qual é proposta por Husserl nas *Ideias*, afirma que se indagarmos o mundo na perspectiva husserliana, precisamos responder que o mundo fica no interior da consciência, e se dá "realmente" na consciência: quer dizer, não está fora dela com suas estruturas.[30]

A discussão gira ao redor do tema da "realidade" e se trata de estabelecer o que seja a realidade efetiva.[31] Como Husserl mesmo usou diversas vezes essa expressão, Conrad-Martius procurou entender em que consiste a diferença entre a sua própria posição e aquela do Mestre. Ela argumentava que se trata da equivalência existente, para Husserl, entre "noema" e

---

28 *Ibidem*, p. 370.

29 Para as vias da redução, remeto ao meu livro *Husserl – Sul problema di Dio.*

30 CONRAD-MARTIUS, H. *Op. cit.*, p. 371.

31 *Idem*, *Die transzendentale und die ontologische Phänomenologie*, p. 397.

"realidade" e porque o noema é o correlato da consciência, ele não efetuava o passo posterior que consiste em afirmar a realidade transcendente em relação à consciência do momento noemático real.[32]

Podemos observar que nos encontramos diante de um modo diferente de considerar o mundo e a relação eu-mundo. Conrad-Martius se coloca a questão: "onde permanece (*bleibt*) o mundo?",[33] questão que se colocada nesses termos está em desacordo com a intenção fenomenológica de Husserl, segundo o qual se trata de estabelecer, antes de mais nada, o que é o mundo do qual falamos, o que entendemos quando constatamos que o "mundo" existe. O mundo é o ponto de partida que precisa ser analisado, porque se apresenta como uma dura concreção, que deve ser rompida para ser compreendida. Para ele o problema não é aquele de garantir a sua objetividade, mas de compreender como essa objetividade é constituída. Nesse sentido, Husserl não tem medo do idealismo, mas sim do realismo ingênuo, colocando-se do ponto de vista do sujeito para o qual o mundo é mundo. É essa a consideração existencial a partir da qual Husserl se move. Faz-se necessário, portanto, perguntar-se o que significa pensar-dizer mundo. Sublinho o "pensar-dizer" porque não se trata de um problema linguístico, mas de um problema cognoscitivo.

Para Conrad-Martius, a insistência de Husserl sobre esse problema faz perder de vista a questão metafísica da alteridade do mundo em relação à consciência. Ela, na verdade, tem um temor oposto ao que Husserl sentiu, isto é, ela tem medo de cair no idealismo, e é por isso, então, que quer reivindicar o momento realista, e assegurar a existência de algo além do sujeito que fala. Husserl, ao contrário, considerava impossível sair do âmbito do sujeito, seja no nível da experiência comum seja no da pesquisa filosófica, tudo está referido ao sujeito ou aos sujeitos, o problema é, antes, aquele de verificar se o sujeito fala unicamente de si ou se fala também de algo além de si. É necessário para ele manter a distinção teórica entre as duas perguntas: quem fala? E do que se fala?

---

32 *Idem*.

33 *Idem*, *Phänomenologie und Spekulation*, cit., p. 371.

O esforço da investigação husserliana, como notamos acima, é aquele de indicar que o ponto de vista da subjetividade é primário em uma série gradual de atitudes: o mundo é sempre um mundo para um sujeito e para os sujeitos ou uma coletividade, independentemente do fato de que isso seja percebido ou não. É a reflexão filosófica que torna consciente essa atitude.

Para entender o contraste entre realismo e idealismo no interior da escola fenomenológica, poderíamos utilizar a ideia husserliana mesma de "consciência da imagem", tal como é proposta nos escritos publicados na coleção Husserliana sob o título de "Fantasia, consciência da imagem, recordação" (1898-1925),[34] nos quais está contida aquela análise que leva à constatação de que podemos assumir o ponto de vista do sujeito ou o ponto de vista do objeto, isto é, em cada instante o objeto analisado é imanente e transcendente, estático e dinâmico, e é possível, por isso, passar de um para o outro evidenciando um ou outro. A consciência disso é já a superação do tradicional contraste entre realismo e idealismo, assim como é também a consciência de que somos nós a realizar essa operação. Nisso consiste propriamente o idealismo transcendental, ao qual Husserl se referia e que considerava um novo evento na pesquisa filosófica.

Usando esta última indicação, retirada da análise husserliana, é possível dizer que Conrad-Martius assume o ponto de vista do objeto, mas sem querer, ao mesmo tempo, permanecer num realismo ingênuo. Isso é demonstrado pela sua aceitação da perspectiva fenomenológica em dois aspectos fundamentais da investigação: a necessidade da *epoché* e de operar uma análise essencial. É sobretudo o segundo aspecto que consente a Husserl afirmar que quem fala não fala sempre em modo particular-subjetivo; deve-se, antes, reconhecer a capacidade de colher aquilo que é válido, essencial, o que é aceito por Conrad-Martius. A acusação que ela move contra Husserl não diz respeito a um relativismo gnosiológico, mas de ter descuidado da facticidade através da sua redução, por ter deixado

34 HUSSERL, E. *Phantasie, Bildbewusstsein, Erinnerung* (1898-1925), Husserliana, v. 23. Sob os cuidados de E. Marbach.

de lado a demanda gnosiológica que trata da correspondência entre o ser em sentido noemático e o ser factual.

Pode-se perguntar se Husserl, de algum modo, respondeu a essa acusação. Conrad-Martius capta com precisão a diferença da posição husserliana da kantiana naquilo que diz respeito ao "transcendental". De fato, para Husserl não se trata de contrapor "empírico" a "transcendental" como sustentava Kant, mas de distinguir "mundano" e "transcendental" e de examinar a relação entre "subjetivo" e "objetivo" num modo novo. Por meio da redução (*Reduktion*) uma subjetividade é evidenciada, porém, a ser entendida como lugar a que se reduz o desenvolvimento do mundo (*Weltvorgänglickeit*), portanto, uma subjetividade que deve ser compreendida em um sentido metafísico novo, o "ego" ao qual se liga toda validade de ser e de sentido do "mundo".[35]

Não se trata, na visão de Conrad-Martius, somente de colocar entre parêntesis todos os juízos referentes ao ser ou ao não ser do mundo, mas de considerar o mundo como um mundo no qual toda posição de ser é "reduzida", considerá-lo como um "fenômeno", e todas as determinações de ser como hipotéticas. E sobre o termo "hipotético" Conrad-Martius se detém para elucidar a própria posição.[36] Sem negar o valor da *epoché*, e nisso consiste a distinção profunda entre a fenomenologia realística e a de Heidegger, Conrad-Martius sustenta que esta deveria ter como objetivo o colocar entre parêntesis "hipoteticamente" o mundo real, o qual continua "o mesmo" no interior do seu modo de datidade universal. Ao contrário, a redução operada por Husserl considera o ser real do mundo em modo "hipotético".

Distinguindo dessa maneira a "redução" de Husserl da *epoché*, ela pensa ter captado em modo diferente de Husserl tudo aquilo que é dado empiricamente ou efetivamente. Na realidade, o temor de Conrad-Martius, ao qual já nos referimos quando falamos da sua escolha realística, refere-se à perda da dimensão factual-empírica e isso é compreensível quando levamos em consideração o seu interesse pelo estudo da natureza. Mas neste

35 CONRAD-MARTIUS, H. *Die tranzendentale und die ontologische Phänomenologie*, p. 399.

36 *Ibidem*, p. 398.

ponto constatamos um curto-circuito entre realidade, existência e facticidade, curto-circuito que Husserl procurou evitar. De fato, enquanto o termo existência se contrapõe a não-existência, o termo factual ou empírico se contrapõe a essencial; pode-se observar que teoricamente Conrad-Martius reconhece essa distinção, mas referindo-se a Husserl, sustenta que a sua redução, enquanto colocação entre parêntesis do factual, é também um não reconhecimento do momento existencial.

Como assinalamos acima, Husserl jamais colocou em dúvida a existência do mundo. Ao contrário, concordando com Descartes, admitiu a possibilidade de não discutir se existe ou não existe, portanto, de não tematizar a existência colocando-a entre parêntesis, e isso é reconhecido por Conrad-Martius,[37] mas ela sustenta que em Husserl há uma nuance a mais (*eine Nuance mehr*), segundo a qual é suspensa qualquer posição e, portanto, qualquer facticidade.

Em primeiro lugar, podemos notar que Husserl fala do reconhecimento da existência ou não existência como um modo da consciência, no sentido de que tal reconhecimento, enquanto reconhecimento e não enquanto posição de ser ou produção de ser, é uma operação da consciência. Em segundo lugar, a facticidade se apresenta, mas não devemos permanecer no plano da facticidade, é necessário superá-lo para que possamos apreender a essencialidade. Trata-se, em última análise, de duas questões diferentes. Para retornar à primeira podemos relembrar o que Husserl diz na terceira das suas *Meditações Cartesianas*, relativa ao problema da existência ou não existência de um objeto. Depois de sublinhado que nas três primeiras Meditações a constituição de um objeto intencional foi evidenciada, ou seja, a relação entre noese e noema, *cogito* e *cogitatum*, para usar a expressão cartesiana, ele sustenta que é necessário tratar a questão e afrontar a distinção entre objeto existente e não existente e que essa distinção "...de modo nenhum é colocada fora de questão com a abstenção da decisão sobre o ser ou o não ser do mundo", antes este é "...um tema universal da fenomenologia".[38]

---

37 *Ibidem*, p. 396.

38 HUSSERL, E. *Meditações Cartesianas*. 1. ed. STRASSER, Stephan (ed.). Trad. ALVES, Pedro M. S. Rio de Janeiro: Forense, 2013.

É necessário estabelecer, então, os modos de confirmação e verificação, de implementação ou não que consentem atuar ou não a síntese da confirmação evidente. Este é o fio condutor para resolver a questão do "mundo" como "ideia correlativa de uma perfeita evidência de experiência",[39] a qual se baseia na experiência externa dos objetos, que se dá através de um multiforme universo de antecipações não "completadas", mas carentes de implementação, isto é, de antecipações que remetem a evidências potenciais, e aquilo que aparece como autêntico é, justamente, aquilo que é completo. A consciência do mundo traz consigo de modo imanente algo que é necessariamente transcendente, ou seja, o mundo como modo real objetivo traz consigo também o sentido (e este é o aspecto cognoscitivo) de um "... mundo que efetivamente é".[40]

Naquilo que diz respeito à facticidade, é necessário lembrar que justamente o primeiro livro das *Ideias* começa com a distinção entre dados de fato e essências, além da necessidade de superação do plano factual para que se possa captar o sentido.

Conrad-Martius, por outro lado, reconhece que não é possível permanecer sobre o plano factual, sustentando ao mesmo tempo que o problema é justamente aquele da essência da realidade (*das Wesen von Realität*),[41] antes, diz que é necessário um exame da natureza empírica que dá a essa uma estrutura ôntica;[42] e isso na mesma linha de Husserl, ainda que, mesmo parecendo que em certos momentos ela colha o sentido do contraste entre esse autor e Descartes, a propósito da existência do mundo, reiterando várias vezes que Husserl nunca duvidou de tal existência.[43] No entanto, as frequentes referências de Husserl a Descartes são, para ela, um reconhecimento do fato de que a objetividade ontológica emerge da subjetividade egológica. Ela

39 *Ibidem*, § 28.

40 *Ibidem*, p. 99.

41 CONRAD-MARTIUS, H. *Op. cit.*, p. 397.

42 *Ibidem*, p. 398.

43 *Ibidem*, p. 401.

se atém a considerar a redução tal como proposta por Husserl nas *Ideias*, interpretando a subjetividade, da qual fala Husserl não como lugar das operações cognoscitivas, mas como fonte da realidade que anularia o sentido da autonomia do mundo enquanto existente.

A fenomenologia ontológica proposta por Conrad-Martius, contrariamente àquela husserliana que ela considera idealística, sustenta a alteridade e a autonomia do mundo em relação ao sujeito, apoiando-se também no desenvolvimento das novas ciências da natureza. Um dos aspectos distintivos da posição de Conrad-Martius é exatamente a importância dada à nova física e à nova biologia. E porque todo espírito científico é, em última instância, um espírito realista, é possível afirmar que foi essa nova cientificidade experimental que reforçou a polêmica anti-idealista de Conrad-Martius, dando a conotação de originalidade da sua posição. A partir desse ponto de vista ela pensava compreender os erros do mestre: para ele o mundo atual era ainda dado somente empiricamente e atingir as origens dele só era possível com a recuperação da dimensão transcendental. Acontece, porém, que a nova física abrira as portas a ulteriores âmbitos de fundação real-potencial, por isso eram necessárias novas categorias, ainda inominadas.[44]

Ao tratar do tema da natureza por meio das ciências, sem esquecer o papel importante do ser humano, mas procurando indagar a sua íntima relação com a natureza, Conrad-Martius faz emergir a originalidade de sua proposta filosófica, a qual merece ser levada em consideração pela atenção dispensada à compreensão da realidade em sua globalidade e em seu desenvolvimento orgânico.

2. Ciência e filosofia na investigação sobre a natureza

O que caracteriza a posição de Hedwig Conrad-Martius, no entanto, não é somente o interesse ou o amor pela natureza, mas a tentativa de estabelecer um profundo acordo entre a pesquisa científica contemporânea

44 *Idem.*

e a investigação filosófica. O fio condutor é representado sempre pelo seu "realismo", que consiste no reconhecimento de uma realidade configurada substancialmente em uma pluralidade de modos que se vinculam a alguns princípios fundamentais.

Já em sua importante pesquisa sobre a *Realontologie*, ela tinha dedicado grande parte da sua reflexão à natureza, iniciando, em sentido fenomenológico, da análise daquilo que aparece, se mostra (*Erscheinung*), como instrumento de conhecimento que fornece algo que é real e não ligado ao sonho e à alucinação. Na verdade, toda a análise estava voltada para traçar o significado da materialidade, entendida como aquilo que é de carne e osso ou substancial (*substantiell*). Certamente, inclusive aquilo que se mostra tem uma vitalidade e substância, mas o problema que Conrad-Martius coloca diz respeito ao fato de que algo possa ser "real" não só no sentido que aparece, mas também no sentido de que é "material". O ente ou unidade material é em si, repousa, está no modo de existência e tudo isso é demonstrado pela experiência sensível, a qual não pode indicar algo que não é, portanto, se algo se anuncia a essa modalidade de experiência, então existe. Deve-se, portanto, inverter a relação que o fenomenólogo (aquele de impostação husserliana, ainda que não seja dito explicitamente) põe entre aquilo que aparece e aquilo que é factual (*Erscheinung* e *Faktizität*): o primeiro aspecto (aparecer) não mais assegura o segundo (o factual), ao contrário, é em si mesmo vazio, está no modo de ser do puro flutuar e possui um grau inferior de realidade. Todavia – e aqui se mostra a original proposta de Conrad-Martius, que, como veremos, é desconcertante inicialmente, mas que se inserida no contexto geral da sua análise torna-se mais suave –, é necessário reconhecer a existência de uma continuidade que vai da matéria à luz. E por isso as formações que aparecem (*Erscheinungsbild*) são formações luminosas (*Lichtgebilde*), têm uma substancialidade feita de luz, sua matéria é a luz.

A razão profunda dessa interpretação está no fato de que, através do exame da luz, das formações gasosas, da matéria nas suas concreções mais pesadas (exame conduzido com o auxílio das ciências físicas e químicas, que por ora são somente o pano de fundo da investigação), se chega a uma constatação surpreendente: tudo é material, mas de graus de materialidade diferentes. Por isso é possível estabelecer uma profunda correlação entre aquilo que é sólido, fluido e gasoso na natureza e a constituição dos componentes essenciais do ser humano, que já Husserl tinha ressaltado, a corporeidade, entendida como corporeidade vivente, a psique e a espiritualidade. Trata-se de símbolos e de analogias: o gás e a luz são símbolos do espírito e correspondem ao fato de que este é livre. Mas não é uma semelhança exterior somente, com efeito, algumas formas constitutivas da matéria e alguns movimentos fundamentais caracterizam toda a realidade ontologicamente.

Se a tarefa da ontologia é aquela de descobrir a constituição essencial do ser real, pode-se perguntar, então, com relação ao conhecimento da natureza, qual é a contribuição da pesquisa científica para que isso aconteça.

O texto mais interessante de Conrad-Martius naquilo que trata de uma tomada de posição quanto à história da ciência é o texto "Perspectivas de metafísica e de ciências da natureza",[45] que contém três conferências feitas em Heidelberg no ano de 1946. Estas são o testemunho do profundo conhecimento que a autora tinha do pensamento científico no seu desenvolvimento e descobertas recentes, seja no campo da física seja no campo da biologia.

Conrad-Martius começa relembrando as dificuldades enfrentadas pela epistemologia contemporânea quanto à compreensão da gênese das teorias científicas. Ela vê nisso, por um lado, a exigência de afrontar questões metafísicas, no sentido de que há um desejo difuso de conciliar o mundo da experiência com as ciências. E vê, por outro lado, a incapacidade de alargar os critérios interpretativos introduzindo novos conceitos. Substancialmente, ela considera que as posições epistemológicas contemporâneas seguem duas direções. Algumas, ao sublimar uma ausência de causalidade ou a liberdade do mundo da natureza, projetam sobre esta última a liberdade humana, gerando, assim, uma interpretação metafísica que pode ser definida "selvagem", exatamente porque a imprevisibilidade dos acontecimentos é sublinhada (como se o cosmo estivesse à mercê de um jogo

45 *Idem*, "Naturwissenschaftlich-metaphysische Perspektiven". Heidelberg: F.H. Kerle, 1949.

demoníaco). Já outras posições epistemológicas conduzem a interpretação científica para o âmbito de uma intervenção subjetiva do pesquisador ou a uma estrutura cognoscitiva subjetiva, e têm como consequência ou a impossibilidade de uma formulação exata ou o retorno a uma posição kantiana.[46] Tudo isso é devido, essencialmente, à resistência em dar uma conceituação de ciência diferente daquela já consolidada, o que tornaria, na verdade, mais dinâmico seja o discurso científico seja o metafísico.

O ponto de vista metafísico consiste, em última instância, na busca dos fatores causais, que transcendem o plano físico, mas que não obstante isso, manifestam sua eficácia no mundo físico.[47] A ciência moderna tem uma grande responsabilidade em relação a essa situação, especialmente por ter transformado a explicação do cosmo que tinha sido fornecida pela era medieval. Não se trata, certamente, de querer voltar àquela visão da natureza. Antes, trata-se de desmascarar algumas indicações de fundo, que constituem a nossa mentalidade e se sedimentaram em uma espécie de preconceito que impede de alargar o nosso horizonte cultural.

A ciência moderna, de fato, parou numa interpretação da realidade muito superficial, que condiciona posteriormente toda a visão de mundo: Galileu Galilei e Newton através da descoberta das leis do movimento e da gravitação universal colocaram a questão do espaço contínuo, no qual as massas corpóreas se movem sem nenhum movimento orgânico, assim como a revolução copernicana consistiu em uma consideração do movimento puramente mecânico dos corpos celestes.[48]

A acusação de antropomorfismo lançada contra a interpretação da natureza dada no período medieval esconde, segundo Conrad-Martius, a incapacidade de colher um plano substancial "transfísico". Por exemplo, a física moderna enunciou a lei da inércia, mas se perguntarmos em que consiste realmente tal lei, descobriremos a presença de uma força interna, e não externa aos corpos, que é encoberta pela expressão *vis inerte*, às vezes usada

46 *Ibidem*, p. 7.

47 *Ibidem*, p. 9.

48 *Ibidem*, p. 9.

para indicar a inércia. Tudo isso remete a um cosmo orgânico, muito diferente de um mundo reduzido a espaço vazio, frio, aberto, não mensurável em toda a sua extensão, no qual as massas se chocam indiferentemente ou feixes de energia se transformam uns nos outros.[49]

Sem dúvidas, chegar a ter uma visão orgânica do mundo físico requer a ajuda de motivações metafísicas e a busca de "raízes", as quais remetem a um plano do ser que não pode coincidir exclusivamente com o mundo terrestre. Em primeiro lugar, é necessário dilatar a imagem do cosmo que deriva da proposta de Galileu, cuja aceitação leva a uma perda da compreensão da trama interior dos corpos materiais no espaço. A ideia segundo a qual os corpos têm um lugar natural, que faz com que os corpos pesados tendam para baixo e os leves para o alto, está conectada, na verdade, com a distinção de um alto e um baixo, de um pesado e de um leve, que caracteriza todo o mundo físico. Tal visão se contrapõe claramente à de um espaço contínuo superficial e externo, tal qual proposto pela física moderna.

A crítica severa feita à ciência de Galileu e o retorno a uma visão aristotélica do cosmo poderia nos levar a supor uma rejeição da ciência, por parte de Conrad-Martius, em favor de uma interpretação pré-científica, exclusivamente metafísica, da realidade. Na verdade, se trata de uma posição mais completa a da autora; posição esta que consiste no esforço de aceitar os dados válidos fornecidos pela pesquisa científica. A passagem da física moderna àquela contemporânea, fundamentalmente ligada à teoria da relatividade e à teoria dos *quanta* de energia, oferece, segundo Conrad-Martius, uma sustentação válida a uma interpretação do mundo físico que supera o mecanicismo da física galileana, consente recuperar uma visão orgânica (como se sustentava na Antiguidade e no Medievo) e abre, enfim, a estrada para um encontro fecundo entre a ciência e a metafísica. Algumas intuições e teorias mais recentes servem para ampliar o horizonte interpretativo, mas são também carentes de uma sustentação filosófica autêntica.

Este é o aspecto interessante e talvez mais desconcertante da proposta de Conrad-Martius. Ela sustenta que a descoberta do quanto de energia

---

49 *Ibidem*, p. 11.

e da constante de Planck, feita pelo cientista no início do século XX, indica a existência de um nexo entre as grandezas espaço-temporais e as grandezas dinâmicas – energias, impulsos –, operando dessa forma uma mudança de extraordinária importância para a ciência, inculcando uma nova visão de mundo com impacto para a história. Não se trata, certamente, de uma proposta metafísica, mas de uma interpretação científica que consente uma abertura a um âmbito transfísico, o qual funda o plano do espaço contínuo, indicado pela física galileana. De modo geral, com a física atômica, de um lado, e com a descoberta das unidades estruturais internas que constituem a luz, de outro, o físico é conduzido a um fundamento constitutivo da natureza que é de ordem transfísica.[50]

Segundo Conrad-Martius, tudo isso é demonstrado se uma questão amplamente debatida no século XVII for afrontada e resolvida: o que é, afinal, a força? As respostas que foram dadas pela física moderna não são convincentes; Galileu e Newton a definiram como o produto da massa do corpo por sua aceleração; Huygens e Leibniz a definiram como o produto da massa pela velocidade e Leibniz chamava essa grandeza de força vivente, que é aquilo que ora chamamos energia.[51] Todavia, a primeira definição de força, aquela que Leibniz indicava como força "morta", não é algo negativo, pois esta pode ser chamada de força em repouso ou simplesmente força,[52] mas não deve ser confundida com a energia potencial, porque é aquilo que está no fundo da força e que ainda não se tornou dinâmico, enquanto na energia potencial a força é já colocada em movimento. Para entender tudo isso é necessário observar que o termo força tem um significado duplo: um puramente formal, presente seja na força em repouso seja na energia; e um material, que é a força em sentido estrito e preciso.

Tudo aquilo que possui energia tem a força em um duplo sentido: como força em repouso, subjacente, e como dinamização de fundo.[53]

---

50 *Ibidem*, p. 14-15.

51 *Ibidem*, p. 38.

52 *Ibidem*, p. 40.

53 *Ibidem*, p. 43.

Individuamos, então, em modo ontológico, os fatores fundamentais que produzem os efeitos de um ponto de vista mecânico: encontramos, de fato, juntamente com a massa que se move, a força em repouso e entendemos como se no movimento espacial houvesse uma dinamização, direcionada a uma meta, de uma força subjacente.[54]

Uma interpretação mecanicista de todos os fenômenos físicos é, como já notamos, insuficiente; dois exemplos dessa insuficiência são a teoria da radiação, naquilo que diz respeito à luz, e a descoberta das ligações entre os átomos, no âmbito da química. Tudo isso comporta uma nova visão do universo que não pode simplesmente retomar teorias do passado, nem mesmo a visão organicista proposta pelo romantismo, enquanto a vida orgânica pressupõe a constituição da natureza e não pode fundar a natureza. As razões que estão à base dessas operações da natureza não podem ser de tipo natural, mas devem ser causas constitutivas do ser da natureza.[55]

Temos, por conseguinte, que a energia mesma exige algo de substancial. Dá-se, assim, ao lado de uma matéria ponderável, uma substância imponderável, a qual pode ser definida, segundo a tradição grega, como "éter". Como aquilo que possui energia mecânica pressupõe a matéria ponderável, assim o éter é pressuposto da luz que vemos. Da mesma forma que a energia mecânica repousa na dinamização da matéria ponderável, com seu peso interno, assim também a energia radiante reside na dinamização do éter imponderável; trata-se de uma fundação transfísica que determina uma contraposição essencial entre os dois momentos.[56]

Podemos notar que através desse exame minucioso, do qual indicamos somente alguns aspectos fundamentais, Conrad-Martius executa uma dupla operação: uma estritamente epistemológica, de confronto entre todas as teorias científicas da Antiguidade aos nossos dias, e uma filosófica, de análise da relação entre essas e as explicações metafísicas do universo.

---

54 *Ibidem*, p. 45.

55 *Ibidem*, p. 34-35

56 *Ibidem*, p. 50.

No primeiro caso, ela percorreu um caminho retrospectivo das descobertas científicas contemporâneas, isto é, da teoria da relatividade e da teoria dos *quanta,* passando pela física moderna de Galileu e chegando à visão geocêntrica do universo (que distinguia o que é terrestre daquilo que é celeste), aperfeiçoada no período medieval, mas já elaborada pelo pensamento grego antigo. Em certo sentido, nenhuma posição é radicalmente refutada, mas todas as propostas estão inseridas em uma visão orgânica, que consente estabelecer ligação entre aquilo que é primeiro àquilo que é último. Com audácia, Conrad-Martius sustenta que seria possível observar que a doutrina do éter, aparentemente tão longe da concepção contemporânea de natureza, não só é solicitada pela teoria da relatividade, mas foi, na verdade, explicitamente proposta por Einstein em uma conferência realizada em Leiden no dia 5 de maio de 1920, durante a qual ele declarou que, segundo a teoria geral da relatividade, o espaço sem o éter seria incompreensível.[57]

As conclusões às quais chegou Conrad-Martius não constituem, porém, uma proposta eclética; a sua crítica, de fato, é conduzida com uma extraordinária competência científica nos campos de pesquisa contemporâneos, particularmente na física, na química e na biologia. Tal competência lhe permitia realizar o confronto e as escolhas que fez. Até agora falamos prevalentemente da física, mas veremos que da teoria dos *quanta* aplicada à química, e, portanto, à biologia, ela extraiu importantes considerações relativas à constituição do ser humano, discutindo a interpretação evolucionista.

Original na posição da autora, coerentemente à impostação realista dada ao seu trabalho, é a consideração da validade das teorias científicas entendidas como instrumentos interpretativos, ainda que parciais e insuficientes, da realidade física, cujo valor, porém, não pode prescindir de uma explicação global de tipo metafísico. Se esta posição for comparada com algumas propostas epistemológicas contemporâneas, podemos notar duas coisas: de um lado, a refutação de todo tipo de interpretação construtivista das ciências (e isso contra as indicações oferecidas pelo próprio Husserl),[58] isto é, ao fato de

---

57 *Ibidem*, p. 50.

58 A esse respeito, vide o meu livro *Husserl e le scienze*. Roma: La Goliardica, 1986.

que estas possam ser reduzidas ao modo de conhecimento elaborado pelos sujeitos humanos; por outro lado, podemos notar o seu retorno a uma visão clássica da relação ciência-filosofia, ou melhor, ciência-metafísica, indicando que as teorias científicas não são somente ligadas a propostas metafísicas (o que foi repetidamente afirmado pelos epistemólogos contemporâneos), mas encontram a sua justificação valorativa somente em uma perspectiva metafísica, que em certa medida contribui à sua clarificação, suscitando questões não resolvíveis com os instrumentos da própria ciência.

Assim como fizera Husserl nos anos 1930 (como demonstrado nos manuscritos do período, e também no livro *A crise das ciências europeias*), Conrad-Martius demonstra suspeitas em relação à ciência moderna de Galileu e de Newton, a qual teoriza um rígido mecanicismo, perdendo de vista a natureza. Pode-se dizer que para Husserl o processo de racionalização iniciado na idade moderna se prolonga também nas ciências do século XX, as quais constituem uma gaiola ideal imposta ao mundo da vida. Portanto, não se trata, para ele, de recuperar o conceito de ciência no sentido qualitativo, porque a cientificidade, entendida corretamente, é reservada exclusivamente ao ponto de vista filosófico-essencial.

Conrad-Martius, ao contrário, tem como problemática o significado do conhecimento científico da natureza e entende que tal conhecimento pode ser eficaz se demonstrar ser qualitativo e orgânico. Em tal modo, emerge na autora um interesse pela vida e, portanto, dito em termos husserlianos, há um retorno ao mundo da vida, não como pesquisa genético-analítica, mas como compreensão global da vida do cosmo, entendido não em termos naturalísticos, mas metafísicos.

A partir desses aspectos acima podemos captar a diferença de impostação entre a autora e o mestre Husserl, especialmente naquilo que diz respeito à avaliação intrínseca dos processos científicos e à maior amplitude de visão da realidade.

No que concerne ao primeiro ponto, Husserl e Conrad-Martius parecem concordar na consideração da ciência moderna, especialmente da física clássica, como uma elaboração intelectual a ser desmascarada; divergente, porém, é o juízo que fazem da ciência contemporânea: enquanto Husserl considera, como acenamos anteriormente, que a ciência contemporânea continua a seguir na linha traçada pela moderna, Conrad-Martius parece captar nas atuais teorias científicas uma maior capacidade de penetração no real. A exigência de um retorno ao mundo da vida assume, portanto, conotações diferentes nos dois pensadores. Para Husserl, se trata de uma regressão a operações cognoscitivas primárias, para Conrad-Martius, uma explicação da vida na sua globalidade.

Enquanto a investigação filosófica de Husserl é voltada à atividade do sujeito (ou dos sujeitos) e às suas operações cognoscitivas e, portanto, à gênese dos fenômenos científicos e à sua valência cultural, Conrad-Martius está interessada, sobretudo, no aspecto objetivo da pesquisa, e nisso consiste, como notamos, a sua exigência realista, que procurava estabelecer qual interpretação pode demonstrar melhor as íntimas conexões da vida da natureza. Nas suas pesquisas ela percorreu, a partir de dentro, o processo vital e chegou a uma conclusão que indubitavelmente poderia ser compartilhada com Husserl, conclusão segundo a qual uma pura esquematização conceitual é insuficiente para a apreensão do dinamismo profundo do real. Mas a autora vai além do ponto de vista de Husserl, confiante de poder indicar as linhas mestras da realidade.

Pelo seu profundo interesse pela vida, Conrad-Martius se insere no sentimento comum que caracterizou muitas correntes filosóficas da primeira metade do século XX, atentas à dimensão vital, de modo que a posição da autora pode ser aproximada, sob certos aspectos, àquela de Henri Bergson. Não podemos dizer, porém, que a posição filosófica de Martius seja um puro vitalismo, pois para ela a vida ou o impulso vital deve ser ultrapassado para que se chegue a um horizonte mais amplo, o qual precisaria ser examinado com todos os instrumentos disponíveis, dentre os quais a razão.

Podemos sublinhar que a peculiaridade do pensamento da autora não consiste no fato de que sua pesquisa se contraponha à mentalidade prevalente no nosso tempo, porque, na verdade, ela acolhe os problemas e solicitações do seu ambiente cultural e os examina cuidadosamente. Nesse exame da realidade, Conrad-Martius faz um convite à vigilância, contra toda forma de reducionismo de tipo cientificista, ou de tipo racionalista ou irracionalista, contra o risco de absolutização de um único aspecto da realidade (o sujeito, por exemplo, como lhe parecia que Husserl o fizera). É um convite, aquele da filósofa, a prestar atenção de modo vigilante à realidade na sua totalidade, com a confiança de que é possível, por meio de abordagens diferentes, descrevê-la em suas estruturas.

2.1. A constituição da natureza vivente

As conferências publicadas sob o título "Perspectivas de metafísica e de ciências da natureza", às quais acima nos referimos, constituem uma clara tomada de posição no contexto do debate epistemológico contemporâneo e propõem uma interpretação da natureza que, a partir das ciências, exige um exame de tipo filosófico. Como já indicamos anteriormente, não se trata de estabelecer a insuficiência da pesquisa científica, mas ao contrário, de considerá-la uma preciosa fonte de informações, sem para isso assumir uma posição positivista, segundo a qual o conhecimento científico é a última palavra a ser dita. Conrad-Martius pensa, ao contrário, que são os próprios cientistas que começam a duvidar da segurança demonstrada pelos físicos da modernidade quanto aos resultados das suas pesquisas, sustentando que foram forçados a renunciar à pretensão de possuir a explicação essencial e real do mundo.

As observações aqui referidas estão contidas no trabalho mais importante da autora, dedicado ao estudo da natureza, *A autoconstituição da natureza: Enteléquias e energias*, publicado em segunda edição ampliada no ano de 1961.[59] Esse livro é realmente muito complexo, é como uma síntese do longo caminho de pesquisa realizado não só no que diz respeito ao estudo da natureza e à conexão profunda entre ciência e filosofia, mas também à investigação metafísica da realidade.

---

59 CONRAD-MARTIUS, H. *Der Selbstaufbau der Natur*. Munique: Kösel, 1961, p. 339.

Conrad-Martius considerava a sua investigação como ontológica, que mantinha uma ligação fundamental com o método fenomenológico, o único que, na sua visão, seria capaz de chegar a uma análise essencial. Além disso, considerava que tudo aquilo que de válido existe na ciência experimental pode ser colhido eficazmente somente por meio de uma atitude intuitiva "*...in einer Art Wesensintuition*"; essa ideia parece também estar na base, segundo a autora, da proposta de Hans Driesch quanto à presença de uma enteléquia nos organismos.[60]

Acenamos ao interesse de Conrad-Martius pela biologia, ao qual podemos acrescentar, mais especificamente, o interesse pela embriologia. O livro que citamos anteriormente traz referências a Wilhelm Roux, o qual iniciou as pesquisas fisiológicas relativas ao desenvolvimento dos organismos no ano de 1888, e a Hans Driesch, que estudou em 1891 o embrião do ouriço do mar.[61] Partindo dessas pesquisas, a autora, a exemplo do que fizera a partir das teorias da física, extrai consequências gerais válidas num plano metafísico mais amplo, afrontando a questão da origem e do desenvolvimento da vida.

Driesch, por exemplo, a partir das pesquisas por ele conduzidas nos anos 1930, falava insistentemente de uma enteléquia dos organismos, a qual representa um plano ou um projeto típico, capaz inclusive de intervir e corrigir o organismo no curso do seu desenvolvimento. Essa enteléquia seria, para o autor, uma espécie de artífice que não pode ser reduzido nem a uma atividade psíquica (*seelich*), nem a uma espiritual (*geistig*). O autor, portanto, introduziu um novo conceito, o de "psicóide" (*psychoid*).[62]

Inspirando-se nessa proposta, Conrad-Martius acrescenta que a enteléquia não é somente um fator causal que conserva a identidade típica de

60 *Ibidem*, p. 55, nota 43.

61 Hans Driesch (1867-1941), biólogo e filósofo alemão, através de pesquisas sobre os ouriços do mar sustenta a teoria do vitalismo dinâmico, contra as concepções deterministas de impostação darwiniana. Do ponto de vista filosófico ele afirma a presença de uma enteléquia no desenvolvimento orgânico, o qual concebe como orientado a uma finalidadc.

62 CONRAD-MARTIUS, H. *Op. cit.*, p. 58.

um organismo vivente, mas é também o que constrói e regenera o corpo orgânico segundo um modelo essencial típico, de modo que pode-se dizer que a enteléquia é, em si mesma, a modalidade essencial típica.[63] A presença de um plano de desenvolvimento, tal qual indicado por Driesch, é compreendida da mesma forma anteriormente indicada, porque a enteléquia não precisa de um plano ideal a ser seguido, mas é ela mesma esse plano ideal. Fica claro, porém, que pensando de tal modo passamos ao âmbito da consideração metafísica da essência.

Uma questão, no entanto, permanece em aberto. Trata-se de como pode uma essência ser acolhida em um composto físico-material. Para tanto, faz-se necessário distinguir dois diferentes tipos de enteléquias: uma enteléquia que preside a formação e o desenvolvimento do organismo (*Bildungsentelechie*) e uma outra, que caracteriza em modo atual a identidade individual típica, a essência propriamente dita (*Wesensentelechie*). A primeira pode ser definida como sendo transfísica, é um modelo que informa o organismo e o acompanha nos seus mais diversos graus de desenvolvimento. Esta apresenta-se como um instrumento de realização da segunda. É esta segunda enteléquia aquela que constitui propriamente o último fator causal de tipo metafísico.[64]

Para compreender a origem da vida é necessário afrontar a questão da morfogênese. Conrad-Martius pensava ter resolvido essa questão por meio da proposição das duas formas de enteléquia, assim como da descoberta de duas potências internas à enteléquia de formação, as quais foram definidas como imaginóide e espermatóide (*imaginoid e spermatoid*) e de cuja síntese se origina a potencialidade do desenvolvimento vital. A primeira está ligada aos genes do embrião e a outra é aquela que fornece o tipo de organização que guiará a atualização do corpo a partir de dentro.[65] Tudo isso é sustentado pelos resultados de pesquisas experimentais, conduzidas especialmente com anfíbios, sobre os quais a autora se detém.

63 *Ibidem*, p. 63.

64 *Ibidem*, p. 77.

65 *Ibidem*, p. 239.

Se a morfogênese for examinada a partir do ponto de vista ontológico, encontra-se que a enteléquia essencial é dependente das condições materiais, pois cada constelação material possui um mecanismo que controla a possibilidade de união de uma determinada enteléquia essencial com uma determinada "parte" de matéria vivente, de modo tal que esta última se configura como um óvulo capaz de se desenvolver.[66]

A dependência da essência entelequial das condições estruturais materiais não indica uma solução materialista, porque, em última análise, é sempre a enteléquia essencial a constituir o fundamento de toda a organização. Conrad-Martius propõe uma comparação para esclarecer a relação entre as condições materiais e a enteléquia: estas são análogas à construção provisória do primeiro pavimento de uma casa, que precisa de fundamentos para que sobre este um edifício mais complexo seja erguido.[67] Se não houvesse, porém, um controle, uma passagem obrigatória para o ingresso da enteléquia, haveria uma luta entre todas as enteléquias, haveria um caos e não um cosmo.[68]

A teoria dos *quanta* de energia dá uma contribuição extraordinária para a sustentação da questão da conexão entre essência e matéria. Essa teoria, na qual a ideia de um espaço-tempo contínuo onde somente as leis mecânicas seriam válidas é colocada em discussão, demonstra que é possível que a matéria mude para permitir o encontro com essências diversas. Segundo essa nova impostação, os processos químicos seriam devidos a fatores não mais identificáveis segundo a interpretação de energia da física clássica, mas a fatores que se revelam trans-espaciais e transtemporais ou, para usar uma nova terminologia, a fatores pré-físicos.[69]

O critério da descontinuidade se torna, então, fundamental em vários sentidos, pois representa um instrumento importante para o conhecimento do real. Partindo do fenômeno do eletromagnetismo e da análise

66 *Ibidem*, p. 276-277.

67 *Ibidem*, p. 280.

68 *Ibidem*, 287.

69 *Idem*.

da luz, a teoria dos *quanta*, por meio da qual foi possível individuar a descontinuidade espaço-temporal, nos consente de evidenciar os fatores transfísicos (o éter, por exemplo) e dilatar, assim, a nossa visão do cosmo, justificando os fenômenos da vida de um modo tal que uma estreita visão materialista das coisas seja superada.

Não se trata, porém, de aceitar o vitalismo, como poderíamos imaginar a partir daquilo que até aqui foi dito. Na verdade, Conrad-Martius considerava compreensível a hostilidade demonstrada pelos cientistas defensores da ciência exata, em contraposição ao vitalismo; mas não pelas razões propostas por estes. Quando se fala de enteléquia (como faz Driesch, tido como vitalista), é necessário ir a fundo e ancorar essa intuição no plano do ser, onde poderá adquirir sentido. Se assim não se fizer, permanecerá uma intuição solta no ar, sem uma justificação. Portanto, a questão não é somente constatar a insuficiência de critérios científicos de tipo matemático, mas delinear o horizonte ontológico que o próprio conceito de enteléquia exige.[70]

Em tal modo, se posiciona confrontando-se seja com uma concepção largamente positivista, seja com um organicismo ou vitalismo antipositivista que se limita a contrapor-se ao primeiro, permanecendo sempre num plano exclusivamente científico.

2.2. A discussão sobre o evolucionismo

As considerações supra indicadas conduzem Conrad-Martius a afrontar a questão global da origem da vida, o que a leva ao inevitável debate com as teses evolucionistas. Em muitos pontos da sua obra, a autora se posiciona no confronto com o evolucionismo, propondo também nesse caso uma saída original.

Particularmente significativo é o longo ensaio intitulado "Origem e construção do cosmo vivente", publicado no ano de 1938, no qual está contido um exame minucioso do evolucionismo, conduzido no estilo típico da autora, que combina as perspectivas científica, filosófica e teológica, já que

70 *Ibidem*, p. 441.

em discussão está o conceito de criação. Não se trata de uma conexão ocasional entre os diversos âmbitos de pesquisa, visto que em diversas ocasiões ela acena a possíveis ligações com a doutrina cristã, como veremos a seguir.

O ponto de partida da discussão acerca da criação é o fenômeno científico da existência de formações genéticas totalmente novas e não determinadas pelas precedentes, como muitas vezes constatado em pesquisas científicas. Tal fato remete à questão da origem de uma eventual formação primária, da qual todas as outras derivem. Segundo a autora, é possível encontrar uma explicação para isso somente se admitimos a criação, ou melhor, uma pluralidade de criações. Mas como a criação diz respeito seja à matéria seja à forma, seria necessário admitir, também no caso do surgimento de uma nova matéria, uma pluralidade de criações. A opinião de Conrad-Martius é que se trataria da assunção de uma nova forma da parte de uma matéria já dada, em todo caso, de uma intervenção muito radical, quase como o primeiro ato criativo.[71]

As novas formações estão ligadas a tipos mutantes que não pertencem a uma estrutura essencial, mas a uma ideia "causal". De fato, é necessário distinguir entre tipos mutantes e "típicos", estes últimos formados segundo uma ideia essencial (*Formidee*), enquanto os primeiros segundo uma ideia causal, embora ambos façam parte de um único desígnio criativo.[72] A diferença reside no fato de que, enquanto o plano fundamental de construção não traz em si uma potência de mudança evolutiva, os tipos mutantes têm essa possibilidade de desenvolvimento, de tal modo que a natureza vivente pode dar certos passos "livremente", segundo uma espécie de criatividade imanente, mesmo se sempre previstos por Deus e atuados com o seu concurso.[73] O recurso à divindade é necessário para justificar a transformação, pois, de fato, se a pergunta sobre o que é que realmente se transformou for colocada, precisaremos voltar ao que dá forma a todas as

---

71 CONRAD-MARTIUS, H. *Ursprung und Aufbau der lebendiges Kosmos.* Salzburgo: Otto Müller, 1938, p. 330-331.

72 *Ibidem*, p. 332-334.

73 *Ibidem*, p. 335.

gerações subsequentes: o plasma generativo.[74] Mas seria pouco parar aí, é preciso voltar à causa criadora sobrenatural.

A interpretação aqui proposta, de um lado, parece voltar atrás a respeito das teses evolucionistas, indicando um plano de desenvolvimento essencial, um princípio de criação. Por outro lado, através da hipótese das contínuas intervenções criativas, justifica os saltos de desenvolvimento dos organismos, os quais sem esta explicação seriam incompreensíveis e que, de fato, geram muita dificuldade aos evolucionistas, uma vez que não compreendem como algumas novas formações podem aparecer improvisadamente. Na verdade, estes últimos procuram projetar no passado nexos e processos que encontram no presente, e essa espécie de "atualismo", segundo a autora, foi sustentada particularmente por Darwin.[75]

Conrad-Martius contrapõe o evolucionismo tradicional a um novo evolucionismo, o qual pressupõe a presença de potências que podem ser definidas transfísicas. Se o sentido total de um organismo for examinado, nota-se, de fato, uma sucessão temporal que pressupõe um fundamento de sentido, um *logos* da espécie (*Artlogos*), que é uma última determinação transfísica. Em duas conferências realizadas em Salzburg no ano de 1948, publicadas sob o título "Vida e Psique", Conrad-Martius procurou responder assim não só ao darwinismo, mas também à teoria da evolução criadora de Bergson, sustentando a autora que não se trata de indicar em modo vago uma força vital, até porque, se assim se fizesse, o desenvolvimento vital seria considerado como absoluto.[76] O fluxo da vida não pode ser entendido como uma entidade autocriativa; há somente substâncias que vivem ou trazem consigo a vida; desse ponto de vista, até mesmo Deus não poderia criar a "vida", mas "algo" que vive.[77]

O evolucionismo aqui proposto se distingue em muitos aspectos daquele clássico. O estudo da paleontologia, segundo Conrad-Martius, faz cair por terra a ideia de uma única raiz da qual todos os gêneros e espécies

74 *Ibidem*, p. 336.

75 *Ibidem*, p. 338.

76 *Idem*, *Bios und Psyche*. Munique: Kösel, 1948, p. 32.

77 *Ibidem*, p. 36.

seriam derivados. Esta imagem de uma árvore deve ser substituída, se quisermos entender a descontinuidade, os saltos, as mudanças da natureza, por aquela de um solo, sobre o qual se encontram raízes umas próximas às outras, das quais as diversas famílias se desenvolvem. Tudo isso exige uma superação do plano puramente natural em uma dimensão transfísica e remetendo à criação a partir do nada, propõe um novo modo de entendê-la, como uma sucessão de atos criativos ou então de novas formas.

Indicamos até aqui apenas alguns pontos fundamentais de uma análise complexa que se apoia num conhecimento preciso dos resultados das pesquisas científicas e de algumas importantes posições de estudiosos da primeira metade do século XX. Na realidade, aquilo que referimos até o momento é somente o pano de fundo para a colocação da questão do ser humano. Compreende-se, de fato, que o ser humano não pode ser estudado senão em conexão com o mundo vivente, com a história da natureza.

Para uma antropologia filosófica, a aceitação ou não do evolucionismo não é uma questão de importância secundária, e os modos para diferenciar o ser humano da natureza são determinantes para a compreensão do seu mundo.

3. A origem do ser humano

Com um conhecimento notável sobre o darwinismo e o neodarwinismo, Conrad-Martius afronta a questão da origem do ser humano discutindo a questão do assim chamado elo faltante na evolução humana. Em algumas conferências, realizadas entre 1949 e 1950, ela deu especial atenção a dois momentos significativos: a descoberta do australopiteco, que seria o tal elo faltante, e a justificação de mudanças comportamentais que caracterizariam um comportamento propriamente humano, como, por exemplo, da superação do medo do fogo.[78]

78 CONRAD-MARTIUS, H. *Schriften zur Philosophie*, v. III. EVÉ-LALLEMANT, E. (ed.). Munique: Kösel, 1965.

Esse comportamento se mostra certamente não secundário na distinção entre o animal e o ser humano, mas é possível aceitar a interpretação darwiniana que atribui a superação desse medo a uma mutação genética?[79] Além disso, é plausível uma posição de compromisso, segundo a qual o corpo humano foi preparado pela evolução para receber as capacidades psíquicas que consideramos humanas?[80]

Segundo Conrad-Martius, são justamente as descobertas científicas mais recentes que colocam em xeque o princípio de continuidade na natureza, como notamos quando comentamos a teoria dos *quanta*. E é essa mesma teoria que constitui o fio condutor da análise também no caso da origem do homem.[81] É inútil, pois, procurar o elo faltante, simplesmente porque tal elo não existe. E não poderia existir. De fato, se refletirmos sobre o medo do fogo, perceberemos que será necessário admitir que se o australopiteco não tem medo e usa o fogo, não é mais um animal, se, ao contrário, tem medo, permanece no nível animal[82] e nesse caso não poderemos invocar o fato de que "não é ainda" ser humano e poderá se tornar, hipnotizar, isto é, uma espécie de situação intermediária, como se fosse meio homem e meio macaco.

Sem dúvidas, quando o ser humano surgiu houve uma mudança, ou melhor, dito com uma expressão científica, uma mutação, mas não vale invocar uma mutação genética "causal" para justificar a diferença qualitativa, tal mutação seria incoerente com o desenvolvimento contínuo que o evolucionismo sustenta,[83] portanto, não pode ser interpretada em sentido puramente biológico.[84] A observação científica leva a dizer que estamos diante de algo diferente, de outro nível, diverso daquele que a ciência sabe resolver, ou seja, desse ponto de vista estamos diante de um mistério.

---

79 *Idem*, "Die Abstammung des Menschen nach heutiger Naturwissenschaft und der biblische Schöpfungsbericht". In: *Schriften zur Philosophie*, p. 26.

80 *Ibidem*, p. 21.

81 *Ibidem*, p. 16.

82 *Ibidem*, p. 17.

83 *Ibidem*, p. 25.

84 *Ibidem*, p. 26.

Tudo isso nos conduz à consideração do ser humano como uma totalidade vivente (*Lebenstotalität*), que não pode ser examinada somente de um único ponto de vista, nem morfológico, nem fisiológico, psicológico, nem mesmo etnológico ou teológico.[85] Tais prospectivas são de tal modo enredadas e complementares que, se tomadas isoladamente, fornecem uma imagem falsa do ser humano. A complementaridade destas é demonstrada pelo fato de que em cada uma delas se constata uma insuficiência que requer uma passagem a outro âmbito de pesquisa.

Visto que Conrad-Martius não queria negar que houve uma transformação do ser humano no curso da sua história natural, nem mesmo admitir que a infusão da alma tenha acontecido em um certo ponto da evolução, já que ela considerava válida a unidade do momento espiritual e daquele corpóreo, assim a autora elaborou uma interpretação sugestiva do processo de desenvolvimento da humanidade.

Que juízo se pode fazer do sinantropo ereto e do Homem de Pequim? Como é possível que tenham uma natureza humana e animal ao mesmo tempo?[86] Se for assim, então certamente são já humanos, mas como explicar que sejam tão próximos aos chimpanzés, o fato paradoxal de que tenham traços humanos e simiiformes ao mesmo tempo?[87]

É aqui que a teologia vem em socorro através da ideia de pecado original. Se o homem decaiu por causa do pecado, o seu corpo também sofreu um processo regressivo, por isso a alma e o corpo portam os sinais da decadência em uma condição quase animal. Como essa regressão aconteceu e se haviam formas de vida humanoides já prontas para acolher o ser humano ou se foram formadas para esse objetivo específico é difícil dizer. Essas perguntas não são fantasiosas, basta que pensemos que os mamíferos apareceram somente no Período Terciário, quando ainda os dinossauros reinavam. E como se justifica, então, a aparição aparentemente imprevista dos mamíferos? Estes vieram dos dinossauros através de uma

85 *Ibidem*, p. 16.

86 *Ibidem*, p. 41.

87 *Ibidem*, p. 42.

nova enteléquia e uma total transformação dos mesmos ou foi de outra forma? Se tais perguntas são legítimas em referência aos animais, por que não o são também para os seres humanos?[88]

A origem animal do homem é excluída também de uma outra consideração estritamente científica. Que virtualmente o ser humano foi sempre tal é demonstrado já do seu embrião, o qual é caracterizado pelo fato de que os órgãos não são especializados e isso impede a sua configuração em uma espécie animal bem determinada. Podemos falar de uma espécie de primitivismo do ser humano, que, como sublinha Arnold Gehlen, não é sinal de inferioridade em relação aos animais, mas de não especialização, motivo pelo qual a relação com estes pode ser até mesmo invertida. De fato, os Símios superam, por assim dizer, o estágio embrionário humano com a sua formação específica.[89]

Já no embrião humano é possível identificar a futura estatura ereta, a relação entre as articulações superiores e inferiores, a configuração dos pés, todas características que o distinguem dos outros primatas[90] e que determinam a atitude "aberta" diante do mundo circunstante, "*l'atitude ouverte de l'homme envers son milieu*", como sublinha o paleontólogo suíço Joseph Kaelin.[91]

Esse evolucionismo, definido por Conrad-Martius como criativo, se diferencia do clássico, que ela considerava banal, porque consegue demonstrar a razão dos fenômenos "regenerativos" que caracterizam o desenvolvimento dos organismos, coligando-os não a uma transformação puramente física, mas a potências definidas como transfísicas.[92] O uso desses termos é justificado pelo fato de que tais potências não estão além da natureza, ou seja, meta-físicas, mas são condições internas da natureza que não podem ser reduzidas ao plano puramente físico.[93]

88 *Ibidem*, p. 64-65.

89 *Ibidem*, p. 447.

90 *Ibidem*, p. 448.

91 *Ibidem*, p. 450.

92 *Idem*, *Bios und Psyche*. Munique: Kösel, p. 30.

93 *Ibidem*, nota 4, p. 138.

Tudo isso é fundamental para entender um problema particular da constituição do ser humano. Tradicionalmente se distingue dois elementos, corpo e alma; e é exatamente uma investigação sobre a natureza que serve como pressuposto necessário para a compreensão e avaliação dessa ideia antiga, muito contestada, mas sempre renascente. Não é um acaso que a questão da relação entre corpo e alma seja tratada, por exemplo, no livro *Bios und Psyche*,[94] depois da questão da constituição da natureza e da discussão com o evolucionismo.

Na verdade, o âmbito conceitual no qual Conrad-Martius se insere é aquele já proposto por Husserl, inclusive quanto ao uso dos termos. Ele distingue, particularmente no segundo volume das *Ideias*, três momentos ou aspectos constitutivos do ser humano: o *Leib*, corpo vivente, a *Seele*, que é a atividade psíquica, e o *Geist*, ou seja, a atividade espiritual. A distinção, portanto, desses três componentes consente-nos de captar a complexidade da constituição do ser humano, os diferentes aspectos da sua realidade.

A divisão conceitual acima referida era o resultado da investigação filosófica que Husserl definia como fenomenológica, a qual se tratava, de fato, de compreender quais vivências estavam subjacentes às determinações tradicionais de alma e corpo, que não eram negadas, mas indagadas através de um longo processo de clarificação. A falta desse processo era aquilo que Husserl, no livro *Meditações Cartesianas*, criticava em Descartes, fazendo notar que este último falou logo de uma "*mens*" ou de um "*animus*", entendido como substância pensante, sem antes ter realizado um percurso investigativo que passa pelas manifestações das atividades corpóreas, psíquicas e espirituais para que se chegue à compreensão das noções de corpo, psique e espírito.[95]

E Descartes se apresenta como um ponto de referência obrigatório também para Conrad-Martius. Substancialmente fiel ao ensinamento husserliano, ela discute a questão do dualismo cartesiano constatando que a

94 O livro contém quatro conferências realizadas durante congressos de medicina, o que justifica o conteúdo científico, além do filosófico.

95 HUSSERL, E. *Meditações Cartesianas*, § 10.

reação crítica presente nos nossos dias, que ela considerava como um simples contrapor de um monismo absoluto, não é convincente. Os estudos conduzidos no século XX, sobretudo no âmbito da psicologia e da psicopatologia (ela citava Karl Jaspers, F. J. J. Buytendijk, Helmuth Plessner), permitiram sublinhar a unidade entre psique e corpo vivente, mas caíram numa certa indiferenciação desses dois aspectos. Corpo e alma foram pensados somente como um ponto de vista, uma abstração, sem que o nexo entre os dois fosse captado. E para compreender esse nexo, não podemos iniciar a pesquisa diretamente pelo ser humano, é necessário, antes, dilatar a investigação a uma análise comparativa que investe tudo aquilo que é vivente.

Todo ser vivente, inclusive as plantas, mostram, em virtude das suas almas, uma forma que é corpórea. Mas se compararmos as realidades vegetal e animal, damo-nos conta de que no caso das plantas não podemos falar de uma alma afetiva, que tenha sentimentos, e muito menos de uma alma espiritual. É clara (e explícita da parte de Conrad-Martius) a referência à enteléquia em sentido aristotélico, como aquilo que consente a formação e o desenvolvimento do ser vivente, o acordo harmônico das estruturas e das funções na sua totalidade, segundo um princípio de ordem superior à matéria.[96]

Se passamos a considerar os animais, nota-se que já nas amebas podemos encontrar movimentos corpóreos e sensações, por exemplo na tentativa de capturar uma presa ou fugir de um predador, semelhantes às de um animal superior. Tudo isso demonstra que os animais têm experiências e podem aprender;[97] todavia, é necessário ir com cautela nas distinções, é necessário separar uma capacidade de ter sensações puramente corpóreas (*leiblich*) de sentimentos e sensações que remetem a uma vida afetiva de tipo psíquico (*seelich*). Estas aparecem nos peixes e se manifestam progressivamente nos répteis, nos pássaros e nos mamíferos: se trata de uma bifurcação que determina a distinção entre corpo, entendido como corpo vivente (*Leib*), e alma (*Seele*). E esta última, por

---

96 CONRAD-MARTIUS, H. *Bios und Psyche*. Munique: Kösel, p. 83-84.

97 *Ibidem*, p. 85.

sua vez, se divide em três aspectos: 1) psico-corpóreo, que se volta à corporeidade, 2) afetivo, que se volta para si mesmo e 3) espiritual, que se volta para fora de si para tornar a si mesmo.[98]

Podemos dizer, então, que a alma entelequial é organizada em quatro partes: corpórea, corpóreo-psíquica, afetiva e espiritual. No que diz respeito ao ser humano, se trata de cinco princípios fundamentais agrupados em modo tal que aquela que é definida como alma em sentido fundamental (*Seelegrund*) é, por sua vez, diferenciada em dois âmbitos ulteriores, o afetivo e o espiritual; quanto ao corpo identificamos, ao lado da corporeidade (*Leib*), uma alma corpórea (*Leibseele*), que pode ser definida como psíquica.[99]

A alma entelequial, esse princípio fundamental, a enteléquia essencial, faz as vezes de um artífice para todo o organismo vivente, é como o *logos* ou o plano da espécie. Ela constrói o seu corpo, se encarna nesse; naturalmente essa alma entelequial permanece profundamente ligada em modo orgânico ao corpo, de modo que todas as suas funções, inclusive aquelas vegetativas, afundam as próprias raízes na alma. Não se trata de um influxo de um princípio dinâmico em uma natureza física já pronta; os processos fisiológicos podem acontecer graças a esse fator entelequial, que é a raiz profunda, constitutiva, mas é de ordem pré-física (*vorphysich*).[100]

Como sempre, a justificação dos resultados das pesquisas de Conrad-Martius é fornecida pelos estudos de fisiologia, especialmente aqueles referentes ao sistema nervoso. A distinção entre "cortical" e "basal" no interior do cérebro indica, no primeiro caso, que através do sistema nervoso cerebrospinal acontece o controle de toda a periferia do corpo, já o segundo se refere a todo o sistema vegetativo. Fica claro, assim, que a capacidade dos animais de ter sensações e movimentos tem fundamento na região cortical e que tudo aquilo que é feito inconscientemente tem raiz em uma esfera vegetativa profunda, a qual está presente também nas plantas. E isso nos permite realizar a distinção anteriormente proposta

98 *Ibidem*, p. 92-93.

99 *Ibidem*, p. 93 94.

100 *Ibidem*, p. 98-99.

entre a região corpóreo-psíquica (*leibseelich*), que caracteriza o animal, e a corpórea (*leiblich*), típica das plantas. Por meio do sistema nervoso vegetativo, funda-se um nível de ser mais profundo do que aquele constituído pelo sistema nervoso animal. De fato, enquanto o segundo comanda uma materialidade controlável mecanicamente, o primeiro enxerta estímulos vegetativos nas regiões mais internas e constitutivas do corpo.[101]

A unidade profunda dessas partes do organismo é testemunhada pelo fato de que podemos controlar não somente aquilo que depende da dimensão cortical (como poderíamos pensar inicialmente), mas também as funções vegetativas, o que é comprovado por experiências vindas de contextos históricos e culturais diferentes, que vão desde práticas mágicas ao yoga, passando pelos métodos terapêuticos e pelo treinamento autógeno.

Com estas análises Conrad-Martius alcança dois objetivos, um de natureza mais filosófica e o outro mais cultural. Quanto ao primeiro, ela oferece uma resposta meditada à questão teorizada pelo cartesianismo na idade moderna, que diz respeito ao dualismo corpo-alma. Quanto ao segundo, trata-se de apontar uma certa convergência de explicações aparentemente distantes uma das outras, possível graças a um certo modo de entender a unidade do organismo, apesar da sua complexidade de constituição.

Conrad-Martius demonstra a habilidade de saber ler nas propostas científicas e naquelas que aparentam ser totalmente alternativas, como as práticas de yoga, e captar nelas elementos de estímulo ao pensamento e de confirmação da sua descrição. De fato, tudo aquilo que a fisiologia diz sobre o sistema nervoso pode encontrar correspondência naquilo que acontece concretamente nos exercícios de treinamento autógeno, permitindo inclusive que se afronte um problema longamente debatido em âmbito filosófico, o do papel da vontade como instrumento de controle corporal. São justamente aquelas técnicas que confirmam a tese da divisão quádrupla dos âmbitos vitais presentes na totalidade do ser humano. De fato, se o ato voluntário é o que permite o início daquelas práticas, também é verdade que o controle

---

101 *Ibidem*, p. 101-102.

posterior dos membros e até mesmo dos órgãos internos do corpo é devido a fenômenos de autossugestão verbal ou imaginativa, a uma concentração que não é ativa, mas passiva, tal qual nos sonhos, e revela, por isso, regiões e dimensões que podem ser trazidas à luz graças à "colocação entre parêntesis" da consciência, esta entendida como consciência da vontade própria.[102]

Com a sua análise, a autora ampliou a concepção tradicional de alma, o que se vê com a caracterização quádrupla do ser humano, que consiste na dimensão vegetativa (*leiblich*), na corpóreo-psíquica (*leib-seelich*), na afetiva (*affektiv-seelich*) e na espiritual (*geistig*). Na realidade, se constata uma insuficiência da língua italiana para encontrar termos correspondentes àqueles propostos, pois a palavra *Seele* não pode ser traduzida genericamente como alma, nem o termo *Geist* se refere ao tradicional conceito de alma, justificando-se assim o uso do termo "psíquico" para traduzir *Seelich* e de "espiritual" para indicar o que é *geistig*, dividindo, em tal modo, dois aspectos da alma, a qual caracteriza seja os seres humanos ou os animais.

Fica clara, assim, a distinção entre dimensão afetiva e dimensão espiritual, tal qual proposta por Conrad-Martius. É aqui que fica evidente o dualismo tradicionalmente proposto, visto que, justamente na vida dos afetos e dos sentimentos, se capta uma distinção entre interioridade e exterioridade e que um momento interno absoluto se mostra. Isso não quer dizer, porém, que não exista uma conexão entre os dois aspectos, antes, fica claro que a alegria, o medo e a preocupação dizem respeito ao corpo e à alma e isso pode acontecer porque se encontram em uma "contraposição polar", pela qual podem reagir em modo análogo e paralelo.[103]

Trata-se de admitir que existe, em sentido ontológico, um "espaço" psíquico e uma "matéria" psíquica, a qual não pode ser confundida com a matéria física extensa e que pode ser definida como "intensiva". Essa definição comporta a dificuldade de localizar no corpo os sentimentos, mesmo que digamos que medo, alegria e amor os sentimos no centro do corpo, enquanto o

102 *Ibidem*, p. 104-105.

103 *Ibidem*, p. 108-109.

compreender o localizamos como sendo ligado à cabeça. Tais coisas, porém, estão ligadas ao momento espiritual, do qual se falará a seguir.[104]

Na obra de Conrad-Martius, o dualismo se configura como polaridade entre um corpo exterior visível e uma alma interior que possui as mesmas características da corporeidade, mas em modo próprio. Por essa razão é possível falar de uma interioridade existente em si mesma, analogamente ao corpo externo; a unidade entre esses dois aspectos é salvada pelo fato de que toda a vida afetiva (interior) precisa da corporeidade (exterior) para se exprimir.[105] Se for possível falar de uma energia psíquica que, como sublinha Carl Gustav Jung, comanda e dirige a energia física, então será necessário admitir, segundo a autora, que é possível bloquear os sentimentos e os afetos por parte da corporeidade, como é demonstrado no treinamento autógeno, o que significa, então, que os sentimentos dependem das expressões corpóreas, por isso pode-se concluir que "o corpo é o campo de manifestação da alma".[106]

A questão da dualidade ou da unidade do ser humano se torna mais exigente no caso da relação entre corporeidade e espiritualidade. O sinal da presença do espírito ou alma espiritual (*geist* ou *geistseele*) é dado pelo fato de que descobrimos em nós mesmos uma dupla interioridade, uma relacionada ao corpo e outra relacionada a si mesma. Em outras palavras, nos transcendemos interiormente em duas formas: demonstrando que possuímos a liberdade de nos colocar "diante" do nosso corpo e "diante" de nós mesmos.[107]

A este ponto a objeção a ser superada diz respeito à constatação da forte ligação entre espírito e cérebro. Porque não obstante todas as distinções que possam ser teorizadas, vemos que o espírito parece depender da integridade cerebral,[108] donde deriva que os conceitos de ato e potência podem ser propostos novamente de uma maneira útil. Não há dúvidas de que os atos espirituais, enquanto atos, têm necessidade de instrumentos,

---

104 *Ibidem*, p. 111.

105 *Ibidem*, p. 116.

106 *Ibidem*, p. 119.

107 *Ibidem*, p. 124.

108 *Ibidem*, p. 126.

de meios para serem exercitados (como já vimos com relação aos processos psicofísicos), porém aqui nos deparamos com algo muito difícil de compreender, pois se trata de encontrar uma justificação para atos como a abstração, a síntese espiritual, o pensamento categorial, a memória, a capacidade intelectual. Como é possível que tudo isso dependa de circuitos cerebrais? É a este ponto que se justifica o problema da distinção entre *res extensa* e *res cogitans* e se compreende a proposta dualista de Descartes.

É possível, no entanto, aprofundar ainda mais essa relação e sublinhar que o nexo entre o eu espiritual e o cérebro é semelhante àquele existente entre o artista e seu instrumento. Para compreendermos bem essa comparação, temos que fazer, então, duas distinções. A primeira delas em relação àquilo que é produzido pelo artista e pelo instrumento. Os sons emitidos por um instrumento musical (o produto do instrumento), embora não sejam materiais em sentido estrito, têm uma qualidade sensível. Já os pensamentos e os atos espirituais do artista (o produto do artista) não possuem essa característica sensível. A segunda distinção é esta: devemos distinguir quem simplesmente toca um instrumento, procurando utilizar as próprias potencialidades e que, ao contrário, cria algo novo e usa, posteriormente, o instrumento como um meio de manifestação do seu mundo interior, onde a sua criação se deu.[109]

Ainda assim, precisamos encontrar um ponto de conexão orgânico entre o espírito e o corpo, porque é possível tocar um instrumento como um virtuoso o faz, não só como um artista. Esse "instrumento" ao qual nos referimos é, porém, algo ao qual estamos ligados sem a possibilidade de nos retrair dessa relação, ainda que a possamos considerar provisória, da qual poderemos certo dia nos espoliar. E é aqui que mais uma vez se enxerta a teologia, pois nesse caso trata-se de indagar o significado da morte. Pois, de fato, os resultados da análise filosófica até aqui conduzida nos dizem que a morte não é genericamente a separação entre o corpo e a alma, mas de maneira mais precisa entre o corpo e a psique, pois o que acontece são mudanças de ordem

109 *Ibidem*, p. 128-129.

física, passíveis de estudo científico, e essas mudanças impedem a alma de controlar o corpo. Tudo isso, porém, não pode ser compreendido como um fato natural. É um "fato", mas não um fato natural, porque do ponto de vista natural todo corpo pertence a uma psique, o que nos leva a concluir que há uma "espoliação" de um corpo para que um outro seja assumido.[110]

Nossas observações conclusivas são para indicar que a interpretação do ser humano proposta por Conrad-Martius, especialmente quanto à relação corpo-alma, não exclui o aporte das pesquisas de nenhuma disciplina. De um lado, a autora liga a gênese e a constituição do ser humano à natureza, sem que isso signifique uma redução do homem a esta, como um naturalismo banal. Ela demonstra, ao contrário, que essa interpretação não pode ser abandonada a uma leitura científica superficial, pois a ciência mesma se embate em questões que não sabe resolver e indica, sem se dar conta muitas vezes, um caminho de solução que pressupõe uma análise transfísica. Por outro lado, esta última consideração nos permite superar, num terreno filosófico, o tradicional contraste entre ciência e teologia. A aceitação, da parte do filósofo, dos resultados de pesquisas e propostas derivadas de fontes diversas é determinada, de fato, pela coerência entre esses resultados, que é espontaneamente indicada pelos fenômenos mesmos, se oportunamente indagados. São estes, na realidade, que indicam a possibilidade de acordo entre as diferentes prospectivas.

Podemos notar como a autora fez uma análise minuciosa da alma, escavando nesta as suas articulações internas e potencialidades, e ao mesmo tempo indicava que só num quadro de referência global é que esses particulares poderiam ser compreendidos. O emergir do ser humano a partir da natureza se prolonga a uma dimensão transfísica. Renasce a ideia de um microcosmo profundamente ligado a todas as partes do cosmo e conectado a níveis não perceptíveis fisicamente, mas fortemente reais.

---

110 *Ibidem*, p. 132-137.

BIBLIOGRAFIA

OBRAS DE CONRAD-MARTIUS

"Zur Ontologie und Erscheinung Lehrer der realen Aussenwelt". *Jahrbuch für Philosophie und phänomenologische Forschung*, IV. Halle, 1916.

Die erkenntnistheoretischen Grundlagen des Positivismus. Bad Bergzabern: Edição privada, 1920.

Metaphysische Gespräche. Halle: Niemeyer, 1921.

"Realontologie". *Jahrbuch für Philosophie und phänomenologische Forschung*, VI, 1923.

Festschrift Edmund Husserl: Zum 70. Geburtstag Gewidmet. Halle: M. Niemeyer, 1929.

"Bemerkungen über Metaphysik und ihre methodische Stelle". *Philosophische Hefte*, III. Berlim, 1932-33.

Die Seele der Pflanze. Breslau: Frankes Verlag Otto Borgmeyer, 1934.

Ursprung und Aufbau der lebendigen kosmos. Salzburgo: Otto Müeller, 1938.

Der Selbstaufbau der Natur – Entelechien und Energien. Hamburgo: Goverts, 1944.

Naturwissenschaftlich-metaphysische Perspektive. Heidelberg: F. H. Kerle, 1949.

Bios und Psyche. Hamburgo: Claasen-Verlag, 1949 (reeditado por Kösel, 1960).

Abstammungslehre. Munique: Kösel, 1949.

Die Zeit. Munique: Kösel, 1954.

Das Sein. Munique: Kösel, 1957.

Der Raum. Munique: Kösel, 1958.

Die Geistseele des Menschen. Munique: Kösel, 1960.

"Edith Stein". In: *E. Stein, Briefe an Hedwig Conrad-Martius*. Munique: Kösel, 1960.

Schriften zur Philosophie, v. I-III. Munique: Kösel, 1963-1965.

ANTOLOGIAS BIBLIOGRÁFICAS

Uma bibliografia completa das numerosas obras de H. Conrad-Martius, dos seus artigos, ensaios, recensões, traduções e de todo o material conservado no arquivo da Biblioteca Estatal de Mônaco se encontra em E. Avé-Lallemant, *Die Nachlässe der Münchener Phänomenologen der Bayerischen Staatbibliothek.* Wiesbaden: Otto Harrassowitz, 1975.

Uma bibliografia completa foi publicada também em "*Zeitschrift für philosophische Forschung*", XXX, 2, 1977.

TRADUÇÕES

Em inglês, é possível encontrar o ensaio contido no v. III dos seus *Schriften zur Philosophie:* "Phenomenology and Speculation". In: *Philosophy today*, III, 1959.

Em italiano: *Dialoghi metafisici,* tradução italiana de Anselmo Caputo, prefácio de Angela Ales Bello. Lecce: Besa Editrice, 2006.

ESTUDOS CRÍTICOS

AVÉ-LALLEMANT, F. C. "Der kategoriale ort des seelischen in der Naturwirklichkeit: Eine Untersuchung auf der Grundlage der realontologischen Arbeiten von Hedwig Conrad-Martius". Munique: Ludwig-Maximilian-Universität, 1959.

______. "Hedwig Conrad-Martius". *Jahrbuch – Evangelische Akademie Tutzing*, XV, 1965-1966.

______. "Die Antithese Freiburg-München in der Geschichte der Phänomenologie in Die Münchener Phänomenologie". *Phaenomenologica*, 65. Haia: Nijhoff, 1976.

BELLO, A. Ales. *Fenomenologia dell'essere umano – lineamenti di una filosofia al femminile.* Roma: Città Nuova, 1992.

______. "Edith Stein und Hedwig Conrad-Martius: ein menschliche und intellektuelle begegung". In: *Studien zur Philosophie von Edith Stein*

- *Internationales Edith-Stein-Symposion Eichstätt 1991*. Phänomenologische Forschungen, v. 26-27. FEZT, R. L.; RATH, M.; SCHLUZ, P. (orgs.). Munique: Alber Karl, 1993.

BELLO, A. Ales. "Hedwig Conrad-Martius – Ontologia e vita". In: AA. VV. *Il filo(sofare) di Arianna. Percorsi del pensiero femminile nel novecento*. BELLO, A. Ales; BREZZI, F. Milão: Mimesis, 2001.

______. "Hedwig Conrad-Martius and the phenomenology of nature". In: AA.VV. *Phenomenology world-wide, a guide for research and study*. TYMIENIECKA, A. T. (org.). Dordrecht: Kluwer Academic Publisher, 2002.

CONRAD-MARTIUS, Hedwig. "Festschrift für". *Philosophisches Jahrbuch der Goerres-Gesellschaft*, LXVI. Munique, 1958 (com contribuições de F. J. J. Buytendijk, F. G. Schmucker, H. Sedlmayr, J. Wahl).

______. *Die Geistseele des Menschen*. Munique: Kösel, 1960.

FALK, G. "Hedwig Conrad-Martius". *Zeitschrift des Vereins Historisches Museum der Pfalz (Historischer Verein der Pfalz), des Pfälzischen Vereins für Naturkunde Pollichia [u.a]*. Kaiserslautern, 37: 87-89, 1986.

HABBEL, I. *Die Sachverhaltproblematik in der Phänomenologie und bei Thomas von Aquin*. Ratisbona, 1960.

HART, J. G. *Hedwig Conrad-Martius' Ontological Phenomenology*. Dissertation. Chicago: University of Chicago Divinity School, 1969.

______. "Hedwig Conrad-Martius (1888-1966): Bibliographie". *Zeitschrift für philosophische Forschung*, 31:2, p. 301, 1977.

______. "Phenomenology and Reality". In: *The Phenomenological Movement*. SPIEGELBERG, H. M. Haia: Martinus Nijhoff, 1983.

HERING, J. "Das Problem des seins bei Hedwig Conrad-Martius". *Zeitschrift für philosophische Forschung*, XIII, 3, 1959.

KRINGS, H. "Zeit und Sein. Bemerkungen zu einem wichtigen Buch". *Hochland*, XLVII, 2, 1954.

SCHMUCKER, F. G. *Die Phänomenologie als Methode der Wesenserkenntnis unter besonderer Berücksichtigung der Auffassung der München-Göttinger Phänomenologenschule*. Munique: Ludwig-Maximilians-Universität, 1956.

VRANA, C. "La costituzione ontica degli organismi nel pensiero di H. Conrad-Martius". Dissertazione. Roma: Pontificia Università Lateranense, 1963.

______. "Filosofia della natura vivente". *Filosofia e Vita*, IV, 1, 1963.

CONCLUSÃO

Indicou-se, na introdução, qual é o espírito da pesquisa fenomenológica. Agora é oportuno indicar a possível utilização das pesquisas nos campos do saber que se delinearam na cultura ocidental, mas também em outras formações culturais.[1]

As potencialidades da fenomenologia são realmente muitas, mas vê-se também as dificuldades de serem acolhidas e assimiladas. Dissemos antes que o programa husserliano de uma comunidade de pesquisadores coordenada e em comum acordo foi realizada na fase inicial de sua vida acadêmica, mas logo começou a diáspora e as "traições", como eram sentidas pelo mestre. Seria esse um ideal demasiado elevado para ser realizado em modo duradouro? Se pensamos em Scheler e Heidegger, que sem dúvidas são os personagens mais representativos da diáspora, podemos nos perguntar se a contestação da proposta de Husserl não deriva de uma dificuldade desses em renunciar a um papel de protagonistas para trabalhar em modo humilde e em comum na busca pela verdade. No fundo, é Edith Stein quem esclarece e realiza o projeto husserliano, demonstrando, paradoxalmente, que este pode ser realizado até mesmo na aparente solidão de um mosteiro, o qual, na verdade, antes que constrição do espírito, é potenciação da sua dimensão comunitária. Edith Stein "foi à escola" de quem poderia lhe esclarecer o sentido da realidade, escola de personagens

1 Para essa questão remetemos a A. Ales Bello, *Culture e religioni*. Roma: Città Nuova, 1997 [*Culturas e religiões: uma leitura fenomenológica*. Trad. BELLO, A. Ales. Bauru: EDUSC, 1998].

como Husserl, Tomás de Aquino, Teresa D'Ávila, ou ainda Max Scheler e Dilthey. Porque um só pensador não pode compreender tudo; pode até ter essa pretensão, mas esse é um comportamento humano ambicioso.

No que diz respeito ao estilo da pesquisa, nossos fenomenólogos podem nos ensinar algo de importante, que supera o fechamento individualista. Por essa razão, nos ensaios aqui apresentados, li as análises de cada um dos pensadores cruzando e remetendo continuamente uns aos outros. E o fiz não de modo arbitrário, como se tivesse encontrado simples consonâncias entre os textos, mas baseada em reais influências e discussões ocorridas no interior da escola de pensamento.

Em relação aos conteúdos, algo que encontrei presente nas análises dos autores e que não quis ressaltar foi o interesse dos mesmos numa fundação filosófica das ciências, como diz Edith Stein; não só das ciências do espírito (as ciências humanas), mas também das ciências da natureza.

Esse projeto ainda não deu todos os frutos possíveis, mas creio que deve ser ainda sustentado e cultivado. Na verdade, uma realização nessa direção foi atuada por mais de trinta anos por Anna Teresa Tymieniecka, que reuniu um grupo internacional de pesquisas ao redor do Instituto Mundial de Estudos Avançados de Fenomenologia, do qual foi presidente e cujo órgão de difusão se reflete na série de volumes produzidos sob o título de "Analecta Husserliana".[2]

Dois são os núcleos de importância que emergem das análises fenomenológicas. Um diz respeito à dimensão antropológica e consente o trabalho com as ciências humanas e com as outras culturas; o outro é relativo

---

2 O projeto teorético do qual nasceu a iniciativa por longos anos conduzida por Tymieniecka é o de reencontrar o ponto de partida unitário que justifique a distinção entre natureza e espírito e as suas interconexões, aplicando para isso o método fenomenológico de inspiração husserliana. Particularmente significativa é a sua proximidade à fenomenologia realística de Conrad-Martius. Numerosos centros de pesquisa nacionais, dentre os quais o *Centro Italiano di Ricerche fenomenologiche*, são filiados ao Instituto mundial. Nos frequentes encontros internacionais, todos os campos tradicionais do saber são indagados, estabelecendo assim referências entre eles. Os resultados das análises confluem, portanto, nos volumes da coleção "Analecta Husserliana", que já conta com mais de noventa volumes publicados pela Kluwer Academic Company, de Dordrecht, Holanda.

à filosofia da natureza, onde encontramos o debate acerca da interdisciplinaridade e da não dispersão do saber, temas estes que se encontram atuados no estilo de investigação proposto pela fenomenologia. Não porque cada estudioso deva possuir um saber omnicompreensivo, mas porque cada um deve ser consciente do papel parcial, embora decisivo, que tem dentro de um amplo programa de pesquisa. A cultura ocidental está de tal modo configurada, ramificada e especializada que chega ao ponto de perder as conexões com os objetos que estão na base da especialização mesma. Todas as disciplinas podem ser classificadas em uma das distinções supraditas, mas encontram o ponto de interseção no fato de que o ser humano é um ser da natureza, além de ser de cultura.

E não se trata de algo recente pois, de fato, no fim do século XIX, quando as ramificações das ciências aconteciam em um modo orgânico, o Positivismo levantou o grande debate relativo ao encontro/conflito entre as ciências do espírito e as ciências da natureza. A escola fenomenológica se inseriu nesse debate e o levou a cabo dando-lhe uma solução equilibrada. Assim o fez justamente porque considera as diferenças e competências de ambas as áreas, preservando, ao mesmo tempo, a unidade do saber. Trata-se da relação entre filosofia e ciência, já discutida teoricamente na Grécia Antiga, no emblemático debate entre os Sofistas, de um lado, e Sócrates, Platão e Aristóteles, de outro, debate esse que vemos atualizado na contemporaneidade por causa da separação cada vez mais refinada entre os diversos âmbitos disciplinares. Como manter as soluções propostas pelos filósofos antigos sem, com isso, desprezar a complexidade do presente? Mostrando que as ciências se referem a "objetos" e tentando descrevê-los de modo válido e convincente, preservando a referência à pergunta de fundo sobre o sentido último dos objetos mesmos. E os objetos fundamentais são o ser humano e a natureza. E mais ainda, partindo da abertura ao religioso, constatável em todo ser humano, é necessário acrescentar como "objetos" o sagrado e o divino, que aparecem como um terceiro elemento para a pesquisa, ainda que estreitamente ligado aos dois primeiros.

Antropologia filosófica e filosofia da natureza estão, à primeira vista, em campos teóricos diferentes. Para que não se caia numa concepção de oposição entre os âmbitos, é necessário indagar e problematizar a ligação que possuem. E mesmo que tudo isso pareça algo desatualizado, a dispersão e a confusão existentes em grande parte da cultura ocidental, mas também em outras culturas, estas muitas vezes fechadas em si, podem agradar somente a quem aceita passivamente tal dispersão e confusão. Para quem atua nas ciências humanas em âmbitos como a psicologia, a psicopatologia, o direito e a história, como não sentir a exigência de pontos de referência teóricos que sejam ancorados na tentativa de dizer quem é o ser humano? Ou, para quem atua na ciência física e, mais ainda, na biologia e na medicina, como não sentir a urgência das perguntas sobre o sentido da natureza? Por outro lado, sabemos que o ser humano é aquele ser de natureza e cultura que destas representa uma síntese preciosa.

Não se trata de estabelecer uma hierarquia de valores entre as várias disciplinas, que colocaria a filosofia no primeiro lugar. Não está em jogo o lugar que cada disciplina ocupa, mas a função delas dentro da globalidade e complexidade do âmbito científico. Se a filosofia humildemente consegue explicar as razões de algumas problemáticas subjacentes e apontar soluções para outras disciplinas, então o seu objetivo foi alcançado. Objetivo esse que nasce da exigência, inicialmente quase espontânea, mas com o passar do tempo sempre mais refletida e consciente, de indagar a realidade das coisas, tornando-se, desse modo, fenomenologia, ou seja, descrição essencial daquilo que nos vem ao encontro.

Esta obra foi composta em sistema CTcP
Capa: Supremo 250 g – Miolo: Pólen Natural 70 g
Impressão e acabamento
Gráfica Santuário